U0627997

高等教育自学考试能源管理专业
能源管理师职业能力水平证书考试
指定教材

能源管理概论(一)(二)

NENGYUAN GUANLI GAILUN

樊文舫 孟昭利⊙编著

中国市场出版社
China Market Press

图书在版编目（CIP）数据

能源管理概论（一）（二）/ 樊文舫，孟昭利编著. —北京：中国市场出版社，2012.5

ISBN 978-7-5092-0824-3

Ⅰ. ①能… Ⅱ. ①樊… ②孟… Ⅲ. ①能源管理—高等教育—自学考试—教材 Ⅳ. ①F206

中国版本图书馆 CIP 数据核字（2012）第 226417 号

书　名　能源管理概论
编　者　樊文舫　孟昭利
出版发行　中国市场出版社
地　址　北京市西城区月坛北小街 2 号院 3 号楼（100837）
电　话　编辑部（010）68012468　读者服务部（010）68022950
发行部（010）68021338　68020340　68053489
68024335　68033577　68033539
经　销　新华书店
印　刷　河北省高碑店市鑫宏源印刷包装有限责任公司
规　格　787×1092 毫米　1/16　18.50 印张　410 千字
版　次　2012 年 5 月第 1 版
印　次　2012 年 5 月第 1 次印刷
书　号　ISBN 978-7-5092-0824-3
定　价　46.00 元

高等教育自学考试能源管理专业
能源管理师职业能力水平证书考试
指导委员会

高等教育自学考试能源管理专业
能源管理师职业能力水平证书考试
系列教材编委会

序　言

《中华人民共和国节约能源法》指出："节约资源是我国的基本国策。"国家高度重视节能减排工作，未来我国面临两大任务：一是2020年我国非化石能源占一次能源消费总量比重达到15%；二是2020年我国单位国内生产总值二氧化碳排放比2005年下降40%~45%。

能源是保证国民经济平稳增长的基础，既是生产资料也是生活资料，在国民经济中占有极其重要的地位。从当前和长远的发展要求看，我国不仅应成为能源大国，也应成为能源科技水平先进的能源强国。通过多年努力，我国能源无论在数量上还是质量上都已跻身于世界先进行列。但是，要真正成为科技能源强国任重道远，还需要全社会长期的艰苦努力才能实现。加强能源管理，实施节能减排，是实现上述目标的重要途径。《"十二五"节能减排综合性工作方案》(国发〔2011〕26号)指出："坚持降低能源消耗强度、减少主要污染物排放总量、合理控制能源消费总量相结合，形成加快转变经济发展方式的倒逼机制。""进一步形成政府为主导、企业为主体、市场有效驱动、全社会共同参与的推进节能减排工作格局，确保实现'十二五'节能减排约束性目标，加快建设资源节约型、环境友好型社会。"

落实资源节约基本国策，实现国家节能减排规划目标，关键在于要培养一大批能源管理方面的专业人才。中国交通运输协会组建了一支由多年从事能源管理方法研究，又具有节能减排工程技术实践经验的专家团队，在深入研究日本、欧美等国家和地区能源管理培训体系的基础上，结合中国国情设计了一套全面系统的培训体系，其特点是从国家能源政策法规、能源管理基础、能源工程技术、节能技术、节能评估、能源审计、能源与环境等七大方面涵盖了能源管理的核心要素。该系列教材注重从用能单位的实际出发，认真总结多年来企业在能源管理方面的经验和教训，提出了适合现代企业能源管理的新方法，而且在企业实际应用中证明是行之有效的。该系列教材既适合专业人士应用，也适合在校学生学习。

多途径、多渠道培养能源管理人才，符合《中华人民共和国节约能源法》关于动员全社会参与节能减排的要求，也是贯彻落实《"十二五"节能减排综合性工作方案》提出的"加强节能减排宣传教育，把节能减排纳入社会主义核心价值观宣传教育体系以及基础教育、高等教育、职业教育体系”的具体措施。

节能减排是一项长期的战略任务，关系到国计民生，关系到我国经济能否持续、稳定、健康的发展。我衷心祝愿高等教育自学考试能源管理专业和能源管理师职业能力水平证书考试项目取得圆满成功，并希望全社会各行各业共同努力，以节能减排实际行动践行科学发展观，为我国经济社会的可持续发展作出积极的贡献。

国务院参事　国家能源专家咨询委员会主任

徐锭明

2012 年 1 月于北京

前　言

为解决我国能源管理人才严重短缺的矛盾，多渠道、多层次加快复合型、实用型人才的培养，中国交通运输协会组织我国能源管理方面的理论、实践、培训的专家及有关人员，经过近三年的艰苦努力和大量深入细致的实际工作，经与北京教育考试院协商，并报全国高等教育自学考试指导委员会办公室批准（考委办函〔2011〕42 号），决定在北京合作开考高等教育自学考试能源管理专业（专科、独立本科段）和能源管理师职业能力水平证书（简称 CNEM）项目。

为确保高等教育自学考试能源管理专业和能源管理师职业能力水平证书项目学历和培训教材的质量，我们组织了由国家发展和改革委员会能源所和培训中心、清华大学、浙江大学、河南省南阳市节能监察中心以及节能评估一线工程技术人员构成的多领域的理论、培训、实践等方面的专家组成了教材编写组，根据全国高等教育自学考试指导委员会办公室批文的要求，统一规划课程考试大纲和教材章节目编写提纲，教材力求做到：一是立足点高，从我国经济发展水平和能源利用具体情况出发，体现能源管理的通用性，不突出地方色彩，同时合理吸收发达国家在能源管理方面的成功经验和方法。二是实用性突出，尽量压缩教材篇幅，突出应知、应会与学用结合的学习、培训内容。三是实践性强，编写组把节能评估和能源审计这两项被发达国家能源管理实践证明，同时也被国家发展和改革委员会培训中心的培训实践证明行之有效并深受我国能源管理相关人员欢迎的管理手段，单独列为两本独立教材，并在教材内容中配有多领域相关案例。本高等教育自学考试能源管理专业和能源管理师职业能力水平证书项目开设《能源法律法规》、《能源管理概论》、《能源工程技术概论》、《节能技术》、《节能评估方法》、《能源审计方法》、《能源与环境概论》七门课程，涵盖了能源管理的核心要素，是我国目前唯一比较系统、全面、实践性强的学习培训系列教材，既适用于高等教育自学考试能源管理专业人员学习，也适用于能源管理师职业能力水平证书项目的学习和培训。同时，也可供各级政府部门能源管理人员、企业能源管理人员、节能服务机构相关人员，以及大专院校相关专业师生和社会各领域人员学习使用。

《能源法律法规》系统介绍中国能源法律法规体系，着重解读《中华人民共和国节约能源法》，分类精选能源管理相关法律、法规、规章、政策和重点节能领域节能标准目录。

《能源管理概论》着重介绍能源管理的基本概念和基础知识，包括：能源形势与节能减排任务、能源统计方法、企业能量平衡（企业能量平衡表、能源网络图与能流图）、节能减排量计算方法、节能技术经济评价方法，同时对能源审计和节能评估等管理方法，作了简要介绍。

《能源工程技术概论》以一次能源的加工转换和利用为主线，全面系统地介绍煤炭、石油、天然气、水能、核能、电能以及太阳能、风能、生物质能和地热能等各类能源利用技术的基本理论、基础知识、通用技能和应用方法。

《节能技术》全面系统介绍节能基础知识、用热系统及设备的节能技术、余热利用技术、用电系统及设备的节能技术、过程能量优化技术、建筑节能技术、交通节能技术及民用节能技术等。

《节能评估方法》着重介绍固定资产投资项目节能评估报告编写的程序、内容和方法，阐述了能源管理者应掌握的节能评估基础知识，包括国家相关政策、能效标准、燃料与燃烧、电能及用电系统、工艺设备能耗分析等。同时附有我国重点领域固定资产投资项目节能评估报告典型案例介绍。

《能源审计方法》着重介绍企业能源审计程序、内容、方法和能源审计报告的编写，阐述了能源管理者应掌握的能源计量管理、能源统计管理、节能监测、企业通用节能技术及节约能源与环境保护等方面的能源管理知识和方法。同时附有我国重点领域能源审计报告典型案例。

《能源与环境概论》系统介绍与能源相关的主要环境问题，包括：能源与大气污染物排放问题，SO_2、NO_x、PM 排放量估算方法，节能减排政策进展；能源与全球气候变化问题，化石燃料燃烧的 CO_2、CH_4和 N_2O 排放量估算方法，气候变化的国际谈判进程及其对能源发展的影响。

为便于学员学习，本教材将专科与独立本科段自学内容合并成一册，以（一）和（二）区分专科和独立本科段学历层次，用“＊”标出部分作为独立本科段增加的自学内容，其余部分作为专科和独立本科段共同自学的内容。

由于时间紧迫，这套系列教材难免存在疏漏之处，恳请读者批评指正。

高等教育自学考试能源管理专业
能源管理师职业能力水平证书考试 系列教材编委会

2012 年 1 月

《能源管理概论》编写说明

《能源管理概论》是高等教育自学考试能源管理专业和能源管理师职业能力水平证书考试的指定教材之一。这是一门为能源管理专业专科及本科学生开设的专业课程，也是必修课程。本书分为三部分：第一部分为第 1 ~ 2 章，主要介绍世界能源消费趋势及对环境的影响，萌发和催生了能源管理概念和能源管理思想的产生与发展，以及相应的能源管理基础知识。我国正处在快速工业化和城镇化建设的关键时期，能源供需矛盾十分突出，实施能源管理势在必行，促使我们学习研究能源管理基础理论和基本知识。第二部分为第 3 ~ 6 章，主要介绍能源管理中，企业的能量平衡和节能考核的内容和方法，能源管理的基本方式方法和其他机制。第三部分为第 7 章，主要介绍能源管理体系要求，其基本模式、具体内容、能源标准化和节能标准。还介绍了重点耗能工艺设备管控和淘汰落后产能、设备的任务原则和工作措施。其目的在于培养学生了解掌握开展能源管理的基本知识、主要方式方法及重要新机制，使学员能够正确理解能源管理的确是一项迫在眉睫的重要任务，事关我国可持续发展与全球气候变化之大计。掌握能源管理过程中基础理论、基本知识、技能、方法、技巧和特点，并能综合运用于实际能源管理活动过程中，解决所遇到的各种能源管理问题，为节能减排作出应有的贡献。

本书编写的依据是《能源管理概论课程考试大纲》，其主要特点如下：

1. 本书在编写过程中，以考试大纲为依据，注重其基本概念的讲解及基本技能的培训，尽可能地通过深入浅出的讲解，引导学生形成比较系统的知识体系，并且学以致用，为今后更深入地学习和掌握后续课程中的相关知识、投身到能源管理工作实践中作好充分的准备和铺垫。

2. 全书依据指定教材的结构，以章为基本单元。根据考试大纲对各知识点不同难易程度的基本要求，把知识点和知识点以下的细目进行详细的解读分析，以方便学员掌握应考核的知识重点与在实际工作中要运用的核心部分。

3. 在本书的每章中包含的“学习目标”部分，给出了对学习内容的掌握程度要求和应该达到的目标；“自学时数”部分是依据章节之中内容给出学员们自学所用时间的参考时数；“教师导学”是由本书作者从教师的角度为出发点，讲明本章节内容在本课程中占据的地位与作用，还指出了本章学习的重点、难点、应采用的学习方法和需要加以充分注意的问题；在每章后的“自学指导”中又指出了学习的重点和难点；“复习思考题”全面综合了考试大纲和教材对应试者的最基本要求，是用于检验应试学员通过学习所取得的效果和达到的水平。

4. 本书涵盖全部的考核内容，并恰当地突出重点章节，加大了重点内容的覆盖密度，供参加能源管理专业自考（专科、独立本科段）和能源管理师职业能力水平证书考试的人员集体学习或个人自学使用，亦可供从事相关专业的人士作为能源管理工作的工具书或参考资料之用。

本书由节能评估专家、高级工程师樊文舫、清华大学教授孟昭利编著。

本书承蒙清华大学教授孟昭利主审；中国人民大学教授李金轩、国家发展改革委能源所研究员杨宏伟等副审；最后由编委会审定。本书在编写过程中，参考和引用了书中所列参考文献中的部分内容。此外，尹梁、李锐、霍飞龙参与了本书编写。由于水平所限，加之时间仓促，难免有疏漏或欠妥之处，敬请读者给予指正。

编　者

2012 年 1 月于北京

目 录

第1章 能源管理面临的形势与特点 …… **1**

1.1 我国能源形势 …… 2

1.1.1 能源发展的形势 …… 2

1.1.2 我国能源状况 …… 3

1.1.3 能源产业的发展状况 …… 6

1.1.4 能源发展面临的主要问题 …… 8

1.1.5 我国能源发展的主要任务 …… 9

1.1.6 节约资源是基本国策 …… 11

1.2 我国能源与环境 …… 13

1.2.1 概述 …… 13

1.2.2 我国能源利用过程的大气污染物排放现状* …… 14

1.2.3 我国环境现状 …… 15

1.3 节约能源主要途径 …… 16

1.3.1 结构节能* …… 16

1.3.2 技术节能* …… 18

1.3.3 管理节能* …… 20

1.4 能源管理的意义与作用 …… 23

1.4.1 能源管理的概念 …… 23

1.4.2 宏观能源管理 …… 23

1.4.3 微观能源管理 …… 24

复习思考题 …… 26

第2章 能源管理基础知识 …… **28**

2.1 能源分类与特点 …… 29

2.1.1 能源分类 …… 29

2.1.2 常规能源 …… 30

2.1.3 非常规能源（亦称新能源） …… 32

2.1.4 能源的特点 …… 34
2.2 能源加工、转换与效率* …… 34
2.3 能源计量单位与换算* …… 36
2.3.1 原始单位 …… 36
2.3.2 通用单位 …… 36
2.4 能源计量管理 …… 38
2.4.1 概述 …… 38
2.4.2 能源计量器具的分类 …… 39
2.4.3 能源计量器具的配备 …… 40
2.4.4 能源计量器具的检定 …… 41
2.4.5 能源计量管理体系 …… 42
2.5 能源统计方法与报表 …… 44
2.5.1 报告内容 …… 44
2.5.2 原始记录、台账和报表* …… 58
2.5.3 单位产品能耗统计数据分析管理 …… 66
2.5.4 能源统计中的图形运用* …… 73
2.6 节能监察 …… 75
2.6.1 概述 …… 75
2.6.2 节能监察内容 …… 75
2.6.3 节能行政处罚的程序 …… 76
2.6.4 法律救济途径 …… 77
复习思考题 …… 78

第3章 企业能量平衡 …… 80
3.1 企业能量平衡模式 …… 81
3.1.1 企业能量平衡* …… 81
3.1.2 企业电能平衡* …… 86
3.1.3 用能设备能量平衡 …… 89
3.2 企业能量平衡表 …… 93
3.3 企业能源网络图 …… 96
3.3.1 企业能源网络图* …… 96
3.3.2 企业能源网络图的作用* …… 96
3.3.3 企业能源网络图绘制方法* …… 96
3.4 企业能流图* …… 98
3.4.1 企业能流图及其用途 …… 98

3.4.2 企业能流图绘制原则 …… 98
3.4.3 企业能流图绘制方法 …… 99
3.4.4 文字说明 …… 99
3.4.5 实例 …… 99
复习思考题 …… 101
第4章 节能考核 …… 103
4.1 节能量计算与审核 …… 104
4.1.1 节能量计算与审核 …… 104
4.1.2 节能量监测与审核 …… 105
4.1.3 主要用能设备的节能监测 …… 109
4.1.4 重点工序能耗监测 …… 113
4.2 节能技术经济评价* …… 115
4.2.1 基本概念 …… 115
4.2.2 复利计算关系式 …… 117
4.3 奖励办法与激励机制 …… 122
4.3.1 节能奖励资金* …… 122
4.3.2 节能考核与奖惩制度* …… 123
复习思考题 …… 129

第5章 能源管理主要方法 …… 130
5.1 投资项目节能评估* …… 131
5.1.1 概述 …… 131
5.1.2 评估原则* …… 132
5.1.3 评估程序 …… 132
5.1.4 评估报告书内容及深度要求* …… 134
5.2 企业能源审计* …… 136
5.2.1 概述 …… 136
5.2.2 能源审计的方法 …… 138
5.2.3 能源审计的内容 …… 140
5.2.4 能源审计的程序 …… 145
5.3 节能技术管理 …… 147
5.3.1 概述 …… 147
5.3.2 节能技术划分* …… 148
5.3.3 部分节能技术简介 …… 148

5.4 节约能源与环境保护 …… 149
复习思考题 …… 151

第6章 能源管理其他机制 …… 152
6.1 节能产品认证 …… 153
6.1.1 概述 …… 153
6.1.2 认证条件及认证流程 …… 154
6.2 能效标识 …… 159
6.2.1 概述 …… 159
6.2.2 基本条件及备案流程 …… 162
6.3 合同能源管理* …… 163
6.3.1 概述 …… 163
6.3.2 节能服务公司 …… 166
6.3.3 节能量计算方法* …… 170
6.3.4 合同能源管理在我国发展的现状与推广 …… 171
6.4 清洁生产审核 …… 173
6.4.1 清洁生产概念 …… 173
6.4.2 清洁生产审核 …… 173
6.4.3 审核程序 …… 174
6.5 电力需求侧管理* …… 179
6.5.1 概述 …… 179
6.5.2 管理方法 …… 181
6.5.3 技术方法 …… 183
6.5.4 项目规划和实施 …… 186
复习思考题 …… 190

第7章 能源管理体系与特点 …… 191
7.1 能源管理体系 …… 192
7.1.1 概述 …… 192
7.1.2 初始能源评审 …… 194
7.1.3 能源管理体系的建立 …… 197
7.1.4 能源管理体系的实施 …… 206
7.1.5 能源管理体系的检查改进 …… 210
7.2 能源管理内容 …… 214
7.2.1 计量管理 …… 214

7.2.2 统计管理 …… 215
7.2.3 消耗定额管理 …… 215
7.2.4 能源标准化与节能标准 …… 219
7.2.5 节能培训管理 …… 225
7.2.6 节能规划 …… 228
7.2.7 节能项目管理 …… 232
7.3 重点用能单位能源管理特点 …… 238
7.4 重点用能工艺与设备的管控* …… 239
7.4.1 设备管控* …… 239
7.4.2 重点用能工艺设备的管理* …… 248
复习思考题 …… 251

附录一 …… 253
蒸汽热焓表（饱和蒸汽和过热蒸汽） …… 253
国外能源管理师评价制度介绍 …… 256
各种能源折标准煤参考系数 …… 260

附录二 《能源管理概论》考试大纲 …… 264
参考文献 …… 274
后 记 …… 275

第 1 章　能源管理面临的形势与特点

学习目标

1. 应知道、识记的内容

通过对本章的学习，学员应充分认识到全球范围内能源的基本蕴藏、开发和消费状况，我国改革开放 30 多年来，加入世界贸易组织 10 多年来，已经发展成为世界第二大经济体，与此同时，能源的消费亦成为世界第一大国。

我国正处在工业化和城镇化建设的关键时期，能源消费以煤炭为主，消费的结构很不理想。我国煤炭储量居世界第三，产量和消费量均居世界第一，而且石油储量和产量相对比较贫乏。进口石油的比例已由 1993 年前自给自足变为 2011 年的进口量占到总耗量的 56%之多。

2. 应理解和领会的内容

新中国成立 60 多年来，在能源领域取得了世人瞩目的成就，一次能源从 1949 年的 2 334万吨标准煤，增长到 2009 年的 27.5 亿吨标准煤；增长约为 118 倍。成为世界上第一大能源生产国，充分保障了我国的经济快速发展需要和能源战略安全，能源的供应能力由弱变强。

能源的结构逐步优化。从 1952 年到 2009 年，煤炭的消费在能源总量所占的比例由 95%下降到 68.7%，下降了 26.3 个百分点；石油消费的比例上升了 14.6 个百分点；水电、核电、风电、太阳能、天然气等优质能源比重提高 11.7 个百分点。

能源的节约取得明显成效。

能源技术装备水平大大提升。

能源体制改革稳步推进。

能源发展存在的主要问题及今后发展任务：

能源供应矛盾十分突出；能源技术比较滞后，能源利用效率较低；能源结构不合理，能源环境及安全生产形势严峻；石油的储备体系不健全，能源战略安全不能完全保障。由此可见能源管理体制任重道远，法律法规尚需完善。正是这些因素促使和激发人们产生能源管理的概念，从宏观、微观两方面进行能源管理，即：法律、法规、规章层次；用能企业、单位执行法律、法规，主动节约能源。其任务是：推进节约能源，提高能源效率；调整能源结构，发展清洁能源；能源发展多元化，确保能源战略安全；深化能源体制改革，完善能源法制建设。

环境状况比较严峻。

3. 应该掌握和应用的内容

节约资源是基本国策，节约与开发并举，把节约放在首位是我国能源发展战略。

能源管理分为宏观与微观两大部分，前者为政府层面法律、法规、规划、标准的制定管理；后者是用能单位或企业执行政策及内部系统的能源管理。其意义在于，它是保障国家战略安全的重要手段，应对气候变化、减少对环境负面影响的有效途径。我国能源消费中，煤炭占70%以上，污染比较严重，空气中90%的二氧化硫、60%的二氧化氮、85%的二氧化碳源于石化燃料的燃烧所产生。能源管理是推动低碳经济体系建立的重要抓手，也是增强用能单位竞争力，提高用能单位经济效益的重要措施。

自学时数

8～14 学时。

教师导学

本章的重点是：节能资源是一项基本国策，能源管理则是这项基本国策的灵魂，它的意义在于，从宏观管理和微观管理两方面入手实施能源管理，节能减排，保障国家能源战略安全，应对气候变化，推动低碳经济体系建立，增强用能单位竞争力，提高经济效益，保障我国经济社会可持续发展。

本章的难点是：能源管理的基本概念与特点。

1.1 我国能源形势

1.1.1 能源发展的形势

在现代社会的一切活动中，能源这种物质无处不在，且是须臾不可离开物质基础，其重要性则不言而喻。目前我国能源资源使用量最大的是煤炭、石油、天然气、核能和水力资源等一次能源。

2010 年，世界一次能源消费量为 173.6 亿吨标准煤，主要消费在亚太、欧洲及欧亚大陆、北美三个地区。一次能源消费量居世界前三位的国家则是中国、美国和俄罗斯，分别为 32.5 亿吨标准煤、31.93 亿吨标准煤和 9.3 亿吨标准煤。

当今世界，能源安全不只是一个国家的问题，而且是全球性的问题。一个国家的能源安全不仅是经济问题，同时也是政治和军事问题。能源是人类社会赖以生存和发展的重要物质基础，是实现国民经济现代化和提高人民生活水平的物质基础。纵观人类社会发展的历史，人类文明的每一次重大进步都伴随着能源的改进和更替。能源的开发利用极大地推进了世界经济和人类社会的发展。但是，我们也必须认识到，当人类使用这么多的能源时，环境也付出了巨大的代价。环境中不断增加的污染物质，促使环境质量严重恶化。同时，由于能源消费量与日俱增，地球上目前所拥有的能源到底能维持供应多久，是大家所关心的问题。所以，合理开发和使用能源，是摆在人类面前的重大课题，对于中国来说，更是一项迫切任务。

1.1.2 我国能源状况

2009 年，我国一次能源消费合计为 30.66 亿吨标准煤（《世界能源统计 2010》中的数字为 31.10 亿吨标准煤）。其中，煤炭、石油和天然气消费量分别占总量的 70.3%、18.0% 和 3.9%，水电、核电和风电占 7.8%。2011 年，我国能源消费总量已达 32.5 亿吨标准煤。

我国是能源消费大国，一次能源消费总量已超过美国，居世界之首。能源消费以煤炭为主，消费结构很不理想。我国煤炭储量位居世界第三，产量和消费量均居世界第一，石油储量和产量相对贫乏，但是消费量却仅次于美国，作为世界第二大石油消费国，石油需求越来越依赖进口，其所占比例已经超过 53%。水电、核能、天然气作为优质能源，其储量、产量和消费量在能源消费结构中所占比例比较偏低。见图 1－1。

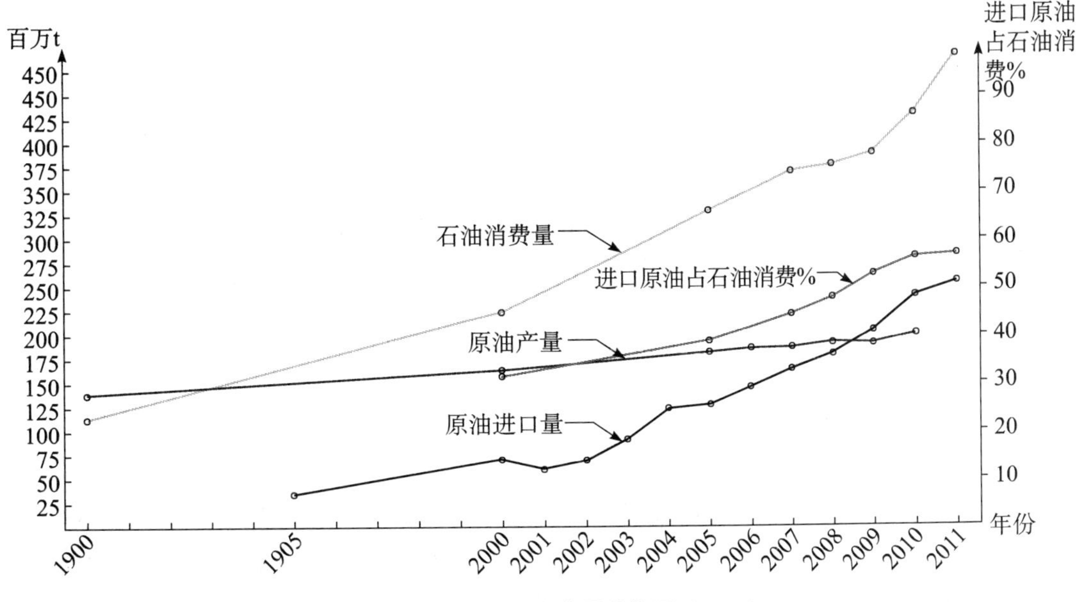

图 1－1 中国石油消费量趋势图（IRA）

总的来说，我国能源资源比较丰富，水能资源居世界首位，太阳能资源居世界第二位，煤炭资源居世界第三位，石油和天然气资源远景比较乐观。核能、风能、海洋能、地热能等在世界上均有一定的地位。但由于我国人口众多，无论是人均能源占有量还是人均能源消费量都很低。并且，由于我国能源管理相对滞后，力度欠强硬，用能方式粗放且效率低，导致废物排放量增大，造成环境污染也较严重。

1. 我国能源的状况、特征及安全问题

目前我国能源的状况、特征及安全问题主要体现在以下几方面：

（1）我国能源资源总量比较丰富，但是人均能源资源拥有量较低。从总量来说，我国是一个能源比较丰富的国家。煤和水能资源的蕴藏量都居世界前列。传统能源资源总量丰富，据世界第三位，可再生能源潜力巨大，这是中国长期能源安全保障的根本依托。但由于我国人口众多，从可采储量计算，按人均平均能量，只相当于世界平均数的50%，人均煤炭储量仅为世界平均值的50%，人均石油可采量仅为世界平均值的10%。

（2）能源结构不尽合理，以燃煤为主。煤炭至今仍是我国居第一位的能源，在煤炭、石油、天然气和水能的能源总量中，煤炭占90%，在我国现有的能源消费结构中，煤炭占68%。根据国际能源机构的预测，2030年煤炭仍占中国能源消费总量的60%。油气资源所占比重太低，是中国能源安全的隐患。并且从能源生产角度看，能源供应的弹性非常低，中国能源（包括可再生能源）产量进一步增加受到严重制约，这是当前中国能源形势紧张的根源。同时，中国长期形成的以煤炭为主的能源消费结构，由于二次能源转换率低和洁净煤利用技术水平不高，造成整体能源效率低和环境污染严重。导致日趋严重的大气污染和生态破坏，中国能源消费畸形，利用粗放，也是中国出现能源安全问题的内在原因。

（3）能源资源地理分布不均。中国主要的能源消费地区集中在东南沿海经济发达地区，资源赋存与能源消费地域存在明显差别。分布特点是北多南少，西富东贫；品种分布是北煤、南水和西油气。因而形成了大规模、长距离的北煤南运、西气东输和西电东送等基本格局。能源输送损失量大，也是构成我国能源安全的重要因素。

（4）能源资源开发难度较大。与世界相比，中国煤炭资源地质开采条件较差，大部分储量需要井工开采，极少量可供露天开采。石油天然气资源地质条件复杂，埋藏深，勘探开发技术要求较高。未开发的水力资源多集中在西南部的高山深谷，远离负荷中心，开发难度和成本较大。非常规能源资源勘探程度低，经济性较差，缺乏竞争力。

（5）能源供应不足与浪费并存。20世纪90年代以来，随着中国经济的快速增长，能源供应不足成为制约中国国民经济发展的瓶颈。从1992年开始，中国能源生产的增长幅度小于能源消费的增长幅度，能源生产与消费总量缺口逐渐拉大，能源消费与供应不足的矛盾日益突出。能耗很高，节能潜力与难度都很大。我国每单位产值的能耗是发达国家的3～10倍，由于设备与技术落后，导致了节能难度加大。这对中国的经济维系和发展构成极大威胁。

（6）石油对外依存度过大，储备体制不健全。由于中国原油产量的增长大大低于石油消费量的增长，造成中国石油供应短缺、进口依存度飙升。按照国际能源机构的预测，2020年中国石油对外依存度将达到68%。此外，目前中国原油进口的60%以上来自于局势动荡的中东和北非，中国进口石油主要采取海上集中运输，原油运输约80%通过马六甲海峡，形成了制约中国能源安全的“马六甲困局”。同时，我国的石油战略储备还刚刚起步，石油储备体制很不完善。特别是我们国内的老油田，都到了衰老期、衰退期，这些都构成了我国能源的安全问题。

（7）农村商品能源供应极少。我国农村生活用能的85%依靠非商品能源，主要靠薪柴、作物秸秆和动物粪便，每年要烧掉1.8亿吨薪柴和2.8亿吨秸秆，如1992年农村能源总量合计相当于5.7亿吨标准煤，造成严重的环境污染后果。

（8）能源管理制度性困境。从20世纪80年代末开始，中国能源管理机构分分合合、不断调整。首先，在很长一段时间内，与能源相关的管理、开发和研究职能，分散在国家发展改革委、国土资源部、环境保护部和电监会等部门。其次，由于缺乏有效的能源管理体制，一方面难以出台统一协调的政策措施，另一方面即使出台宏观能源政策，也无专门机构贯彻实施，更无法有效实现长远能源管理的政策目标，暴露了能源安全的制度性危机。

（9）市场体系不完善，应急能力有待加强。中国能源市场体系有待完善，能源价格机制未能完全反映资源稀缺程度、供求关系和环境成本。能源资源勘探开发秩序有待进一步规范，能源监管体制尚待健全。煤矿生产安全欠账比较多，电网结构不够合理，石油储备能力不足，有效应对能源供应中断和重大突发事件的预警应急体系有待进一步完善和加强。

2. 加强能源管理的措施

能源资源短缺及浪费是构成我国能源安全问题的主要因素。面对现实，解决的办法要多管齐下，采取综合措施治理，那么能源管理即被提上重要议事日程。

（1）依靠科技进步和政策引导，提高能源效率，走高效、清洁化的能源利用道路。中国有自己的国情，中国能源资源储量结构的特点及中国经济结构的特色，决定在可预见的未来，我国以煤炭为主的能源结构将不大可能改变，我国能源消费结构与世界能源消费结构的差异将继续存在，这就要求中国的能源政策，包括在能源基础设施建设、能源勘探生产、能源利用、环境污染控制和利用海外能源等方面的政策应有别于其他国家。鉴于我国人口多、能源资源特别是优质能源资源有限，以及正处于工业化进程中等情况，应特别注意依靠科技进步和政策引导，提高能源效率，寻求能源的清洁化利用，积极倡导能源、环境和经济的可持续发展。

（2）全面推进能源节约。中国是人口众多、资源相对不足的发展中国家。要实现经济社会的可持续发展，必须走节约资源的道路。要求我们要推进结构调整，坚持把转变发展方式、调整产业结构和工业内部结构作为能源节约的战略重点，努力形成“低投入、低消耗、低排放、高效率”的经济发展方式。加强工业节能，坚持走科技含量高、经济效益好、资源消耗低、环境污染少、人力资源得到充分发挥的新型工业化道路。实施节能工程，大力发展节能省地型建筑，积极推进既有建筑节能改造，广泛使用新型墙体材料。实施节约和替代石油工程，科学发展替代燃料。加强政府机构节能，发挥政府对社会节能的带动作用。加快节能监测和技术服务体系和节能管理体系建设，强化节能监测，创新服务平台。

（3）积极借鉴国际先进经验，建立和完善我国能源安全体系。为保障能源安全，我国一方面应借鉴国际先进经验，完善能源法律法规，建立能源市场信息统计体系，建立我国能源安全的预警机制、能源储备机制和能源危机应急机制，积极倡导能源供应在来源、品种、贸易、运输等方式的多元化，提高市场化程度；另一方面应加强与主要能源生产国和消费国的对话，扩大能源供应网络，实现能源生产、运输、采购、贸易及利用的全球化。

（4）加快发展油气。要继续实行油气并举的方针，稳定增加原油产量，努力提高天然气产量，继续加快石油和天然气管网及配套设施建设，逐步完善全国油气管网。同时，大力发展可再生能源。可再生能源是中国能源优先发展的领域，对增加能源供应、改善能源结构、促进环境保护具有重要作用，是解决能源供需矛盾和实现可持续发展的战略选择。积极推广太阳能热利用、沼气等成熟技术，提高市场占有率。积极推进风力发电、生物质能和太阳能发电等新能源的利用技术，积极落实可再生能源发展的扶持和配套政策，培育持续稳定增长的可再生能源市场，逐步建立和完善可再生能源产业体系和市场及服务体系，促进可再生资源技术进步和产业发展。

（5）加强农村能源建设，改革城乡能源政策。继续积极发展农村户用沼气、生物质能利用、太阳能热利用等，为农村地区提供清洁的生活能源；继续推广应用省柴节能灶炕、小风电、微水电等农村小型能源设施；继续增加农村优质化石能源的供应，提高农村商品能源的消费比重；继续大力营造薪炭林；继续加强农村电网建设，积极扩大电网覆盖面；积极开展绿色能源示范县建设，加快推进农村可再生能源开发利用等。

（6）积极参与能源安全的国际合作，实现能源供应多元化。积极完善对外开放的法律政策，鼓励外商投资相关的采掘、生产、供应及运输领域；鼓励投资设备制造产业，完善油气资源勘探开发的对外合作；鼓励外商投资勘探开发非常规能源资源；鼓励外商投资和经营电站等能源设施；进一步优化外商投资环境，进一步拓宽利用外资领域等等。

总之，从能源科学技术来看，我国能源资源比较丰富，现代化科学技术的发展也为较大幅度提高能源利用率提供了可能。我们应该努力做好能源规划工作，大力加强能源的科学研究技术开发，抓好能源开发和节约，也就是能源管理工作。以此逐步克服能源供应的紧张和造成环境污染的弊端，真正达到资源环境的协调可持续快速发展。

1.1.3 能源产业的发展状况

新中国成立60多年来，我国能源领域取得了世人瞩目的成就，突出表现在以下几方面。

1. 能源供给能力由弱渐强

我国一次能源生产总量从1949年的2 334万吨标准煤，增长达到2009年的27.5亿吨标准煤，增长约为118倍，成为世界上第一大能源生产国。建设了“西气东输”、“西电东送”等重大能源输送通道，建成了较为完善的能源输配体系和初据规模的储备基地，能源自给率始终保持在较高位，充分保障了我们国家的经济社会快速发展需要和能源战略安全。

2. 能源结构逐步优化

从1952年到2008年，煤炭在能源消费总量中所占的比重从95%下降到68.7%，下降了26.3个百分点；石油消费比重上升了14.6个百分点；水电、核电、风电和天然气等优质能源比重提高了11.7个百分点。2010年全国水电装机容量达到21 606万千瓦，位居世界第一；风电连续3年翻番，装机容量已达到2 958万千瓦，现居世界第一；太阳能热水器集热面积超过1.25亿平方米，年生产规模4 000万平方米，均居世界第一。核电已建成运行11个反应堆，总装机容量910万千瓦；核准在建核电机组24台，总装机容量2 540万千瓦，是目前世界上核电在建规模最大的国家。

3. 能源资源节约取得明显成效

我国有计划、有组织地开展节能工作始于20世纪80年代初，通过贯彻执行《节约能源法》中关于“开发与节约并举，把节约放在首位”的方针，实现了20世纪末经济增长翻两番、能源消费增长翻一番的目标。改革开放30多年来，实现了全国单位国内生产总值能耗年均下降4%，科学合理的能源资源利用体系逐步形成，能源可持续发展能力显著增强。为继续深入推进能源节约发布了《国务院关于加强节能工作的决定》，制定并实施了《节能中长期专项规划》，在《节约能源法》中把节约资源作为基本国策。确定了能耗降低目标，并将节能任务具体落实到各省、自治区、直辖市以及重点用能单位，节能工作有序开展，能源管理工作走上正轨。

4. 能源科技装备水平大大提升

1949年我国火电最大机组为1万千瓦，输电电压等级最高为220千伏，且全部为外国设计制造。而目前，60万千瓦及100万千瓦超临界、超超临界机组正在成为火力发电的主力机型，30万千瓦及以上机组比重达到65.2%。输变电电压等级达到500千伏，从交流发展到直流，已成为世界上运用500千伏直流输电最多的国家，并建成投运了晋东南到湖北荆门的1 000千伏特高压交流试验示范工程，正在建设世界上直流电压等级最高的±800千伏输电线路，发电和输变电设备达到了国际水平。国有重点煤矿采煤机械化程度超过80%。陆地石油钻机、海上石油钻井平台和千万吨级炼油设备实现自主制造，基本形成了适应我国能源发展需要的技术装备体系。

5. 能源体制机制改革稳步推进

当前，市场机制已在能源资源配置中发挥基础性作用，在煤炭、电力、石油行业中，现代企业制度已经确立，在新能源领域，民营经济发展迅速。政府能源管理部门从过去的煤炭、电力、石油等多家部级机构，精简组建为国家能源局，2010 年成立了国家能源委员会，能源宏观管理体系基本形成，能源法律法规不断完善，政策、规划、标准在能源行业管理中发挥着重要作用。

6. 国际能源合作取得重大成就

我国积极参与国际能源合作，已经成为世界能源市场不可或缺的重要组成部分，在世界能源事务的话语权大有提高，担任世界能源理事会（WEC）副主席国。与 36 个国家和地区建立了双边合作机制，与 22 个国际组织建立了多边合作机制。与全球 40 多个国家和地区开展了勘探开发、炼油化工和管道项目合作，已建成投产中哈原油管道，正在建设中俄原油管道，中亚天然气管道和西气东输二线西段工程已经投产。

1.1.4 能源发展面临的主要问题

虽然我国在能源发展方面取得了很大成绩，但随着经济社会快速发展和国际形势的风云变幻，我国能源发展依然存在很大不足，主要表现在以下五方面：

1. 能源供需矛盾突出

我国煤炭储量相对丰富，但煤炭经查储量、产能和运输能力均不足。煤炭储产比低，仅够 40 余年的开采量。我国目前处于经济高速发展阶段，能源消费总量越来越大，快速增长的能源供应赶不上更快速增长的能源需求。如按现在国内生产总值能耗计算，每年 10% 的经济增长就要增加 2 亿吨煤炭的产能，则每年需新增百万吨级煤矿 200 家。在运输能力方面，我国煤炭消费主要集中在东部地区，但煤炭资源主要分布在北部和西部，这种资源禀赋与需求地理分布的失衡，决定了北煤南运、西煤东运的格局。按照 2 亿吨新增煤炭的 70% 需要外运测算，2020 年前需要再建 14 条亿吨级铁路线以及相应的港口码头。

在油气资源方面，我国属于贫油气资源国家，2010 年底，石油和天然气储产比分别为 9.9 和 29。从节能降耗、调整能源结构和发展可替代能源等因素考虑，我国油气资源缺口将更加巨大。此外，我国新能源和可再生能源虽然开发利用的潜力较大，但面临的制约因素也较多，如水电剩余资源主要集中在西部和中部，受自然条件和移民因素影响，开发难度大。核电投资密集、建设周期长，新的核电能力短期内难以迅速增加。随着经济规模进一步扩大，能源供求矛盾至少在近 30 年内将长期存在，特别是油气供求矛盾十分严峻和突出。

2. 能源技术比较落后，能源效率较低

我国能源技术发展虽有很大进步，但与国际先进水平相比还有很大差距。比如大型煤矿综合采掘装备，煤炭气化、液化技术，核心技术装备，瓦斯抽取和利用技术，重大石油开采加工设备，特高压输变电设备，先进的核电装备，氢能及燃料电池，分布式能源技术等，同时可再生能源、清洁能源、替代能源、节能降耗、污染治理等技术的开发应用也还不广泛。能源技术的落后制约了能效的提高。

3. 能源结构不合理，能源环境和安全生产形势严峻

与发达国家相反，我国一次能源中煤炭消费比重基本上与发达国家石油、天然气消费比重相当，约占70%；石油、天然气消费比重与发达国家煤炭消费比重基本持平，仅占20%~30%。我国富煤、缺油、少气的能源结构难以改变，煤炭的主导地位在一定时期内也不可能改变。即使展望到2020年，我国能源消费结构中煤炭的比重仍有可能超过55%。我国煤炭清洁利用水平较低，比美、澳等发达国家差距很大，随之而来的污染也就严重。在全国烟尘和二氧化硫的排放量中，由煤炭燃烧产生的分别占70%和90%。目前，我国已是二氧化硫排放量最大的国家，导致区域性的环境酸化，酸雨区已超过国土面积的40%。此外，煤炭燃烧生成的大量二氧化碳加剧了温室效应。

4. 石油储备体系不健全，能源安全不能保障

由于我国石油、天然气资源相对不足，国内生产能力有限，因此需要更多地利用国外、境外资源，然而国际原油市场基本被部分国家和组织垄断，加之国际环境复杂多变，利用境外油气资源难度加大。石油供应的难度和对外依存度亦反映出我国能源战略安全存在着忧患，从能源战略安全角度考虑，石油储备在能源供应安全中占有极重要的地位。发达国家已经先后建立了比较完善的石油储备制度，储备量可供达月或数月，已经发挥了重要作用。而我国石油储备刚刚起步，要达到储备目标还需若干年努力，形成国家石油储备体系和应急机制任重道远。

5. 能源管理体制改革任重道远，法律法规有待完善

目前，我国的能源管理职能分散于国土、发展改革、水利、电监、国资等部门，政出多门，严重制约了我国能源事业的发展。从能源管理体制改革看，能源部20世纪80年代成立后又撤销，现在国家能源局与国家发展改革委合署办公，体现出了能源改革的复杂性。同时，我国能源法律法规还不能适应能源发展和改革的需要，具体表现在：还没有体现我国能源战略、维护能源安全、衔接能源政策的基本法律；能源安全和石油储备等方面至今还缺乏相应的法律依据；《电力法》、《煤炭法》等一些法律法规及政策性文件已不适应发展需要，有待进一步协调、尽快地修订、完善或废止。

1.1.5 我国能源发展的主要任务

我国《国民经济和社会发展第十二个五年规划纲要》（以下简称《纲要》）已经发布。《纲要》提出了国内生产总值年均增长7%的经济发展预期下的能源环境目标，即非化石能源占一次能源消费比重达到11.4%，国内生产总值能源消耗降低16%，单位国内生产总值二氧化碳排放降低17%。这为我国2011—2015年的节能减排与污染物控制工作提出了明确的目标。为完成预期目标，我国近期能源发展的主要任务应包括以下几方面。

1. 推进节约能源，提高能源效率

目前，我国正处在工业化和城镇化高速发展阶段，对资源的需求旺盛，然而我国一方面资源总拥有量非常有限，人均资源量相对贫乏不足；另一方面资源利用效率又十分低

下，能耗和能源效率与发达国家相比还有很大差距（例如，2010 年能源消耗单位国内生产总值电耗，中国是 1.19 千瓦时/美元，而日本是 0.2 千瓦时/美元，英国是 0.21 千瓦时/美元，德国是 0.28 千瓦时/美元，美国是 0.35 千瓦时/美元，印度是 0.79 千瓦时/美元。能效水平分别是中国的 5.95 倍、5.67 倍、4.25 倍、3.4 倍、1.5 倍，由此可见我国能效水平亟待提高）。节约能源、提高资源利用效率是缓解我国高速经济发展对资源的旺盛需求、解决有限的资源供需矛盾的现实选择。

在技术开发层面，我国应实施节约替代石油、热电联产、余热利用、建筑节能等重点节能工程，积极推广应用技术成熟、节能效果显著的能源利用技术，从生产、储存、输送、转换和利用等各个环节研究开发成本低、利用效率高的新技术。在产业层面，应淘汰落后产能，调整产业结构，发展科技含量高、经济效益好、资源消耗低、环境污染少的高新技术产业，运用高新技术和先进适用技术改造传统产业，提升整体工业水平。重点加强钢铁、有色金属、煤炭、电力、石油石化、化工、建材等高耗能行业节能降耗。最终形成“低投入、低消耗、低排放、高效率”的经济发展方式，实现可持续发展。

2. 调整能源结构，发展清洁能源

（1）促进煤炭的清洁利用。

我国煤炭生产、消费量占世界的 40% 以上，能源消费结构中煤炭占 70%，此种消费模式短期内难以有所改变。由于煤炭本身具有高碳聚合的特点，快速的煤炭生产、消费的不断增长，不仅带来严重的环境污染和煤矿安全生产事故，也给我国应对气候变化带来极大的压力和困难。为缓解这种状况，必须一方面控制煤炭消费过快增长，另一方面积极发展煤炭清洁利用技术，建设坑口电站，发展煤的液化、气化技术，推行原煤洗选利用等。

（2）提高石油、天然气的消费比例。

我国石油、天然气消费比重在一次能源消费总量中仅为 23%，与全世界 59.4% 的平均水平差距较大。同等热值的石油、天然气燃烧排放的二氧化碳，分别比煤炭少 22% 和 41%。提高石油、天然气的消费比重，有利于改善能源结构、减少二氧化碳排放。

（3）促进发展可再生能源和清洁能源。

通过发展水电、风能、太阳能和生物质能等可再生能源和核能等清洁能源，力争到 2020 年我国非化石能源占一次能源消费的比重达到 15% 左右的目标。目前，水电、核电、风电在技术上成熟，经济上可行，具备大力发展的条件；我国水电开发程度仅为 40% 左右，与欧美等发达国家相比有很大差距，具有很大的发展空间；核电的安全性和防护技术在逐步提高，相比发达国家，我国核电还有很大的发展潜力。

3. 能源发展多元化，确保能源战略安全

（1）积极扩大能源尤其是油气资源供应渠道。

首先应加强能源自身供应和开发利用。我国油气资源开发潜力很大，煤层气资源量约 30 万亿立方米，在世界上仅次于俄罗斯、加拿大；工业生产中还有大量没有利用的高炉、焦炉煤气和其他可燃气体，也有一定储量的油页岩、油砂和沥青等非常规油气资源；我国东南海域还蕴藏着丰富的油气资源；等等。其次还应该加强国际合作，充分利用国外油气资源，实现能源供应全球化和多元化，保证稳定和可持续的国际能源供应。

（2）扩大石油储备规模，多元发展能源运输通道。

目前我国石油储备仅是10多天的规模，通过建设国家石油储备二期项目，增加国家储备，发展民间储备，把防止石油供应中断能力提高到更高水平。同时，我国应加强中俄、中哈、中缅等油气运输管道建设，建设中巴等陆路运输，发展多元能源运输通道，防止能源输送过度集中的高危风险，维护能源战略安全。

4. 深化能源体制改革，完善能源法制建设

（1）深化体制改革。

我国应完善国家能源管理体制和决策机制，加强部门、地方相互间的统筹协调，强化国家能源发展的总体规划和宏观调控，着力转变职能、理顺关系、优化结构、提高效能，形成适当集中、分工合理、决策科学、执行顺畅、监管有力的管理体制。

（2）完善能源管理法制建设。

争取尽快出台《能源法》，修订《石油天然气管道保护法》、《电力法》和《煤炭法》等单项能源法，起草国家石油储备、天然气开发利用、核电管理、水电开发管理等法律法规。加强能源规章、规范性文件的制定工作，逐步完善各项能源管理的法律法规。

1.1.6 节约资源是基本国策

党的十六届五中全会通过的《中共中央关于制定国民经济和社会发展第十一个五年规划的建议》中指出："我国土地、淡水、能源、矿产资源和环境状况对经济发展已构成严重的制约。要把节约资源作为一项基本国策。积极发展循环经济，保护生态环境，加快建设资源节约型、环境友好型社会，促进经济发展与人口、资源、环境相协调。推进国民经济和社会信息化，切实走新型工业化道路，坚持节约发展、清洁发展、安全发展，从而实现可持续发展。"十届全国人大四次会议批准的《国民经济和社会发展第十一个五年规划纲要》确定了这一基本国策，并写入了修订后的《节约能源法》中，首次在法律中明确了这一基本国策。这充分说明，节约能源绝不是为了解决一时能源供应紧张而采取的权宜之计，它符合我国的长远利益和根本利益，是实现可持续发展、造福子孙后代的重大举措，必须长期不懈地坚持践行。

1. 节约与开发并举，把节约放在首位是我国的能源发展战略

长期以来，我国十分重视能源领域的投资和建设，已经成为世界第二大能源生产国，取得了举世瞩目的成就，但根据实现可持续发展和保护环境的要求，靠单纯增加供给能力来满足能源消费的思路受到了挑战。总结过去几十年的经验和教训，主要依靠高投入、高消耗来拉动经济增长，简单重复一些工业化国家走过的老路子是行不通的，无法达到可持续发展的需要。为此，党中央提出了科学发展观和构建社会主义和谐社会，强调坚持以人为本，转变发展观念，创新发展模式，提高发展质量和效益，建设资源节约型和环境友好

型社会，促进经济社会协调可持续发展。“十一五”规划《纲要》明确了能源发展的方向和总体要求：坚持节约优先、立足国内、煤为基础、多元发展，优化生产和消费结构，构筑稳定、经济、清洁、安全的能源供应体系。《节约能源法》明确规定，国家实施节约与开发并举、把节约放在首位的能源发展战略。

2. 节能是保障国家能源战略安全的重要手段

能源作为国民经济发展的基础物质和动力之源，对现代经济社会的影响越来越大。能源供求状况及其价格水平，影响到一国经济发展进程以及全球经济形势，我国要在21世纪中叶达到中等发达国家的水平，必须有充足的能源资源供应保证。目前，我国能源供应存在一定的安全隐患，部分能源品种储量贫乏，需要依赖外供。2011年我国石油对外依存度达到56%。世界经历的四次石油危机和我国经济发展中的“油荒”、“电荒”甚至“煤荒”等，无一不在提醒我们，认识能源对经济的制约作用。节约能源，提高能源利用效率，可以降低能源消耗量，缓解我国能源对进口的依赖，从而促进我国能源战略安全。

3. 节能是应对全球气候变化、减小对环境负面影响的有效途径

我国是煤炭第一生产大国与消费国，生产、消费占能源总量都在70%以上，能源消费过分依赖煤炭，能源利用效率低，结构性污染严重。空气中90%的二氧化硫、60%的二氧化氮和85%的二氧化碳均源自于化石燃料燃烧的结果。世界银行对于发展趋势的预测中指出：2020年我国燃煤污染导致的疾病将需付出经济代价约为3 900亿美元，占国内生产总值的13%左右。为减轻空气质量污染和应对全球气候变化，国务院总理温家宝在2009年年底的哥本哈根会议上庄严承诺，到2020年我国单位国内生产总值二氧化碳排放比2005年下降40%～45%。为完成这一目标，我国需要付出艰苦卓绝的努力，而节能降耗减排就是最重要的举措。

通过各种方式的节能，提高能源的利用效率，减少不必要的能源消耗，就能够减少温室气体的排放和对环境的污染。假如我国能源利用效率能提高10个百分点，那么相应的环境污染即可降低约25%。因此，节能是应对全球气候变化和环境保护的有效途径，必须节约并合理使用能源才行。

4. 节能是推动低碳经济体系建立的重要抓手

低碳经济是以低能耗、低污染、低排放为基础的经济发展模式，实质是提高能源利用效率和调整能源结构，核心是能源技术创新、能源管理形式创新。也是人类生存发展观的根本性转变。发展低碳经济是世界经济继两次工业革命和信息革命之后的又一次体系性变革，它被视为刺激全球经济复苏与回暖的重要契机，并正加速新型世界经济和产业结构的确立，必将成为世界经济新的发展路径。我国高度重视发展低碳经济，国家主席胡锦涛在2009年9月22日联合国气候变化峰会开幕式上表达了我国政府在降低排放量、发展低碳经济的决心。作为一个负责任的大国，必须采取强有力的措施，节约能源，优化能源结构，为全球经济发展作出新的贡献。

5. 节约资源是发展循环经济的基本前提

循环经济是一种以资源高效利用和循环利用为核心，以“减量化、再利用、资源化”为目标，以闭路循环和能量梯次使用为特征，按照自然生态系统物质循环和能量流动方式运行的经济模式。通过发展循环经济实现物质资源的节约使用，是一条广义节能之路。由于任何资源的生产和运输都要消耗能源，节约所有资源都可以起到节约能源的作用。因此，节约型社会必然是节能社会。如果为了单纯追求直接节约能源产品，如煤炭、电力、石油和天然气等，多消耗其他物质产品，最终很可能导致经济系统消耗更多的能源。循环经济作为一种经济发展模式，把资源消耗减量化作为基本前提，包括能源消耗的减量化、能源回收和综合利用。

6. 节能是增强用能单位竞争力、提高用能单位经济效益的重要措施

在用能单位的产品成本构成中，能源是其中的一部分，有的行业能源占很大的比例。例如，我国钢铁行业占25%以上，铝行业约占50%，大型建材行业占40%～50%，化肥行业占70%～75%，石化行业约占40%。随着能源价格的上涨，产品的能耗越大，成本越高，产品价格上的竞争优势也就越小，用能单位经济效益越差。宏观上看，我国主要能源密集产品的能耗水平与国际、国内先进水平有着明显差距，因此，节能有助于增强用能单位的竞争力和提高用能单位的经济效益。

1.2 我国能源与环境

1.2.1 概述

1. 环境的概念

环境是指影响人类生存和发展的各种天然的和经过人工改造的自然因素的总体，主要包括大气、水、海洋、土地、矿藏、森林、草原、野生生物、自然遗迹、人文遗迹、自然保护区、风景名胜区，以及城、镇和乡村等等。

环境污染是指由于人类在生产与生活活动中所导致的危及人类健康和环境恶化，甚至危及人类生存条件的各种污染等。

2. 能源利用对环境的影响

能源的利用是引起环境变化的重要原因。人类是环境的产物，又是环境的改造者。人类在同自然界的斗争中不断地改造自然。但是由于人类认识能力和科学技术水平的限制，在改造环境的过程中，不可避免地会对环境造成污染甚至于破坏。可以说任何一种能源的开发与利用会对环境造成一定的负面影响，是必然的。能源作为人类赖以生存的须臾不可离开的基本物质要素，在其开采、加工、转换、输配直至最终利用的过程中，直接或间接地改变着地球上生态系统，产生出种种负面的影响，这也就是酿成环境污染的主要根源之一。见表1－1。

表 1－1　　常用化石能源使用后对环境影响对比

序号	项　目	煤　炭	石　油	天　然　气
1	成分	碳、氢为主，还含氧、氮、硫及无机物组成灰分	碳、氢为主，还含有少量氧、氮、硫	碳、氢为主，少量二氧化碳和氮
2	特点	性质较为稳定，储运方便	热值高、储运容易，适宜作发动机燃料	混合充分，燃烧效率高
3	二氧化碳量	多	比煤炭少	少量
4	有害燃烧产物	硫氧化物、氮氧化物和烟尘等有害物	硫氧化物、氮氧化物	很少
5	对环境影响	对环境污染最重的燃料	对大气污染相对较轻	是化石能源中较为理想的燃料

能源的利用对环境的污染主要形式表现在导致酸雨、臭氧层破坏、环境温度非正常性升高、温室效应，以及大气、水体、土壤等质地差化方面。

1.2.2 我国能源利用过程的大气污染物排放现状*

1. 我国主要污染物排放情况

2009 年，全国工业废气排放量 436 064 亿立方米（标态），比上年增加 8.0%。全国二氧化硫排放量为 2 214.4 万吨，比上年减少 4.6%。其中，工业二氧化硫排放量为 1 865.9万吨，比上年减少 6.3%，占全国二氧化硫排放量的 84.3%；生活二氧化硫排放量 348.5 万吨，比上年增加 5.6%，占全国二氧化硫排放量的 15.7%。2008 年，氮氧化物排放量为 1 624.5 万吨，比上年减少 1.2%。其中，工业氮氧化物排放量为 1 250.5 万吨，比上年减少 0.9%，占全国氮氧化物排放量的 77.0%；生活氮氧化物排放量为 374.0 万吨，比上年减少 2.1%，占全国氮氧化物排放量的 23.0%。其中交通氮氧化物排放量为 282.2 万吨，占全国氮氧化物排放量的 17.4%。2009 年，烟尘排放量为 847.7 万吨，比上年减少 6.0%。其中，工业烟尘排放量为 604.4 万吨，比上年减少 9.9%，占全国烟尘排放量的 71.3%；生活烟尘排放量为 243.3 万吨，比上年增加 5.4%，占全国烟尘排放量的 28.7%。见表 1－2。

表 1－2　　全国主要污染物排放量

单位：万吨

年度	二氧化硫			烟　尘			工业	氮氧化物		
	合计	工业	生活	合计	工业	生活	粉尘	合计	工业	生活
2005	2 549.3	2 168.4	380.9	1 182.5	948.9	233.6	911.2	—	—	—
2006	2 588.8	2 237.6	351.2	1 088.8	864.5	224.3	808.4	1 523.8	1 136.0	387.8
2007	2 468.1	2 140.0	328.1	986.6	771.1	215.5	698.7	1 643.4	1 261.3	382.0

续表

年度	二氧化硫			烟　尘			工业	氮氧化物		
	合计	工业	生活	合计	工业	生活	粉尘	合计	工业	生活
2008	2 321.2	1 991.3	329.9	901.6	670.7	230.9	584.9	1 624.5	1 250.5	374.0
2009	2 214.4	1 865.9	348.5	847.7	604.4	243.3	523.6	—	—	—

注：我国从2006年开始统计氮氧化物排放量，生活排放量中含交通运输污染源排放的氮氧化物。2009年氮氧化物排放量不详。

数据来源：根据《2010年中国环境状况公报》等的相关数据整理。

2. 大气污染物排放的重点领域

根据国家统计局统计数据，2009年，我国大气污染物排放的重点领域情况如下。

我国二氧化硫排放量排名前五位的行业依次为电力、热力的生产及供应业、黑色金属冶炼及压延加工业、非金属矿物制品业、化学原料及化学制品制造业、有色金属冶炼及压延加工业。这五大行业共排放二氧化硫1 388.7万吨，占工业行业排放总量的84.3%，占全国二氧化硫排放总量的64.5%。其中，电力、热力的生产及供应业共排放932.99万吨，占工业领域排放量的50%，占全国总排放量的42.1%，是我国二氧化硫第一排放大户。

我国烟尘排放量排名前五位的行业为电力、热力的生产及供应业，非金属矿物制品业，黑色金属冶炼及压延加工业，化学原料及化学制品制造业，石油加工、炼焦及核燃料加工业。五大行业共排放烟尘430.68万吨，占工业领域排放量的71.3%，占全国总排放量的50.8%。其中，电力、热力的生产及供应行业依然是排在首位的大户。

我国工业粉尘排放量排名前五位的行业依次为非金属矿物制品业，黑色金属冶炼及压延加工业，煤炭开采和洗选业，石油加工、炼焦及核燃料加工业，化学原料及化学制品制造业。五大行业共排放工业粉尘438.68万吨，占全国工业粉尘排放总量83.8%。其中，非金属矿物制品业是工业粉尘的排放量最大的领域，达309.04万吨，占全国工业粉尘排放总量的59%。

根据环境保护部发布的数据，2008年，氮氧化物排放量位于排名前三位的行业依次为电力、热力行业，非金属矿物制品业，黑色金属冶炼及压延加工业。这三个行业占氮氧化物排放总量统计数的81.4%，其中电力行业占64.8%。

我国大气污染物排放的主要根源是能源密集型行业，并且多数由于煤、石油、天然气等燃烧所产生。因此，控制和减少能源消费导致的污染物排放是我国控制大气污染的主要途径。

1.2.3 我国环境现状

20世纪是社会生产力和科学技术发展最快的时期，全球人口与经济总量在不断地迅猛增长。或换言之，人类大多数成就乃是以破坏和污染自然环境为代价，或者以少数人得益而损害大多数人的利益为代价。因此，人类文明的提升仅仅是局部的、部分的，伴随着人类成就达到顶峰所带来的负面影响，也就达到了普遍化和严重化的程度。世界第一次出现资源紧缺的现象之际，人口老龄化现象开始显现之时，当环境污染和生态破坏成为全球性关注的焦点之际，环境问题即成为困扰社会的核心问题。目前生态系统危机与环境污染对人类生存的挑战是十分严峻的和前所未有的，它郑重告诫我们：人类必须依赖自然界才能舒适生活，反之则不然。

当前我国正处于工业化和城市化加速发展的关键阶段，靠大量消耗能源支撑的粗放型经济增长模式致使能源供需矛盾更趋尖锐，环境形势日见严峻，各种污染物排放量大大超越了环境的可承载力，环境压力持续加大。各类别生态系统整体功能不断下降，生态环境的恶化没有得到有效遏制，如水质、大气、土壤等污染尤见突出，生态破坏范围亦逐渐扩展，上述状况严重阻碍了经济社会的全面、协调、可持续发展。而这种状况又与经济结构不合理、经济增长方式粗放等密切相关，为此，加快经济结构调整，转变经济增长方式，搞好节能减排工作是实现经济社会全面、协调、可持续发展的迫切要求。

1.3 节约能源主要途径

一个地区能耗水平的高低是由错综复杂的多种因素共同决定的，如自然条件、经济体制、经济发展水平、管理水平、政策倾向、社会因素、技术水平等。对于用能单位本身而言，降低能耗、节能增效需要针对自身实际情况，既要注意依靠加强管理和技术改造来降低产品单位能耗的直接节能途径，又要重视以调整产品结构为中心的间接节能途径。

1.3.1 结构节能*

结构节能是指通过调整产业结构、工业结构、工艺结构、产品结构以及优化能源品质结构，严格控制能耗准入条件等方式来实现节能的活动。它是国家实施宏观经济调控的最重要手段。

1. 完善促进产业结构调整的政策措施

进一步落实促进产业结构调整暂行规定，修订《产业结构调整指导目录》，根据不同行业情况，适当提高建设项目在土地、环保、节能、技术、安全等方面的准入标准。修订颁布《外商投资产业指导目录》，鼓励外商投资节能环保领域，严格限制高耗能、高污染外资项目，促进外商投资产业结构调整，调整《加工贸易禁止类商品目录》，提高加工贸易准入门槛，促进加工贸易转型升级。

2. 控制高耗能、高污染行业的过快增长

从源头上控制“两高一资”项目，调整好工业结构。严把土地、信贷两道闸门，提高节能环保市场准入门槛。抓紧建立新开工项目管理部门联动机制和项目审批问责制。严格执行项目开工建设“六项必要条件”，实行新开工项目报告和公开制度。建立高耗能、高污染和资源型新上项目与地方节能减排指标完成进度和淘汰落后产能相结合的机制；落实限制高耗能、高污染产品出口的各项政策；加大电力需求侧管理，如差别电价实施力度，提高高耗能、高污染产品差别电价标准等。组织对高耗能、高污染行业节能减排工作专项检查，清理和纠正各地在电价、地价、税费等方面对高耗能、高污染行业的优惠政策。

3. 加快淘汰落后产能

加大淘汰电力、钢铁、建材、电解铝、铁合金、电石、烧碱、焦炭、煤炭、平板玻璃等行业落后产能的力度。对不按期淘汰的用能单位，要依法予以关停，有关部门依法吊销生产许可证和排污许可证并予以公布，电力供应企业依法停止供电。对没有完成淘汰落后产能任务的地区，严格控制国家安排投资的项目，实行项目“区域限批”。建立落后产能退出机制，有条件的地方要安排资金支持淘汰落后产能；中央财政通过增加转移支付，对经济欠发达地区淘汰落后产能给予适当补助和奖励。

4. 加快钢铁工业三大生产工艺结构调整

加快钢铁工业三大生产工艺结构调整，一是以发展连铸为中心，带动钢铁工业结构优化；二是提高高炉铁喷煤比，促进炼铁系统的结构优化；三是实施轧钢工序生产的紧凑化、连续化、一火成材，提升轧钢生产技术的工艺结构优化。实践证明，三大生产工艺结构调整节能减排效果十分显著。

5. 推进电力结构调整

大力推进电力结构调整是电力行业节能减排的首要工作。一是为了减少温室气体排放，提高可再生能源发电比例，即加强水电、核电、风电、太阳能发电和生物质能发电的开发力度。二是以大型高效环保机组为重点优化发展火电，关停低效率、高污染、不经济的纯凝汽式小火电机组。三是在电网建设方面，加快区域和省级输电网框架建设，提高电力资源综合利用效率及区域电网间和省电网间电力电量交换和相互支援，发挥大电网在备用、电力电量互济、水火电互补等方面的优化。

6. 强化产品结构调整，提高产业集中度

在化工行业，对于资源性产品、低附加值产品，要严格限制总量和低水平的重复建设。大力发展节能环保和高技术含量的化工新材料、精细化工、生物化工等产品的研发和生产，在产品消费比较集中的地区，因地制宜，提高产业集中度。在有色金属行业，加快淘汰落后的生产能力，调整产品的结构，延伸产业链，发挥规模化、集约化优势，强化集团化经营，实现产业集中度的提高。

7. 建设节能型综合运输体系

根据各种运输方式的技术经济特征，合理配置运输资源，优化运输方式结构。大力发展多式联运，提高综合运输系统的整体效率和能源利用效率；民航运输将通过优化机场结构，形成干支结合的轮轴辐射式多级航线网络，提高舱位利用率；铁路运输业继续加快电气化线路建设和既有线路电气化改造步伐；公路运输行业在继续加快路网建设规模和提高干线等级的同时，不断改善运输车辆结构和运营组织，提高运输的集约化水平；水运行业将通过不断加速老旧船舶淘汰和优化运输船队结构、改善内河航道提高效率；加快长干线和专用输油输气管道建设。

8. 推进能源结构调整

大力发展可再生能源，推进风能、太阳能、地热能、水电、沼气、生物质能利用以及可再生能源与建筑一体化的科研、开发和应用，实施生物化工、生物质能固体成型燃料等一批具有突破性带动作用的示范项目，推进煤炭直接和间接液化、煤基醇醚和烯烃代油大型台（套）示范工程和技术储备建设，大力推进煤炭洗选加工和清洁煤技术利用项目。

1.3.2 技术节能*

技术节能是指在生产或能源设备使用过程中，运用各种技术手段进行节能活动。

1. 加大对开发节能先进技术的资金投入与研发力度

在国家重点基础研究发展计划、国家科技支撑计划和国家高技术发展计划等科技专项计划中，安排一批节能重大技术项目，攻克一批节能关键和共性技术。加快节能减排技术支撑平台建设，组建一批国家工程实验室和国家重点实验室。优化节能技术创新与转化的政策环境，加强资源环境高技术领域创新团队和研发基地建设，推动建立以用能单位为主体、产学研相结合的节能技术创新与成果转化体系。

2. 加快技术创新，示范与推广潜力大、应用广的重大节能技术

实施一批节能重点行业共性、关键技术及重大技术装备产业化示范项目和循环经济高技术产业化项目。

落实节能、节水技术大纲，在钢铁、有色、煤炭、电力、石油石化、化工、建材、纺织、造纸、建筑等重点行业，推广一批潜力大、应用面广的重大节能技术。加强节电、节油农业机械和农产品加工设备及农业节水、节肥、节农药技术的推广。

用能单位加大节能减排技术改造和技术创新投入，增强自主创新能力。

3. 加快节能技术在建筑领域和交通运输领域的推广和应用

（1）对既有建筑，鼓励其进行节能技术改造。使用新型围护材料、节能建筑材料和节能设备，安装和使用太阳能、可再生能源利用系统，并进行推广。

（2）加快太阳能、地热能、水源热能等可再生能源在建筑物中的规模化应用，大力推广低能耗、超低能耗建筑和绿色建筑示范项目。

（3）深化采暖地区既有居住建筑供热体制改革，实行供热计量收费。在农村地区大力发展省柴节煤的炉、窑、炕、灶及新型燃料技术。

（4）加快发展电气化铁路，实现铁路运输以电代油；开发交—直—交高效电力机车；加快建设客运专用线。

（5）制定船舶技术标准，加速淘汰老旧船舶；采用新船型和先进动力系统；发展大宗散货专业化运输和多式联运等现代运输组织方式；优化船舶运力结构，提高船舶平均载重吨位等。

4. 抓紧高耗能行业的工艺节能

（1）钢铁行业采用全连铸、溅渣护炉等技术；轧钢系统进一步实现连轧化，大力推进铸坯一火成材和热装热送工艺。

（2）电力行业发展热电联产、热电冷联产和热电煤气多联供；推进跨大区联网，实行电网经济运行技术。

（3）水泥行业发展新型干法窑外分解技术，提高新型干法水泥熟料比例，积极推广节能粉磨设备和水泥窑余热发电技术。

（4）有色金属行业铜熔炼采用先进富氧闪速及富氧熔池熔炼工艺，氧化铝发展选矿拜耳法等技术，电解铝生产采用大型预焙电解槽，铅熔炼生产采用氧气底吹炼铅新工艺及其他氧气直接炼铅技术，锌冶炼生产发展新型湿法工艺。

（5）石化行业油气开采应用采油系统优化配置技术，稠油热采配套节能技术，注水系统优化运行技术，油气密闭集输综合节能技术，放空天然气回收利用技术。

（6）化工行业中小型合成氨装置采用变压吸附回收技术，煤造气系统采用水煤浆、加压煤气化、粉煤气化等先进技术，烧碱生产采用离子膜法。

5. 搞好用能设备的节能

（1）工业锅炉。

1）用新型高效锅炉更新、替代低效率锅炉，提高锅炉的热效率。

2）针对现有锅炉主辅机不匹配、自动化程度和系统效率低等问题，集成现有先进技术，改造现有锅炉房系统，提高锅炉房整体运行效率。

3）示范应用洁净煤、优质生物型煤替代煤作为锅炉用煤，提高效率，减少污染。

（2）工业窑炉。

1）淘汰立式窑、湿法窑及干法中空窑等落后水泥窑炉。

2）采用低压旋风预热分解系统、保温耐用新型炉衬材料、高效燃烧器、高效熟料冷却机、生产过程自动控制与检测系统等技术对现有水泥生产线进行综合节能改造。

3）采用节能型隧道窑、内燃烧砖节能技术，余热利用节能型干燥、稀码快烧、窑体改造等技术，对落后的围护材料窑炉进行改造。

（3）电动机。

1）淘汰低效电动机，采用高效节能电动机、稀土、永磁电动机。

2）提高电动机系统效率，采用变频调速、永磁调速技术，改进风机、泵类的电动机系统调节方式，合理匹配电动机系统，消除“大马拉小车”式浪费现象。

3）对拖动装置改造，以先进电力、电子技术传动方式改造传统的机械传动方式，逐步采用交流调速取代直流调速方式。

（4）发电机组。

1）合理安排机组运行，在满足运行机组和系统状态的约束条件下，使能源转化过程中的燃料消耗量最佳化。

2）电厂保持发电总出力不变的情况下，发电机组间按微增率（量曲线的导数）相等的原则确定机组的发电出力，使整机组效率提升而燃料消耗有所降低。

3）上大压小，采用先进的超临界或超超临界燃煤火电机组；选择大型循环流化床锅炉、煤气化循环、等离子微油点火等先进技术，提高能源利用效率和减少污染物排放量。

6. 输配电系统节能

（1）提高输电电压，发展远距离直流输电。因直流输电结构简单，少用一根导线，杆塔造价相应低廉。当输电距离达 1 000 千米时，高压直流输电与交流输电相比能显著降低投资。

（2）提高供电电网电压和功率因数，降低线路和变压器的损耗。

（3）合理选择变压器，当选用多台变压器并联运行时，应测算出经济运行点，确定不同负荷时的经济运行方式。

7. 余热余压利用

不同的行业、企业，不同工艺技术和设备，产生的余热余压资源不尽相同，归纳起来可分为如下：

（1）高温烟气余热余压。

（2）可燃废气、废渣、废料的余热。

（3）高温产品和炉渣的余热。

（4）冷却介质的余热。

（5）化学反应余热。

（6）废气、废水余热。

余热余压利用的原则是：根据余热余压资源的数量和品位以及用户的需求，尽量做到能级的匹配，在经济合理的条件下，选择适宜的系统和设备，使余热余压发挥最佳的效果。余热余压回收的难易程度及其回收的价值与余热的温度高低、热量大小和物质形态有关联，应遵循先易后难、效益好的优先，余热余压利用的途径一般分为直接利用、发电和综合利用等。

8. 加强国际交流合作

广泛开展节能减排国际科技合作，与有关国际组织和国家建立节能环保技术合作机制，积极引进国外先进节能环保技术和能源管理的成熟经验，不断拓展与节能、环保国际组织间的合作领域、范围和深度。

1.3.3 管理节能*

管理节能是指通过加强组织管理，利用各种管理手段及措施实施来减少能源的消耗，提高产品质量、数量、安全性等以人们的生活舒适度来达到节能的目的。

1. 实施节能目标责任制和政府节能考核评价制度

2007 年，《国务院批转节能减排统计监测及考核实施方案和办法的通知》印发，明确要求各省份和各千家重点用能单位制定年度节能目标，即是各地方、各用能单位建立和落实节能目标责任制的依据。各地要将节能指标完成情况纳入当地经济社会发展综合评价体系，作为对政府领导干部综合考核评价和用能单位负责人业绩考核的重要内容，实行问责制和“一票否决”制。

2. 加强节能标准体系建设

建立健全科学的节能标准体系，包括国家标准、行业标准、地方标准及企业标准，是政府加强节能监督的依据。节能标准体系的建立，能促进节能工作标准化、规范化、科学化，将定性管理和定量化管理有机地结合起来，提升节能减排的整体水平。

3. 建立健全能源统计、计量制度，完善能源统计、计量指标体系

能源统计、计量是能源管理的主要内容之一，既反映了能源平衡状况，又反映能源的消费结构及消费的趋向。加强能源统计、计量的目的在于全面了解能源购入仓储、加工转换、输送分配及最终使用等情况。能源统计、计量指标则为研究能源供需平衡、分析能源利用水平、预测能源供需矛盾、编制节能发展规划、研究节能潜力和落实节能措施等提供科学分析依据。能源统计、计量是能源管理的重要基础性工作之一，具有十分重要的地位与作用。

4. 严格执行固定资产投资项目节能评估和审查制度

节能行政主管部门要加大对固定资产投资项目（含新建、改建、扩建项目）执行节能评估和审查情况的监督检查力度，它是国家调整产业结构，控制高耗能、高污染行业过快增长，从源头上杜绝能源浪费、提高能效而采取的重要调控机制。对未进行节能审查或未能通过节能审查的项目审核部门不得审批、核准，对擅自批准项目建设者，要依法依规追究其法律责任。

5. 严格执行落后设备工艺、产能淘汰制度

加快淘汰落后设备、产能是保障节能工作顺利开展的重要措施。严格按照国家相关法律法规、政策文件要求，加大对淘汰落后设备工艺、产能的执行力度。对使用国家明令淘汰的用能设备或生产工艺的，责令停止使用并查封没收，情节严重的，责令其停业整顿或关闭；对生产、进口、销售不符合强制性能效标准产品和设备的单位加重处罚，情节严重者，吊销其营业执照。

6. 加大实施能效标识和节能产品认证管理力度

加强对能效标识的监督管理，强化社会监督、举报和投诉处理机制，开展专项市场监督检查和抽查，严厉查处违法违规行为。同时，进一步推动节能产品认证，规范认证行为，扩展认证范围，在家用电器、照明等产品领域建立起有效的国际协调互认证制度。

7. 加强电力需求侧管理

加强电力需求侧管理，是一项能源管理新机制，优化城市、用能单位的用电方案，合理用电、有序用电，确保电网安全运行。应用高效节电技术、设备，提高电能系统使用效率。改善发电调度规则，优先安排清洁能源发电，对燃煤火电机组进行优化调度，实现电

力削峰填谷、分时电价。加强电力规划和运行管理，推广科学的照明设计，采用高效光源产品。在确保城市道路、广场等功能照明条件下，对公用设施和大型建筑物装饰性景观美化、亮化工程要分别安装计量器具，严格控制电耗。

8. 严格建筑节能管理，大力推广节能环保型建筑

强化新建建筑执行能耗限（定）额标准监督管理，对达不到标准的建筑，不得办理开工或竣工验收备案手续，不准销售使用。支持太阳能、地热能等可再生能源和新型围护材料、节能建筑材料在建筑物中的推广和规模化应用。建立并完善大型公共建筑节能运行监管体系。

9. 控制室内空调温度

所有公共建筑的使用单位，包括国家机关、社会团体、企事业组织和个体工商户，除特殊需要用途外，夏季室内空调温度设置不低于26℃，冬季室内空调温度设置不高于20℃。

10. 强化交通运输节能管理

优先发展城市公共交通，加快城市快速公交和轻轨道交通建设。控制高耗油、高污染机动车的发展，严格执行交通运输营运车船燃料消耗量限值标准，建立汽车燃料消耗量申报和公示制度。加强对交通运输系统的组织管理，引导道路、水路、航空运输企业提高运输组织化和集约化水平，提高能源管理利用效率。

11. 加强公共机构用能管理

建立和完善公共机构能源统计、计量制度，严格控制能耗总量。严格遵守国家有关强制采购或者优先采购的规定。适时开展能源审计工作，并制订节能改造计划，认真组织落实。

12. 加大对用能单位执行节能法律、法规和节能标准的监督检查

节能行政主管部门负责对用能单位实施监督管理，目的在于督促用能单位和个人合理使用能源，杜绝能源浪费，提高能源利用效率。

13. 加大对节能服务机构的支持力度

节能服务机构在节能技术咨询、项目节能评估、能源审计，向公众宣传节能知识、开展节能技术培训、节能信息服务等方面发挥着积极作用。加强对节能服务机构的宏观指导和政策导向，制定节能服务产业发展规划，研究制定资金投入、税收扶持、信贷支持等促进节能服务机构和节能服务产业发展的激励性机制，引导和促进节能服务机构扩大服务领域和范围，积极开展各种节能服务业务。

14. 充分发挥行业协会在节能减排中的作用

行业协会作为政府与用能单位之间的桥梁和纽带，了解本行业的发展状况，掌握国内外本行业经济技术动态，对本行业的能源消费状况、能源利用效率、节能活动的进展、技术发展趋势及行业发展中存在的主要问题等情况比较熟悉，并具有懂政策、知识及人才、技术等方面的优势。应加大对行业协会的扶持力度，鼓励行业协会在行业节能规划，节能

标准的制定和实施，节能技术推广，节能宣传、技术培训、信息咨询等方面发挥作用。

1.4 能源管理的意义与作用

1.4.1 能源管理的概念

能源管理概念的产生源自于对能源问题的强烈关注。世界经济的发展，在不同程度上给各个国家带来了能源制约问题，发展需求与能源制约的矛盾唤醒和强化了人们的能源危机意识。而且人们意识到单纯开发节能技术和装备仅仅是节能工作的一方面，人们开始关注能源安全、规划发展、工业节能、交通建筑节能等系统节能问题，研究采用低成本、无成本的方法，用系统的管理手段降低能源消耗、提高能源利用效率。一些思想前瞻的组织、机构还创建了能源管理队伍，有计划地将节能的新理念、措施和节能技术用于生产实践，使得组织能够持续降低能源消耗、提高能源利用效率，这不仅极大地促进了能源管理理念的萌生，也因此产生了能源管理的思想和概念。

从宏观、微观角度分析，能源管理可分为宏观管理与微观管理两方面。政府及相关部门对能源的开发、生产和消费的全过程进行计划、规划、组织、调控和监督的社会职能是能源的宏观管理；而相对应的用能单位、用能企业执行相关法规规范，对能源供给与消费的全过程进行管理则是属于能源微观管理。

从广义、狭义角度看，广义的能源管理是指对能源生产过程的开发、规划、科研管理和消费过程的组织、调控管理。狭义的能源管理是指对能源消费过程的计划、组织、控制、监督和奖惩等一系列具体工作。

能源管理的特点：

（1）能源管理是自上而下的系统管理，具有权威性、普遍性和持久性。

（2）能源管理层次分明，有法律、法规、标准等不同层面，还有强制性标准和非强制性标准，有定、限额标准，有国家标准、地方标准、行业标准和企业标准等，应当按层次、级别贯彻执行。

（3）能源管理是一项庞大而复杂的系统工程，要有完备的组织机构、规章制度、岗位编制、称职的相关专业技术人员。

（4）能源管理涉及激励机制和考核奖惩办法，促使企业转化观念，主动节能，而非被动节能，有利于推动能源管理工作持续不间断循环优化开展。

1.4.2 宏观能源管理

我国的能源战略安全形势严峻。从宏观的角度分析，我国经济正处于转型的关键过程中，对于能源的巨大需求正逐渐从依赖本国资源转向国际市场，在这一转变过程中，我国的能源供应和能源战略安全面临着许多亟待解决的问题。另外有效运转的国内市场是建立国家能源安全体系不可或缺的一部分。这就需要综合能源管理机制，来促进强有力的市场体系和框架的形成，制定市场规则，让市场更加有效力、更富于竞争力。

目前我国迫切需要更有效的能源管理。从国际角度看，不仅要创造有效的能源安全框架，也需要健全能源管理框架。许多国家都已充分认识到，能源是经济社会发展的生命线，快速发展中的大国——我国更是如此。能源市场竞争中还有许多地缘政治的多变因素，政府高层面的综合能源管理是绝对不可或缺的极重要方面。

1. 能源宏观管理主要任务

（1）重点是制定法律、法规、规章，加强宏观调控与监管。建立机制创新、示范推动、信息服务、宣传教育、完善市场机制下的节能管理体系，积极开展国际合作。我国现在已经颁布的能源管理相关的法律、法规有不同层次。

（2）建立节能激励制度（价格、税收、融资、奖惩）。

（3）大力推广节能新技术、新方法，对高能耗、重污染产品实行淘汰与重税制度。

（4）制订能效标准，开展能源审计与节能监察，严格执法。

（5）各级政府要制订国民经济发展计划中节能指标，发布进行能源审计单位名单，开展能源审计，验收能源审计报告，特别是节能规划的落实、检查。严格执法、鼓励先进，监管企业节能规划落实，提高能效，节约能源，改善环境，持续发展生产。

2. 能源宏观管理效果

2006 年 9 月 7 日国家发展改革委等五部委联合印发《千家企业节能行动实施方案》。要求各级政府将国家确定的 1 008 家企业进行能源审计的范围扩大到年耗能 1 万吨标准煤企业，全国约 12 000 家；扩大到年耗能 0. 5 万吨标准煤企业有 25 000 家。在“十一五”、“十二五”期间，国家相继修改、颁布了《节约能源法》、《固定资产投资项目节能评估和审查暂行办法》等一系列能源管理的法律、法规和规章，使能源管理的法律、法规体系基本确立，为我国依法进行能源管理提供了强有力的法律、法规保障。

“十一五”期末（2010 年）单位国内生产总值能耗要比“十五”期末（2005 年）降低 20% 左右。即单位国内生产总值能耗由 2005 年 1. 22 吨标准煤，到 2010 年下降到 0. 98 吨标准煤。目前，我国最大的能耗行业火电发电煤耗已经降到 0. 312 千克/千瓦时；比 2005 年下降 0. 031 千克/千瓦时，供电煤耗也下降为 0. 333 千克/千瓦时，比 2005 年下降 0. 037 千克/千瓦时（见《中国统计年鉴 2011》）。由此可见能源宏观管理的效果是非常显著的，对我国“十一五”期间节能减排约束性目标的顺利完成起到了关键作用，为“十二五”节能减排任务的完成夯实了基础。

1.4.3 微观能源管理

在能源管理工作中，一个重要的问题是要解决思想认识观念问题，对能源管理认知程度高，则执行的力度大，范围广，可以起到事半功倍的效果。假如认知程度不够高，则会疲于应付，流于形式，事倍功半，不能充分发挥人在管理过程中的主观能动性。

能源管理的核心是决策，其次就是将计划、安排、组织、实施贯穿于管理的全过程。特别强调对人的管理，通过增强人的主观能动性将事情办好，以便更好地落实节能目标。

微观能源管理对于用能单位而言尤为重要。一些单位可以戏谑地称“浮财”遍地，跑、冒、滴、漏现象严重，余热、余压能量大量流失，只要通过加强能源管理工作，就会收到立竿见影的效果。由此可见微观能源管理的特点是投入不大，见效很快，甚至可以说零投入，高产出。

微观能源管理针对的是用能企业和单位，对能源，如：煤、电、油、气及各种工质的使用计划、规划、管理控制等方面的工作。并把能源的计量、统计制定一系列的规章制度，规范能源的使用，提高能源利用率，减少在购入存储、加工转换、输送分配，直到最终利用等环节的浪费。从而提高企业的用能量和经济效益，增加企业在市场上的竞争力。企业亦可在科技、信息技术高速发展的今天，运用计算机和信息技术，对企业的生产过程中的电、煤、气、油等数据精确化、透明化的实时监控、监测和细致化管理，这也就是全时动态能源管理系统。

微观能源管理可分为既有企业和固定资产投资项目两部分。

1. 既有企业的能源管理

(1) 企业能量平衡。

(2) 企业计量、统计管理的评价。

(3) 企业的能耗指标的确定。

(4) 企业能源管理的机构设置、规章制度建立健全。

(5) 挖掘节能潜力，提出合理化建议。

2. 对固定资产投资项目的能源管理（分级管理）

(1) 能源供应情况分析评估。

1) 项目所在地能源供应条件及消费情况。

2) 项目能源消费对当地能源消费的影响。

3) 能耗的品种及总量。

(2) 项目（工程）建设方案的节能评估。

1) 项目选址、总平面布置对能源消费的影响。

2) 项目工艺流程、技术方案对能源消费的影响。

3) 主要用能工艺和工序及其能耗指标和能效水平。

4) 主要耗能设备及其能耗指标和能效水平。

5) 辅助生产和附属生产设施能耗指标和能效水平。

(3) 项目能源消耗及能效水平评估。

1) 项目能源消费种类、来源及消费量分析评估。

2) 能源加工转换、利用情况分析（可采用能量平衡表）评估。

3）能效水平分析评估。包括单位产品（产值）综合能耗，主要工序（艺）单耗，单位面积分品种实物能耗和综合能耗，单位投资能耗等。

（4）节能措施评估。

1）节能措施。

①节能技术措施：生产工艺、动力、建筑、给排水、暖通与空调、照明、控制、电气等方面的节能技术措施，包括节能新技术、新工艺、新设备应用，余热余压、可燃气体回收利用，建筑围护结构及保温隔热措施、资源综合利用，新能源可再生能源利用等。

②节能管理措施：节能管理制度和措施、能源管理机构及人员配备、能源统计监测及计量仪器仪表配置等。

2）节能措施效果评估。

节能措施节能量测算，单位产品（建筑面积）能耗、主要工序（艺）能耗、单位投资能耗指标国际国内对比分析。设计指标是否达到同行业国内先进水平或国际先进水平。

3）节能措施经济性评估。

节能技术和管理措施的成本及经济效益测算和评估。具体讲就是将投入的不同形式折算为货币计量，投入少，产出多，收回期需多长。节能量要显著，收益要多于投资额。

自学指导

学习的重点：通过对本章的学习，了解世界一次能源的蕴藏、开发和消费状况，了解我国一次能源的蕴藏、开发和消费状况，以及新中国成立 60 多年能源发展进步的成就；我们所需要面对的能源发展状况，其结构上的先天不足，以及经济社会快速发展中的后天能源供需矛盾严峻形势，我们应当坚定节约资源是基本国策，能源管理是节约能源的核心，要把能源管理列入议事日程。

学习的难点：节能途径，一是结构调整节能，包括产业结构的调整、能源结构的调整两方面。产业结构调整中要求淘汰落后产品、产能、落后的技术装备。对能源结构的调整要提高对清洁能源开发、利用的比例。尽可能少用一些高污染的一次能源，加工转化为优质能源。二是技术节能，尽可能地利用新技术、新工艺、新材料来提高能源的利用效率。三是转变观念、转变管理方式，要向管理要节能，能源管理分宏观管理和微观管理两方面。

复习思考题

一、单项选择题（在备选答案中选择 1 个最佳答案，并把它的标号写在括号内）

1. 全世界能源消费最多的国家是（　　）。

A. 美国　　B. 中国　　C. 俄罗斯　　D. 印度

2. 我国一次能源消费结构中，煤炭所占的比例是（　　）。

A. 30%　　B. 60%　　C. 11%　　D. 70%

3. 我国的能源结构不太理想，其中哪种一次能源比例较大（　　）。

A. 天然气　　B. 石油　　C. 水电　　D. 煤炭

4. 节约能源作为一项（　　）。

A. 临时政策　　B. 应急政策　　C. 强制政策　　D. 基本国策

二、多项选择题（在备选答案中有2~5个是正确的，将其全部选出并将它们的标号写在括号内，错选或漏选均不给分）

1. 节能的途径有哪些方面（　　）。

A. 管理节能　　B. 技术节能　　C. 设备节能

D. 综合节能　　E. 机构调整

2. 我国能源发展的主要任务是（　　）。

A. 推进节约能源，提高能源效率　　B. 调整能源结构，发展清洁能源

C. 能源发展多元化，确保能源战略安全　　D. 深化能源体制改革，完善能源法制建设

E. 扩大石油储备规模

三、简答题

1. 试述燃烧石化燃料对大气污染的主要排放物有哪些，其名称是什么，造成的主要危害是什么。

2. 你知道“要把节约资源作为一项基本国策”是党的十六届几中全会提出的？十届全国人大几次会议批准的？并且写入什么法律中，首次在法律中明确是一项基本国策。

四、论述题

1. 论述为何要把节约资源作为一项基本国策。

2. 论述节能减排的主要途径有哪些方面。

第 2 章　能源管理基础知识

学习目标

1. 应该知道、识记的内容

能源的分类：按形态分类；按来源分类；按性质分类；按使用分类；按可否进入市场分类；按可再生不可再生分类；按常规非常规分类；按新旧能源分类。

能源的基本特点：能源消费不断增加；能源消费与经济增长之间存在正比例关系；能源结构不断优化；能源的储量、消费地区的不平衡性；能源可加工、转换、储存、使用，其具有贬损性和效率性；化石能源大量使用对环境的危害性。

能源的计量、统计单位与换算。

能源的计量、统计管理与报表（目前国家规定的有 11 种）。

2. 应理解、领会的内容

企业中能源消耗量的计算：单位产品单耗、单位产品综合能耗。

几种高耗能产品的综合能耗计算分析管理。

3. 应掌握、应用的内容

尽管能源的形态各异，千差万别，但是能源的计量、统计是利用能源具有一致性的特点，即能源之间的共同点就是能源的发热量。

会填写企业各种统计报表，反映企业能源消费情况。

节能量的定义，节能量计算方法及审核等。

计量的管理办法。

自学时数

10 ~ 16 学时。

教师导学

能源是经济社会发展须臾不可分开的物质基础，本章系统地介绍了能源的形态、种类的区分、性能及特点，能源的计量、统计知识。

本章的重点是：了解各种能源的分类，统计、计量方法；把不同品种的能源不同的单位的能源进行统一计量、统计，必须抓住能源具有热量这个关键的特点。

本章的难点是：对不同的企业，尤其是重点、高能耗企业的能量的计量和统计。会填写国家规定的11种能源报告表，将不同品种、数量的能源折算为综合能耗量，计算出产品、产值单耗及综合能耗。对不同行业能耗统计、计量数据进行分析管理。

2.1 能源分类与特点

2.1.1 能源分类

根据能源的来源、形态、性质等特点，常用的分类方法有以下几种。

1. 按能源的来源分类

（1）来自地球外部天体的能源（主要是指太阳能）。人类所需能量的绝大部分都直接或间接地来自于外部天体——太阳。

（2）地球本身蕴藏的能量，如地热能等。

（3）与原子核反应有关的能源。

（4）地球和其他天体相互作用而产生的能量，如潮汐能等。

2. 按能源的基本形态分类

（1）一次能源：它是指从自然界直接取得，并不改变其基本形态的能源，如煤炭、石油、天然气、水力、核能、太阳能、生物质能、海洋能、风能、地热能，等等。

（2）二次能源：它是指一次能源经过加工转换成另一种形态的能源，主要有电力、焦炭、煤气、蒸汽、热水以及汽油、柴油、重油等石油制品。在生产过程中排出的余能、余热，如高温烟气、可燃气、蒸汽、热水、排放的有压流体等也属于二次能源。一次能源无论经过几次转换所得到的另一种能源，都称作二次能源。电力是由煤炭、石油、天然气、水力等一次能源转换来的。在燃煤电厂，煤炭燃烧的化学能先变成蒸汽热能，蒸汽再去推动汽轮机变成机械能，汽轮机带动发电机旋转转换成电能，一共转换了三次，但这不能称为三次能源或多次能源，仍就把它称作二次能源。

3. 按能源性质分类

（1）燃料型能源：包括煤炭、石油、天然气、薪柴等。

（2）非燃料型能源：包括水能、风能、地热能、海洋能等。

4. 按能源消耗之后造成环境污染的程度分类

（1）污染型能源：包括煤炭、石油等。

（2）清洁型能源：包括水力、电力、太阳能、风能以及核能等。

5. 按能源使用的类型分类

（1）常规能源：包括一次能源中的可再生的水力资源和不可再生的煤炭、石油、天然气等资源。

（2）非常规能源（亦称新能源）：包括太阳能、风能、地热能、海洋能、生物质能、核聚变能等。

6. 按能源的形态特征或转换与应用层次分类

固体燃料、液体燃料、气体燃料、水能、电能、太阳能、生物质能、风能、核能、海洋能和地热能。其中，前三种类型统称化石燃料或化石能源。

7. 按可否进入市场分类

（1）商品能源：进入能源市场作为商品销售的，如煤、石油、天然气和电等。

（2）非商品能源：主要是风能、太阳能、薪柴和农作物残余等。

8. 按使用中是否可得到补充或能在较短周期内再产生分类

（1）可再生能源：即可以不断地得到补充或能在较短周期内再产生的能源，包括风能、水能、海洋能、潮汐能、太阳能等。

（2）非可再生能源：包括煤、石油、天然气、核能、地热能等。

9. 耗能工质

耗能工质是指在生产过程中所消耗的那种不作原料使用，也不进入产品，但制取时又需要消耗能源的工作介质（见国家标准《综合能耗计算通则》GB/T 2589—2008），例如新鲜水、软水、除氧水、压缩空气、氧气、氮气、二氧化碳气、乙炔和电石等等。

2.1.2 常规能源

常规能源是现阶段科学技术条件下，人们已经广泛使用、技术上比较成熟的能源，如煤炭、石油、天然气、水能等。随着科学技术的发展，非常规能源不断转化为常规能源。在同一历史时期，因各国科学技术水平发展的差别，常规能源与新能源的范畴也可能不尽相同，如发达国家已把核裂变能列入常规能源，而在我国和一些发展中国家尚列为新能源之列。

1. 煤炭

煤炭属于一次能源，也是不可再生能源。煤炭是植物的枝叶和根茎在地面上堆积腐化以后在地壳变动的时候进入地下，在长期与空气隔绝的环境中受高温、高压的作用发生物理、化学变化形成的。煤中存在的元素有数十种之多，但通常所指的煤的元素组成主要是碳、氢、氧、氮和硫等五种元素。

2. 石油

石油又称原油，是从地下深处开采的天然的黄色、褐色或黑色可燃黏稠液体，主要是各种烷烃、环烷烃、芳香烃等的混合物。

关于石油的形成，地质学界提出了有机成因和无机成因两种学说。有机成因学说认为：石油是由埋藏在地下的动植物遗体变来的；无机成因说认为：在地球形成早期，后来生成石油的有机物以甲烷及其他碳氢化合物形式参与了地球的组成，在地球内部热力和压力的促使下，它们从深部释放出来，在某种有利的环境下进一步合成变成了石油。

3. 天然气

天然气亦是一次能源，是指天然蕴藏于地层中的烃类和非烃类气体的混合物，主要存在于油田气、气田气中。天然气的主要成分是甲烷等烷烃，其含甲烷的成分比较高，一般含量在85%～95%之间。

天然气的成因主要有以下三种方式。

（1）生物气。生物气指成岩作用（阶段）早期，在浅层生物化学作用带内，沉积有机质经微生物的群体发酵和合成作用形成的天然气。其中有时混有早期低温降解形成的气体。生物气出现在埋藏浅、时代新和演化程度低的岩层中，以含甲烷气为主。

（2）油型气。油型气包括湿气（石油伴生气）、凝析气和裂解气。它们是沉积有机质特别是腐泥型有机质在热降解成油过程中，与石油一起形成的，或者是在合成作用阶段由有机质和早期形成的液态石油热裂解形成的。

（3）煤型气。煤型气是指煤系有机质（包括煤层和煤系地层中的分散有机质）热演化生成的天然气。

4. 水能

水能是一次能源，也是可再生能源。广义的水能资源包括河流水能、潮汐能、波浪能、海流能等能量资源。狭义的水能资源是指河流的水力资源。

水能，是运用水的势能和动能做功转换成其他可利用的能源形式（其主要方式是水力发电项目）。

（1）水电站。

水能利用最主要的形式是水力发电。根据水流量、落差、组成建筑群体，根据其特征，水电站可以分为以下三种。

1）有坝式水电站。有坝式水电站靠坝来集中水头。其中最常见的布置方式是水电站厂房位于非溢流坝坝址处，此称为坝后式水电站，我国最大的三峡水电站就是采用这种形式。这种水坝多建在河流中、上游的高山峡谷中，集中的落差为中、高水头。

2）河床式水电站。位于河床内的水电站厂房本身起挡水作用，从而成为集中水头的挡水建筑物之一，这类水电站一般建在河流中、下游，水头较低，流量较大。

3）引水式水电站。是用明渠、隧洞、管道等引水建筑物集中河流的落差而形成发电水头的水电站。这类水电站一般建在河流天然坡降很陡（通常应10%以上）、水流量相对较小、河流流向存在U形和S形弯曲，或者相邻两条河流高程相差大的地方。

当然，这三种电站形式不是绝对分开的，目前有些水电站采用的混合引水方式，可以最大化地提高水能的利用率。

（2）水力发电的特点。

水力发电的优点是成本低、可连续再生、无污染，是世界上公认的永不枯竭的优质能源。其缺点是分布受水文、气候、地貌、地质等自然条件的限制。

2.1.3 非常规能源（亦称新能源）

非常规能源（相对于常规能源，亦称为新能源），是指刚刚开始着手开发利用或正在积极研究探索中、有待于推广的能源，如核能、太阳能、风能、地热能。新能源中除了核能、氢能外都是属于可再生能源，具有污染较少、储量极大的特点，对于解决当前能源匮乏、环境污染、应对气候变化等问题具有极其重要的意义。

1. 核能（核燃料）

核燃料是一次能源，在核反应堆中通过核裂变或核聚变方式产生高温热能推动电机发电。裂变核燃料铀 235 和聚变核燃料氘均赋存于自然界中。但核能的缺点是核废料的处理难度极大且安全性堪忧。

2. 风能

风能是一次能源，也是可再生能源。太阳能在地球表面各部分的辐射量的不均匀导致受热不均匀，产生了大气温度差异。由大气温度差异引起大气的对流运动称为风能。风能资源受地形的影响较大，世界风能资源多集中在沿海和开阔大陆的收缩地带，如美国的加利福尼亚州沿岸和北欧一些国家。我国的东南沿海、内蒙古、新疆、甘肃省的河西走廊以及华北和青藏高原的部分地区风能资源也非常丰富。

3. 地热能

地球是个巨大的球体，越往地球的内部深入，其温度就越高。一般来说，地表以下每深入 100 米，温度就升高 3 摄氏度，这说明地球本身是不断向外散发热量的。地球内部热量是由地球内部的放射性同位素衰变时释放出来的。当这些热量通过火山活动和地壳运动集中到某些地点并达到人类开发利用的条件，就称之为地热能（或地热资源）。地热能也是可再生能源，它的储量丰富。据权威机构估算，地热能的储量居然相当于目前全球能源消耗总量的 45 万倍之多。

4. 海洋能

海洋能是一次能源，也是可再生能源。海洋能是海水中蕴藏的动能、势能、热能的统一称谓，是广义的能源概念。海洋能包括潮汐能、洋流能、波浪能、温差能、盐差能等。

5. 生物质能

生物质能是一次能源，也是可再生能源，是仅次于煤、石油、天然气之后的第四大能源资源。广义的生物质能，是指一切直接或间接利用光合作用形成的有机物质。其包括世界上所有的动物、植物、微生物，以及这些生物产生的有机排泄物和代谢物。狭义的生物质能是指来源于植物的有机物质。归根结底，生物质能是通过光合作用将太阳能转化、储存的可利用的有机物。生物质能的来源非常广泛，包括木材、森林废弃物、农业废弃物、水生植物、油料植物、城市与工业的有机废物等。

生物质能依据其来源可以分为林业资源，农、牧业资源，有机废水，城市有机废弃物等。

6. 氢能

氢元素是宇宙中含量最多的元素，位于元素周期表第一位。氢气在常温常压下是一种无色无味的低密度气体，具有较强的还原性。通过化学亦或生物的手段，可以将自然界中的氢元素提取出来制成氢气，作为清洁能源供人类使用。这里所谓的氢能，就是指氢气作为燃料时的称谓。氢能是二次能源，也是不可再生能源。

7. 未来新开发的能源

（1）可燃冰。

科学家目前对可燃冰的形成是这样解释的：当海底的石油、天然气在地球板块运动的作用下涌入海洋中时，在海底低温、高压的作用下与海水产生化学作用，相结合后形成的天然气水合物。因此可燃冰的形成就必须满足低温、高压和油气源三项必要条件，三者缺一不可。

可燃冰的分子结构外层是水，核心是燃气分子，其主要成分是甲烷，所以可燃冰也被称为甲烷水合物。根据理论计算，1 立方米的可燃冰中蕴涵甲烷 168 立方米、水 0.8 立方米。可燃冰中甲烷的含量可占其总质量的 80% 以上。可燃冰只能保存于低温、高压的状态下，一旦温度超过 200 摄氏度和压力小于 10 兆帕，它就会分解并析出大量甲烷。

世界各国都已经充分认识到可燃冰是替代石油、天然气的一种重要能源来源，在世界各地（主要集中于大陆边缘、大陆坡、海山、内陆海及边缘深水盆地等地质构造处）陆续发现了可燃冰存在的证据，但是要将其开发利用还存在不小的技术难题有待于解决，甲烷的温室效应是二氧化碳的 10 ~ 20 倍之巨。一旦在开采过程中发生喷涌，不但会导致海底滑坡、海水毒化、海啸等灾害，还会使温室效应骤然加剧，其不良后果极为堪虑。

我国南海和东海深水海底发现有可燃冰蕴藏，2009 年在西藏和新疆也发现了大量的陆上可燃冰。目前，美国、日本等国计划开始可燃冰的商业试开采，我国计划 2015 年左右开展商业试开采活动。

（2）可控核聚变。

核聚变（也叫热核反应）是氢同位素（氘和氚）结合成较重的原子核（氦）时放出巨大能量的过程。目前，人类已经可以实现不受控制的核聚变，如氢弹的爆炸。但是要想其能量可被人类有效利用，必须能够合理地控制核聚变的速度和规模，实现可持续且又平稳的能量输出。

核聚变所需的氘元素在自然界中的储量很大，每升海水中含有 0.03 克氘。这 0.03 克氘聚变时释放出的能量相当于 300 升汽油燃烧的能量。海水的总体积为 13.7×10^{17} 立方米，共含有几百亿吨的氘。这些氘的聚变所释放出的能量，足以保证人类上百亿年的能源消耗。而且氘的提取方法简便，成本较低，核聚变堆的运行也是十分安全的。

目前，世界各国都在积极研究开发可控核聚变试验装置，一旦试验成功并投入商业运行，将为人类带来取之不尽、用之不竭的清洁能源，人类的历史也将就此大为改观。2011年日本大地震对部分日本核电站的严重破坏，也一度引起世界部分国家对核电的极度恐慌。但我国有句谚语“因噎废食”，绝不能为此不再开发利用核能源。人类总是在探索和战胜自然灾难的斗争中不断成熟、成长并前进。

2.1.4 能源的特点

世界能源的特点：世界一次能源消费量不断增加，根据《BP 世界能源统计 2011》，同上年相比，2010 年世界经济增长 5.1%（数据来源：IMF，World Economic Outlook Database，2011），带动全球一次能源消费增长 4.9%，仍连续第 5 年高于过去 10 年的平均水平，其中石油消费增长了 2.2%；全球天然气消费增长了 6.6%，超过以往的平均增幅；全球原煤消费增长了 5.67%（数据来源：BP，Statistical Review of World Engergy，2011）。能源消费与经济增长之间存在正比例关系。在发达国家中，这种正比例关系趋弱，在发展中国家，正比例关系趋强。世界能源消费呈现不同的增长模式，发达国家增长速率明显低于发展中国家。能源结构的调整不断优化，地域差异仍旧很大，世界能源储量和消费地区不平衡，导致其贸易安全及运输压力增大。

我国能源的特点：能源开发难度较大；利用效率低、分布不均；能源供需存在巨大缺口；能源的使用对环境污染严重。能源的一个重要特点，就是能源的可加合性、转换性、状态性、作功性、传导性及贬损性。

2.2 能源加工、转换与效率*

能源加工与能源转换既有联系也有区别，两者都是将能源投入加工转换设备，经过一定的工艺流程生产出新的能源产品。能源加工往往是把一次能源加工成二次能源，一般只是能源物理形态的变化，如煤炭加工、天然气加工、石油加工、生物燃料加工等（其转换效率很高，一般都能达到90%以上）。能源转换应该说仅指能量形式的转化，如热能转化为机械能，机械能转化为电能，电能又转化为热能、机械能等。常见的能源加工转换形式如下：

洗煤是洗选加工的简称，是将原煤通过筛分、破碎、洗选、脱水等工艺过程，清除杂质、矸石和降低灰分、硫、磷等成分而生产出各种能源产品。洗煤主要生产精煤和部分动力用煤。

炼焦是将不同牌号的炼焦洗精煤（土法炼焦用原煤）按生产工艺要求配合后，投入隔绝空气的密闭炼焦炉内，经干馏（即高温加热）熔融分解，留在碳化室内的固体部分就是焦炭。从炭化室顶部逸出的气体称荒煤气，经净化处理可回收焦油、氨、粗苯等，再经脱硫脱氧可生产出焦炉煤气。

炼油是将油井中开采出来的原油或人造原油，经炼油装置加工生产出各种石油制品（如汽油、煤油、柴油、重油等）。炼油主要有蒸馏和裂化两种方法。

制气就是将原煤、洗精煤、焦炭和重油等投入到转换设备生产出可燃气体——煤气，制气方法包括炼焦过程中产生焦炉煤气、发生炉煤气、加压气化煤气和油煤气等。

清洁煤技术即在煤炭开发和利用过程中，旨在减少污染与提高利用效率的加工、燃烧、转化及污染控制办法的总称。

供热是将燃料投入锅炉经高温加热而生成的蒸汽和热水。按供热方式不同，有热电站供热和区域供热两种。

煤制油（即 methanol to olefins）也就是甲醇制烯烃。

火力发电是将燃料投入电站锅炉，产生过热高压蒸汽，推动汽轮机叶片转子，再由叶片转子带动发电机转子，于是便产生电流。这种“化学能—热能—机械能—电能”的能量转换过程就是常规蒸汽发电过程。此外，还有燃气轮机发电和磁流体发电等新技术的投入实际应用。

能源转换的几种形式及其效率见表 2－1。

表 2－1　能源转换的几种形式及其效率

能源转换全过程	转换阶段	（能源转换）输入能源形式	（能源转换）输出能源形式	目前达到的最佳效率（%）	可能达到的最高效率（%）
应用矿物燃料发电	1	煤或油的化学能	所产生蒸汽的热能	85～95	100
	2	蒸汽热能	转动透平的机械能	40～48	63
	3	转动透平的机械能	电能	95～98	100
	总体	煤或油的化学能	电能	32～42	63
水力发电	1	水落差产生机械能	转动透平的机械能	85～90	100
	2	转动透平的机械能	电能	95～98	100
用矿物或化学燃料以燃料电池产生电能	1	燃料的化学能	电能	50	80～100
光电池（光生伏打）发电	1	太阳光辐射能	电	20	93
太阳能加热	1	太阳光辐射能	约 100℃的热能	30～60	100
电阻加热	1	电	任何温度的热能	100	100
气体加热	1	气体的化学能	直到约 100℃的热能	80～85	100
燃料经由内燃机产生机械能（如汽车）	1	燃料的化学能	燃烧气体的热能	95	100
	2	燃烧气体的热能	发动机转动部分的机械能	32～44	75～85
光合成	1	太阳光辐射能	植物组织内的化学能	2～3	95

2.3 能源计量单位与换算*

2.3.1 原始单位

计量各种能源的实物量所用的单位称为“原始单位”（表2－2）。

表2－2　能源统计中的原始单位

燃料（能量）形式	单　　位
固体燃料	吨[1]
气体燃料	标准立方米，标准立方英尺
原油	吨[1]
各种成品油	桶[2]/升/加仑[3]
电力	千瓦时

注：[1] 这里指的是1 000千克。另外英美还使用长吨和短吨，1978年以前英国用长吨（1 016.05千克，2 240磅），美国用短吨（907.2千克，2 000磅）。

[2] 桶为容积单位，这里指的是石油桶，约等于159升。

[3] 加仑为容积单位，有英国加仑（4.546升）和美国加仑（3.785 4升）。

2.3.2 通用单位

能源统计即要反映出多种能源的相互关系，为此就必须采用共同的单位去计量不同种类的能源。要找到一种通用的度量单位对不同对象进行计量，其先决条件是研究这些对象所具有共同的属性。见表2－3、表2－4。

表2－3　原油比重与容积重量换算系数　单位：吨/立方米

国　　家	原油比重
俄罗斯	0.856*
沙特阿拉伯	0.858
美国	0.848
伊拉克	0.846
伊朗	0.860
科威特	0.862
尼日利亚	0.851
委内瑞拉	0.901
中国	0.860*
利比亚	0.830
世界平均	0.860

联合国估计值：世界原油平均按7.3桶折算为1吨，我国近似按7桶折算为1吨。

资料来源：联合国《世界能源供应》（1973—1978）。

表 2-4 部分石油制品的比重和重量体积换算（折合每吨的量）

品　　种	比重	升	美国加仑	英国加仑	石油桶
汽油	0.74	1351	357	297	8.50
煤油	0.81	1 235	326	272	7.77
燃油	0.87	1 149	304	253	7.23
渣油	0.95	1 053	278	232	6.62
燃油平均	0.91	1 099	290	242	6.91

各种能源的一种共同属性是其含有能量，在一定条件下都可以转化为热。所以很自然，人们选用了各种能源所含的热量作为统计、计量的通用单位。见图 2-1、表 2-5、表 2-6。

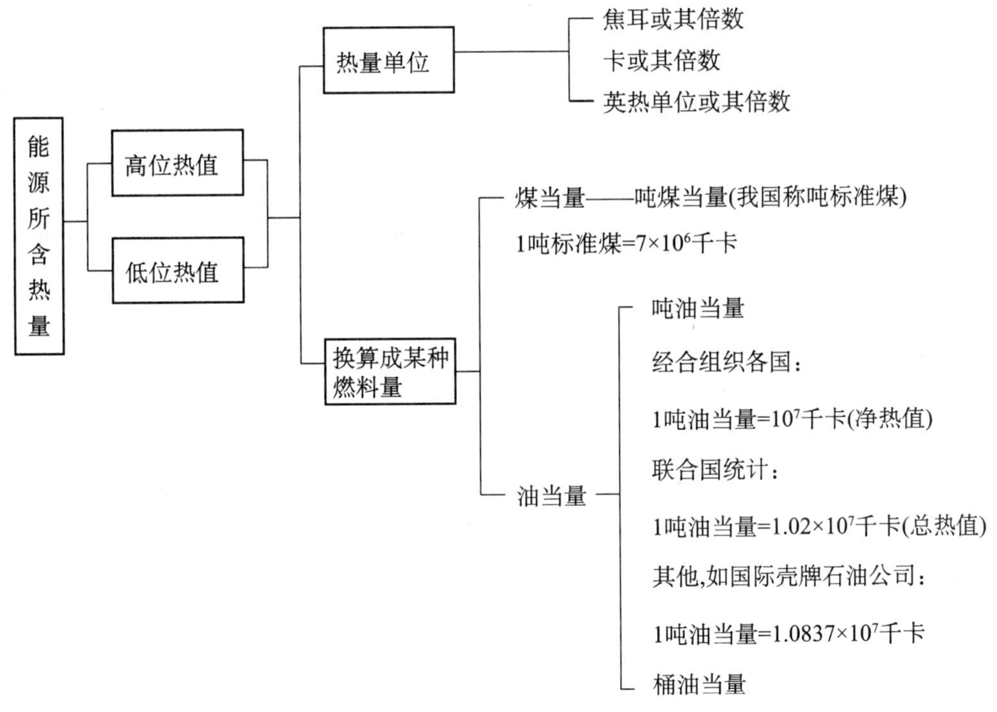

图 2-1

表 2-5 用于构成十进倍数和分数单位的词头

因数	词头名称	词头符号	因数	词头名称	词头符号
10^{18}	艾［可萨］(exa)	E	10^{-1}	分 (deci)	d
10^{15}	拍［它］(peta)	P	10^{-2}	厘 (centi)	c
10^{12}	太［拉］(tera)	T	10^{-3}	毫 (milli)	m

续表

因数	词头名称	词头符号	因数	词头名称	词头符号
10^9	吉［咖］（giga）	G	10^{-6}	微（micro）	μ
10^6	兆（mega）	M	10^{-9}	纳［诺］（nano）	n
10^3	千（kilo）	k	10^{-12}	皮［可］（pico）	p
10^2	百（hecto）	h	10^{-15}	飞［母托］（femto）	f
10^1	十（deca）	da	10^{-18}	阿［托］（atto）	a

表 2－6　　常用带词头的能源单位

带词头的能源单位	能源单位	带词头的能源单位	能源单位
Mt	百万吨	TW	10 亿千瓦
Gt	10 亿吨	kW·h	千瓦小时
Mtce	百万吨煤当量 或百万吨标准煤	MW·h GW·h	千千瓦小时 百万千瓦小时
Mtoe	百万吨油当量	TW·h	10 亿千瓦小时
MW	千千瓦	mg	毫克
GW	百万千瓦	μg	微克

1969 年国际计量委员会建议废除卡热量单位，采用国际单位制（SI）中焦耳作为能、功、热的单位，定义为 1 国际安培电流，在 1 国际欧姆电阻上，1 秒钟内消耗的电能。

1984 年 3 月，国务院发布了《关于在我国统一实行法定计量单位的命令》，命令指出：能量、功、热的法定计量单位为焦［耳］。

1991 年 1 月 1 日起，除个别特殊领域外，不允许使用非法定计量单位。

2.4　能源计量管理

2.4.1　概述

1. 基本概念

（1）能源计量。

能源计量是指在能源的购入仓储、加工转换、输送分配、最终使用各流程中，对各个环节的数量、质量、性能参数、相关的特征参数等进行检测、度量和计算。

（2）节能的定义及节能量的计量。

节能是指根据我国《节约能源法》的定义，“加强管理，采取技术上可行、经济上合理以及环境和社会上可以承受的措施，减少从能源生产到消费各个环节中的损失和浪费，更加有效地利用能源”。那么节能量则可以理解为：在原有的基础上，通过结构调整（包括产业结构和能源结构调整）、技术、加强管理等措施所减少的能源消费量即可视为节能量。对这部分能源量的计量就是节能量。亦可以理解为是指在一定的统计、审计、报告期内，用能单位实际消耗的能源与某个基准能源消耗量间的差，所选基准不同，其节能量会有所不同。

（3）能源计量器具。

能源计量器具是指测量对象为一次能源、二次能源和载能工质的计量器具。

2. 依据

能源计量是能源管理的一项非常重要的基础工作，是开展节能量化管理的前提。《用能单位能源计量器具配备和管理通则》（GB 17167—2006）（以下简称《通则》）规定了用能单位能源计量器具配备和管理的基本要求，适用于企业、事业单位、行政机关、社会团体等独立核算的用能单位，有利于科学定量地管理能源生产、输运、消耗全过程，真正做到“能源数据来源于能源计量仪表，能源管理依靠计量数据”，从而达到节约能源的目的。

3. 种类及范围

能源计量的种类在《通则》中是指煤炭、原油、天然气、焦炭、煤气、热力、成品油、液化石油气、生物质能和其他直接或者通过加工、转换而取得有用能的各种能源资源。

能源计量范围包括：

（1）输入用能单位、主要次级用能单位和用能设备的能源及耗能工质；

（2）输出用能单位、主要次级用能单位和用能设备的能源及耗能工质；

（3）用能单位、主要次级用能单位和用能设备使用（消耗）的能源及耗能工质；

（4）用能单位、主要次级用能单位和用能设备自产的能源及耗能工质；

（5）用能单位、主要次级用能单位和用能设备可回收利用的余能资源。

2.4.2 能源计量器具的分类

1. 按结构特点分类

（1）量具。

即用固定形式复现量值的计量器具，如量块、砝码、标准电池、标准电阻、竹木直尺、线纹米尺等。

（2）计量仪器仪表。

即将被测量的量转换成可直接观测的指标值等效信息的计量器具，如压力表、流量计、温度计、电流表等。

（3）计量装置。

即为了确定被测量值所必需的计量器具和辅助设备的总体组合，如里程计价表检定装置、高频微波功率计校准装置、电力谐波测量仪等。

2. 按计量学用途分类

（1）计量基准器具。

计量基准器具简称计量基准，是指用以复现和保存计量单位量值，经国家质检总局批准，作为统一全国量值最高依据的计量器具。

计量基准就是在特定领域内，具有当代最高计量特性，其值不必参考相同量的其他标准，而被指定的或普遍承认的测量标准。经国际协议公认，在国际上作为给定量的其他所有标准定值依据的标准称为国际基准。经国家正式确认，在国内作为给定量的其他所有标准定值依据的标准称为国家基准。计量基准一般分为国家基准（主基准）、副基准和工作基准。

计量基准的主要特征：

1）符合或接近计量单位定义所依据的基本原理；

2）具有良好的复现性，所定义、实现、保持或复现的计量单位（或其倍数或分数）具有当代（或本国）的最高精度；

3）性能稳定，计量特性长期不变；

4）能将所定义、实现、保持或复现的计量单位（或其倍数或分数）通过一定的方法或手段传递下去。

（2）计量标准器具。

计量器具是指能用以直接或间接测出被测对象量值的装置、仪器仪表、量具和用于统一量值的标准物质。

计量标准是指为了定义、实现、保存或复现量的单位（或一个或多个量值），用作参考的实物量具、测量仪器、标准物质或测量系统。我国习惯认为“基准”高于“标准”，这是从计量特性来考虑的，各级计量标准必须直接或间接地接受国家基准的量值传递，而不能自行定度。

（3）工作计量器具。

工作计量器具是指一般日常工作中所用的计量器具，它可获得某给定量的计量结果。

2.4.3 能源计量器具的配备

1. 配备原则

（1）应满足能源分类计量的要求。

（2）应满足用能单位实现能源分级、分项考核的要求。

（3）重点用能单位应配备必要的便携式能源检测仪表，以满足自检、复查的要求。

2. 配备要求

（1）能源计量器具配备率应满足《通则》规定。

（2）用能单位应加装能源计量器具。

（3）耗能量（供能量或输运能量）大于或等于《通则》规定中一种或多种能源消耗量限定值的用能单位为主要次级用能单位。主要次级用能单位应接照《通则》规定要求加装能源计量器具。

（4）单台设备能源消耗量大于或等于《通则》规定中一种或多种能源消耗量限定值的为主要用能设备。主要用能设备应按《通则》规定要求加装能源计量器具。

（5）能源计量器具配备率应符合《通则》表3规定的要求。

（6）对从事能源加工、转换、输运性质的企业（如火电厂、输变电等用能单位），其所配备的能源计量器具应满足评价其能源加工、转换、输运效率的要求。

（7）对从事能源生产的用能单位（如采煤、采油企业等），其所配备的能源计量器具应满足评价其单位产品能源自耗率的要求。

（8）用能单位的能源计量器具准确度等级应满足《通则》表4规定的要求。

（9）主要次级用能单位所配备能源计量器具的准确度等级（电能表除外）参照《通则》表4规定的要求。电能表可比表4的同类用户低一个档次的要求。

（10）主要用能设备所配备能源计量器具的准确度等级（电能表除外）参照《通则》表4规定的要求，电能表可比表4的同类用户低一个档次的要求。

（11）能源作为生产原料使用时，其计量器具的准确度等级应满足相应的生产工艺要求。

（12）能源计量器具的性能应满足相应的生产工艺及使用环境（如温度、温度变化率、湿度、照明、振动、噪声、粉尘、腐蚀、电磁干扰等）要求。

2.4.4 能源计量器具的检定

检定是一种法定的行政行为，用来查明和确认测量仪器是否符合法定要求。

1. 检定方式

（1）强制检定。

强制检定是指由县级以上人民政府计量行政部门所属或者授权的计量检定机构，对用于贸易结算、安全防护、医疗卫生、环境监测方面，并列入《中华人民共和国强制检定的工作计量器具目录》（以下简称《强检目录》）的计量器具实行定点定期检定。

1）范围。根据《计量法》第九条的规定，试行强制检定的计量器具包括强制检定的工作计量器具和强制检定的计量标准器具两部分。

2）程序。具体如下：

①使用属于强制检定的工作计量器具的单位或者个人，必须按规定将其登记造册，报当地计量行政部门备案，并向指定的法定计量检定机构申请周期检定。当地不能检定的，

向上一级计量行政部门指定的法定计量检定机构申请周期检定。

②执行强制检定的计量机构根据国家或者地方计量检定规程确定检定周期，在规定期限内按时完成检定工作。

③执行强制检定的计量机构对检定合格的计量器具发给国家统一的检定合格证书，或在计量器具商标盖以检定合格印或发给检定合格证。对检定不合格的，则发给检定结果通知书或注销原检定合格印。

④未按规定申请强制检定或检定不合格，超过检定周期继续使用的，责令停止使用，可处以罚款。

（2）非强制检定。

非强制检定计量器具一般多为用于生产和科研的工作计量器具，使用单位应当自行定期检定，如果本单位不能检定，依据国家质量技术监督局 1999 年第 6 号公告，对企业使用非强制检定计量器具的检定周期和检定方式由企业自行管理。

1）检定周期。由企业根据计量器具的实际使用情况，本着科学、经济和量值准确的原则自行确定。

2）检定方式。由企业根据生产和科研的需要，可以自行决定在本单位检定或者送其他计量检定机构检定，任何单位不得干涉。

2. 检定周期的确定

确定检定周期的原则是按照《计量器具检定周期确定原则和方法》（JJF 1139—2005）执行。

2.4.5 能源计量管理体系

用能单位为进一步规范、提升能源计量管理工作水平，应建立完善能源计量管理体系，主要从以下几方面采取措施。

1. 建立完善能源计量管理文件、制度

（1）用能单位应建立能源计量管理体系，形成文件，并保持和持续改进其有效性。

（2）用能单位应建立、保持和使用文件化的程序来规范能源计量人员行为、能源计量器具管理和能源计量数据的采集、处理和汇总。

（3）用能单位计量管理部门为实施能源计量的统一管理，必须建立健全有关能源计量的具体管理文件、制度，对以下管理事项作出明确规定。

1）能源计量器管理事项：

能源计量部门分工、职责；

能源计量管理人员岗位职责；

能源计量人员培训管理；

能耗定额管理；

节能计量奖惩管理；

能源计量数据采集、处理和分析；

能源统计报表制度；

能源计量数据记录表格；

能源计量测试档案、技术资料使用保管制度。

2）能源计量器具管理制度：

能源计量器具周期检定、校准制度；

能源计量器具使用、维护、保养制度；

能源计量器具采购、入库、流转、降级、作废核准制度；

计量实验室工作制度；

计量测试人员岗位责任制度。

2. 能源计量人员配备

（1）用能单位应设专人负责能源计量器具的管理，负责能源计量器具的配备、使用、检定（校准）、维修、报废等管理工作。

（2）用能单位应设专人负责主要次级用能单位和主要用能设备能源计量器具的管理。

（3）用能单位的能源计量管理人员应通过相关部门的培训考核，持证上岗；用能单位应建立和保存能源计量管理人员的技术档案。

（4）能源计量器具的检定、校准和维修人员，应具有相应的资质。

3. 能源计量器具管理

（1）用能单位应备有完整的能源计量器具一览表，表中应列出计量器具的名称、型号规格、准确度等级、测量范围、生产厂家、出厂编号、用能单位管理编号、安装使用地点、状态（指合格、准用、停用等）。主要次级用能单位和主要用能设备应备有独立的能源计量器具一览表分表。

（2）用能设备计量器具的设计、安装和使用应满足《用能设备能量测试导则》（GB/T 6422—2009）和《节能监测技术通则》（CB/T 15316—2009）中关于用能设备的节能监测要求。

（3）用能单位应建立能源计量器具档案。

（4）用能单位应备有能源计量器具量值传递或溯源图，其中作为用能单位内部标准计量器具使用的，要明确规定其准确度等级、测量范围、可溯源的上级传递标准。

（5）用能单位的能源计量器具，凡属自行校准且自行确定校准间隔的，应有现行有效的受控文件（即自校计量器具的管理程序和自校规范）作为依据。

（6）能源计量器具应实行定期检定（校准）。凡经检定（校准）不符合要求的或超过检定周期的计量器具，一律不准使用。属强制检定的计量器具，其检定周期、检定方式应遵守有关计量法律、法规的规定。

（7）在用的能源计量器具应在明显位置粘贴与能源计量器具一览表编号对应的标签，以备查验和管理。

4. 能源计量数据管理

（1）用能单位应建立能源统计报表制度，能源统计报表数据应能追溯至计量测试记录。

（2）能源计量数据记录应采用规范的表格式样，计量测试记录表格应便于数据的汇总与分析，应说明被测量与记录数据之间的转换方法或关系。

（3）用能单位可根据需要建立能源计量数据中心，利用计算机技术实现能源计量数据的网络化管理。

（4）用能单位可根据需要按生产周期（班、日、周）及时统计计算出其单位产品的各种主要能源消耗量。

2.5 能源统计方法与报表

《节约能源法》第五十三条规定："重点用能单位应当每年向管理节能工作的部门报送上年度的能源利用状况报告。能源利用状况包括能源消费情况、能源利用效率、节能目标完成情况和节能效益分析、节能措施等内容。"

2.5.1 报告内容

表 1　重点用能单位基本情况表

表 2　能源消费结构表

表 2－1　能源消费结构附表

表 3　能源实物平衡表

表 4　单位产品综合能耗指标情况表

表 5　影响单位产品（产值）能耗变化因素的说明

表 6　节能目标完成情况

表 7　节能目标责任自评价考核表

表 8　主要耗能设备状况表

表 9　合理用能国家标准执行情况表

表 10　规划期节能技术改造执行情况表

表 11　与上年相比节能项目变更情况表

表 1 　　　　　　　　　　**重点用能单位基本情况表**

年度：

<table>
<tr><td>所属地区</td><td></td><td>行业</td><td></td><td>单位类型</td><td></td><td>编号</td><td></td></tr>
<tr><td>单位详细名称</td><td colspan="3"></td><td>法人单位代码</td><td colspan="3"></td></tr>
<tr><td>单位注册日期</td><td colspan="3"></td><td>单位注册资本（万元）</td><td colspan="3"></td></tr>
<tr><td>法定代表人姓名</td><td colspan="3"></td><td>联系电话（区号）</td><td colspan="3"></td></tr>
<tr><td colspan="8">单位地址</td></tr>
<tr><td>行政区划代码</td><td colspan="3"></td><td>邮政编码</td><td colspan="3"></td></tr>
<tr><td>单位主管节能领导姓名</td><td></td><td>职务</td><td></td><td>联系电话（区号）</td><td></td><td></td><td></td></tr>
<tr><td>能源管理机构名称</td><td colspan="3"></td><td>传真（区号）</td><td colspan="3"></td></tr>
<tr><td>能源管理负责人姓名</td><td></td><td>培训号</td><td></td><td>联系电话（区号）</td><td></td><td></td><td></td></tr>
<tr><td>能源管理人员姓名</td><td></td><td>培训号</td><td></td><td>联系电话（区号）</td><td></td><td></td><td></td></tr>
<tr><td colspan="8">电子邮箱</td></tr>
</table>

<table>
<tr><td colspan="2">指标名称</td><td>本期值</td><td>上年同期值</td><td>变化率（%）</td></tr>
<tr><td colspan="2">工业总产值（万元）
（按可比价计算）</td><td></td><td></td><td></td></tr>
<tr><td colspan="2">销售收入（万元）</td><td></td><td></td><td></td></tr>
<tr><td rowspan="2">综合能源消费量
（万吨标准煤）</td><td>当量值</td><td></td><td></td><td></td></tr>
<tr><td>等价值</td><td></td><td></td><td></td></tr>
<tr><td colspan="2">能源消费成本（万元）</td><td></td><td></td><td></td></tr>
<tr><td colspan="2">能源消费占成本比例（%）</td><td></td><td></td><td></td></tr>
<tr><td rowspan="2">单位工业总产值能耗
（吨标准煤/万元）</td><td>当量值</td><td></td><td></td><td></td></tr>
<tr><td>等价值</td><td></td><td></td><td></td></tr>
<tr><td colspan="2">主要产品名称</td><td>年产量（单位）</td><td>年产量（单位）</td><td>单位产品能耗
（单位）</td></tr>
<tr><td colspan="2">▼</td><td></td><td></td><td></td></tr>
<tr><td colspan="2" rowspan="2">轧钢
型材
螺纹钢
……</td><td></td><td></td><td></td></tr>
<tr><td></td><td></td><td></td></tr>
</table>

填报负责人：______________ 填报人：______________ 填报日期：______________

说明：1. 所属地区填写单位所在的省（自治区、直辖市）。

2. 编号由国家汇总部门统一编写，单位不需填写。

3. 主要产品为耗能量占所有产品总耗能量比例不低于 10% 的产品，若产品种类超过 5 种的，只需填写耗能量在前 5 位的产品。

4. 年产能是指相应产品主体设备的年设计产能。

5. 单位工业总产值能耗 = 综合能源消费量（万吨标准煤）/工业总产值。

6. 表中白色部分为单位填报区域，深色区域是系统自动计算部分，或是共享其他表内容部分，不需要单位填写。

表 2 **能源消费结构表**

企业名称： 年度：

能源名称	计量单位	代码	期初库存量	购进量		消费量					期末库存量	采用折标系数	参考折标系数
				实物量	额（千元）	合计	工业生产消费量	用于原材料	非工业生产消费	合计中：运输工具消费			
甲	乙	丙	1	2	3	4	5	6	7	8	9	10	丁
原煤	吨	01											0.714 3
洗精煤	吨	02											0.900 0
其他洗煤	吨	3											0.2～0.8
煤制品	吨	04											0.5～0.714 3
#：型号	吨	05											0.5～0.7
水煤浆	吨	06											0.641 6～0.713 3
煤粉	吨	07											0.714 3
焦炭	吨	08											0.971 4
其他焦化产品	吨	09											1.1～1.5
焦炉煤气	万立方米	10											5.714～6.143
高炉煤气	万立方米	11											1.286 0
其他煤气	万立方米	12											1.7～12.1
天然气	万立方米	13											11.0～13.3
液化天然气	吨	14											1.757 2
原油	吨	15											1.428 6
汽油	吨	16											1.471 4
煤油	吨	17											1.471 4
柴油	吨	18											1.457 1
燃料油	吨	19											1.428 6

续表

能源名称		计量单位	代码	期初库存量	购进量		消费量					期末库存量	采用折标系数	参考折标系数
					实物量	额（千元）	合计	工业生产消费量	用于原材料	非工业生产消费	合计中：运输工具消费			
甲		乙	丙	1	2	3	4	5	6	7	8	9	10	丁
液化石油气		吨	20											1.714 3
炼厂干气		吨	21											1.571 4
其他石油制品		吨	22											1.0～1.4
热力		百万千焦	23											0.034 1
电力		万千瓦时	24											1.229 0
其他燃料		吨标准煤	25											3.66
#：煤矸石		吨标准煤	26											1.000
生物质能		吨标准煤	27											1.000
工业废料		吨标准煤	28											1.000
城市固体垃圾		吨标准煤	29											1.000
能源合计	当量值	吨标准煤	30											1.000
	等价值	吨标准煤	31											1.000

填报负责人：________ 填报人：________ 填报日期：________

说明：1. 主要逻辑审核关系：

（1）消费合计 = 工业生产消费 + 非工业生产消费。

（2）工业生产消费≥用于原材料。

（3）消费合计≥运输工具消费。

（4）煤制品≥型煤 + 水煤浆 + 煤粉。

（5）其他燃料≥煤矸石 + 生物质能 + 工业废料 + 城市固体垃圾。

2. 企业只填写本企业消耗的有关能源品种数值。如本表未包括企业消耗的能源品种，企业应根据统计部门要求归并入相应能源品种内。

3. 能源合计 = ∑某种能源×某种能源折标准煤系数（不重复计算“其中”项），表中“#:”代表“其中:”。

4. 综合能源消费量的计算方法。

（1）非能源加工转换企业：综合能源消费量 = 工业生产消费的能源合计 − 回收利用折标量合计（表2－1第13列）。

（2）能源加工转换企业：综合能源消费量 = 工业生产消费的能源合计 − 能源加工转换产出折标量合计（表2－1第12列）－回收利用折标量合计（表2－1第13列）。

5. 电力等价折标系数，按当年火力发电标准煤耗计算。

6. 表中白色部分为单位填报区域，深色区域是系统自动计算部分，或是共享其他表内容部分，不需要单位填写。

表 2－1 **能源消费结构附表**

企业名称： 年度：

能源名称	计量单位	代码	工业生产消费量	加工转换投入合计	火力发电	供电	原煤入选	炼焦	炼油	制气	天然气液化	加工煤制品	能源加工转换产出	能源加工转换产出折标量（吨标准煤）	回收利用	折标系数
甲	乙	丙	1	2	3	4	5	6	7	8	9	10	11	12	13	14
原煤	吨	01														
洗精煤	吨	02														
其他洗煤	吨	03														
煤制品	吨	04														
#：型号	吨	05														
水煤浆	吨	06														
煤粉	吨	07														
焦炭	吨	08														
其他焦化产品	吨	09														
焦炉煤气	万立方米	10														
高炉煤气	万立方米	11														
其他煤气	万立方米	12														
天然气	万立方米	13														
液化天然气	吨	14														
原油	吨	15														
汽油	吨	16														
煤油	吨	17														
柴油	吨	18														
燃料油	吨	19														
液化石油气	吨	20														
炼厂干气	吨	21														

续表

能源名称		计量单位	代码	工业生产消费量	加工转换投入合计									能源加工转换产出	能源加工转换产出折标量（吨标准煤）	回收利用	折标系数
						火力发电	供电	原煤入选	炼焦	炼油	制气	天然气液化	加工煤制品				
甲		乙	丙	1	2	3	4	5	6	7	8	9	10	11	12	13	14
其他石油制品		吨	22														
热力		百万千焦	23														
电力		万千瓦时	24														
其他燃料		吨标准煤	25														
#：煤矸石		吨标准煤	26														
生物质能		吨标准煤	27														
工业废料		吨标准煤	28														
城市固体垃圾		吨标准煤	29														
能源合计	当量值	吨标准煤	30														
	等价值	吨标准煤	31														

本年综合能源消费量（当量值）：__________万吨标准煤　　上年综合能源消费量（当量值）：__________万吨标准煤

本年综合能源消费量（等价值）：__________万吨标准煤　　上年综合能源消费量（等价值）：__________万吨标准煤

填报负责人：__________　填报人：__________　填报日期：__________

说明：

1. 本表统计范围：有能源加工转换活动的重点用能单位。

2. 计算“能源加工转化产出”、“回收利用”指标使用的折算系数同表 2。

3. 主要逻辑审核关系：

（1）工业生产消费与表 2 的工业生产消费数字一致。

（2）加工转换投入合计 = 火力发电投入 + 供热投入 + 原煤入洗投入 + 炼焦投入 + 炼油投入 + 制气投入 + 液化投入 + 加工煤制品投入。

（3）煤制品 ≥ 型煤 + 水煤浆 + 煤粉。

（4）其他燃料 ≥ 煤矸石 + 生物质能 + 工业废料 + 城市固体垃圾。

4. 能源合计 = ∑某种能源 × 某种能源这标准系数（不重复计算“其中项”），表中“#:”代表“其中:”。

5. 电力等价折标系数，按当年火力发电标准煤计算。

表 3　　　　能源实物平衡表

企业名称：　　　　　　　　　　年度：

项　　目		企业购入能源品种			企业产出能源品种		工艺产出能源品种	
能源品种		原煤	汽油	……	焦炭	……	焦炉煤气	……
计量单位		吨	吨	……	吨	……	万立方米	……
企业期初库存								
企业期内购入								
企业期内输出								
企业期末库存								
期内企业净消费量								
折标准煤系数	当量							
	等价							
企业能源单价								
企业净消费标准煤量	当量值							
	等价值							
企业能源成本								
能源转换系统								
炼焦								
……								
能源转换实物消耗合计								
产品生产系统								
一车间								
工序 1								
……								
小计：								
二车间								
……								
小计：								
产品生产实物消耗合计								
辅助生产系统								
机修车间								
……								
辅助生产实物消耗合计								
非工业生产实物消耗合计								
能源损耗								

填报负责人：________________　填报人：________________　填报日期：________________

表 4　　　　单位产品综合能耗指标情况表

企业名称：　　　　　　　　　年度：

指标名称	计量单位			单位换算系数	代码	本年度			上年度			与上年度比		国家（地区）定额
	指标单位	子项单位	母项单位			指标值	子项值	母项值	指标值	子项值	母项值	节能量	变化率（%）	
甲	乙	丙	丁	戊	己	1	2	3	4	5	6	7	8	9

填报负责人：＿＿＿＿＿＿　填报人：＿＿＿＿＿＿　填报日期：＿＿＿＿＿＿

表 5　　　　影响单位产品（产值）能耗变化因素的说明

企业名称：　　　　　　　　　年度：

与上年度比较能耗指标下降的说明

指标代码	指标名称	变化率（%）	说　明

与上年度比较能耗指标上升的说明

指标代码	指标名称	变化率（%）	说　明

与上年度比较产值能耗指标上升（下降）的说明

指标代码	指标名称	变化率（%）	说　明

填报负责人：＿＿＿＿＿＿　填报人：＿＿＿＿＿＿　填报日期：＿＿＿＿＿＿

说明：1. 本表是对表 4 指标和产值能耗变化情况的解释说明。

2. 如果上升或下降的能耗指标多余 5 种，则只需填写上升或下降幅度在前 5 位的指标。

3. 本表自动根据表 1 和表 4 填报的指标数据生成，填报企业只需填写说明的内容。

表 6

节能目标完成情况

企业名称：

年度：

项　目		2006 年	2007 年	2008 年	2009 年	2010 年	合计
节能量目标（吨标准煤）							
单位产品综合能耗实际完成节能量（吨标准煤）	当量值						
	等价值						
工业总产值能耗实际完成节能量（吨标准煤）	当量值						
	等价值						
单位产品综合能耗节能量完成率（%）	按当量值计算						
	按等价值计算						
工业总产值能耗节能量完成率（%）	按当量值计算						
	按等价值计算						
当年节能减排目标完成情况附件说明							

填报负责人：＿＿＿＿＿＿　填报人：＿＿＿＿＿＿　填报日期：＿＿＿＿＿＿

说明：1. 本表节能目标指企业与政府签订的“十一五”节能目标。

2. 实际完成节能量指当年环比节能量。

3. 节能量完成率：本年度实际完成节能量/本年度节能减排分解目标 ×100%

表 7

节能目标责任自评价考核表

企业名称：

年度：

考核指标		分值	考核内容	自评价得分	简要说明
节能目标	节能量	40	完成年度计划目标得 40 分，完成目标的 90% 得 35 分、80% 得 30 分、70% 得 25 分、60% 得 20 分、50% 得 15 分、50% 以下不得分。每超额完成 10% 加 2 分，最多加 6 分。本指标为否决性指标，只要未达到目标值即为未完成等级。		
节能措施	节能工作组织和领导情况	5	1. 建立由企业主要负责人为组长的节能工作领导小组并定期研究部署企业节能工作，3 分；		
			2. 设立或指定节能管理专门机构并提供工作保障，2 分。		
	节能目标分解和落实情况	10	1. 按年度将节能目标分解到车间、班组或个人，3 分；		
			2. 对节能目标落实情况进行考评，3 分；		
			3. 实施节能奖惩制度，4 分。		

续表

考核指标		分值	考核内容	自评价得分	简要说明
节能措施	节能技术进步和节能技改实施情况	25	1. 主要产品单耗或综合能耗水平在千家企业同行业中，位居前20%的得10分，位居前50%的得5分，位居后50%的不得分；		
			2. 安排节能研发专项资金并逐年增加，4分；		
			3. 实施并完成年度节能技改计划，4分；		
			4. 按规定淘汰落后耗能工艺、设备和产品，7分。		
	节能法律法规执行情况	10	1. 贯彻执行节约能源法及配套法律法规及地方性法规与政府规章，2分；		
			2. 执行高耗能产品能耗限额标准，4分；		
			3. 实施主要耗能设备能耗定额管理制度，2分；		
			4. 新、改、扩建项目按节能设计规范和用能标准建设，2分。		
	节能管理工作执行情况	10	1. 实行能源审计或监测，并落实改进措施，2分；		
			2. 设立能源统计岗位，建立能源统计台账，按时保质报送能源统计报表，3分；		
			3. 依法依规配备能源计量器具，并定期进行检定、校准，3分；		
			4. 节能宣传和节能技术培训工作，2分。		
小计		100			

填报负责人：________ 填报人：________ 填报日期：________

说明：1. 节能目标以企业根据节能目标责任书制定的年度目标为准；上年度未完成的节能目标，须分摊到以后年度。

2. 2010年节能目标以节能目标责任书中签订的目标为准。

3. 自评价考核结果栏，请用简洁文字说明是否达到考核要求。

表8　　主要耗能设备状况表

企业名称：　　　　年度：

主要耗能设备名称			设备概况	设备运行状况	淘汰更新情况	备注	操作
通用设备		▼					删除
通用设备	工业锅炉 工业电热设备 泵机组 风机机组 ……						
通用设备							

续表

主要耗能设备名称			设备概况	设备运行状况	淘汰更新情况	备注	操作
专用设备		▼					删除
专用设备	高炉 转炉 电炉 ……						
专用设备							

填报负责人：________________ 填报人：________________ 填报日期：

说明：1. 主要耗能设备分为专用设备和通用设备。专用设备指企业主营业务的工艺专用设备：通用设备包括列入国家监测的工业锅炉/工业电热设备/泵机组/风机机组/空气压缩机组/活塞式单级制冷组/工业热处理电炉/蒸汽加热设备/电焊设备/火焰加热炉/供配电系统，热力输送系统等。

2. 设备概况栏，通用设备按容量与参数等级归类填写，专用设备填写主设备、装备水平，技术先进水平及设备主要技术参数。

3. 设备运行状况栏，填写设备报告期内运行相关情况，包括负荷率、运行小时数、设备大修和故障等情况。

4. 淘汰更新情况栏，写明该设备是否属于应淘汰设备（参照淘汰设备洁单），如属于应淘汰设备，说明设备改造更新的时间。

5. 备注栏，填写以上栏目以外需要说明的事项。

6. 列出的设备能源消费总量占企业所有设备能源消费总量的比例应不低于 80%。

表 9 **合理用能国家标准执行情况表**

企业名称： 年度：

项目及对象			是/否	参考标准
燃料燃烧合理化	燃料燃烧控制指标	可燃性气体排放指标、空气系数、排渣含碳量的控制系数是否合理		GB 13271、GB/T 3486
		燃烧设备和燃烧工况是否合理		GB/T 3486
		燃烧设备运行热功效工效率是否满足相应国家或行业标准要求		—
	燃料燃烧方面的测量与记录	是否分析与记录燃料的成分及发热量		—
		是否测量与记录燃烧装置的燃料、助燃空气与雾化剂的用量、温度与压力，排出烟气中的含氧量（或二氧化碳量）		—
		关键性能指标是否记录并处于监控状态（炉膛温度、过量空气系数、漏风系数、排烟温度等）		—
		是否分析与检验排出烟气及灰渣中的可燃成分		—
		燃油设备及容量大于或等于 7MW 的工业锅炉、燃耗 1 500t 标煤/年以上的窑炉是否配备了燃烧过程自控系统		—

续表

项目及对象			是/否	参考标准
燃料燃烧合理化	燃烧设备的检查与维修	燃烧装置、安全装置、供风引风装置、燃烧控制系统、管路、阀门、计量仪表事否定期按规定检查、校正和维修		—
		燃烧设备是否有定期检查维修制度，明确检修技术要求，是否建立检查与维修记录档案		—
传热合理化	传热管理要求	是否根据工艺要求和节能的原则制定合理的控制目标及管理制度		—
	与传热有关的测量与记录	是否测量与记录被加热或被冷却物体及载热体的温度、压力\流量与水质，以及表征设备热工状况的其他参数		—
		对采暖、降温和空气调节有要求的厂房，是否测量与记录其室内温度、湿度及其耗能工质的必要参数或消耗量		—
	传热设备的检查维修	是否定期检查并维修传热设备及其附件，保持其良好的传热性能		—
		是否定期检查、校正和维修设备的计量仪表，使之正常运行，建立仪器仪表的检修记录档案，明确检修技术要求		—
减少传热与泄漏引起的热损失	减少热损失指标	输送载热体的管道、装置以及热设备的保温、保冷指标是否合理		GB 4272、GB 11790
		工业锅炉排烟温度，工业锅炉外壁表面平均温度是否合理		GB/T 3486
	有关热损失的测量与记录	是否掌握热设备的热损失状况，并定期进行保温、保冷，设备排污、输水状况的测定与分析		—
	热设备的检查与维修	以水为介质的热设备是否配备水处理设施，满足相应的水质要求		—
		对水处理设施工作状态是否进行检查和维修		—
		是否对热设备及其附件和保温、保冷结构定期进行检查与维修，避免由于设备和保温、保冷结构损坏而引起载热体流失及热损失增加		—
余热回收利用	余热回收利用的管理要求	是否制定了余热回收利用的要求，制定的指标是否合理		GB/T 3486
	余热回收利用设备的设置	根据余热的种类，排出的情况，介质温度，数量及利用的可能性，进行综合热效率及经济可行性分析，所设置余热回收利用设备的类型及规模是否合理		GB 1028

续表

<table>
<tr><th colspan="3">项目及对象</th><th>是/否</th><th>参考标准</th></tr>
<tr><td rowspan="3">余热回收利用</td><td rowspan="2">对余热的测量与记录</td><td>为掌握余热介质的砚度与数量、可燃物质的成分、或发热量与数量以及余能载体的压力与流量等参数，是否进行有关测量与记录</td><td></td><td>—</td></tr>
<tr><td>是否对余热、余能回收利用装置的运行参数进行测量与记录</td><td></td><td>—</td></tr>
<tr><td>余热回收设备的检查与维修</td><td>是否对回收利用余热余能的热变换器、余热锅炉、热泵、计量、测试仪表等设备进行检查。清除热交换面上沉积的尘渣，修补泄漏载热体的部位，更新损耗的物件等，保持设备完好，运转正常，并建立检修记录档案</td><td></td><td>—</td></tr>
<tr><td rowspan="4">企业供电的合理化</td><td rowspan="4">企业供电的合理化</td><td>供电电压、供电方式是否合理</td><td></td><td>GB/T 3485</td></tr>
<tr><td>总线损率是否达标</td><td></td><td>GB/T 3485</td></tr>
<tr><td>日负荷率是否达标</td><td></td><td>GB/T 3485</td></tr>
<tr><td>功率因素是否符合要求</td><td></td><td>GB/T 3485</td></tr>
<tr><td rowspan="4">电能转化为机械能合理化</td><td rowspan="4">电能转化为机械能合理化</td><td>使用节能型电机的比例（%）</td><td></td><td>—</td></tr>
<tr><td>电动机功率是否在经济运行范围内</td><td></td><td>—</td></tr>
<tr><td>50kWh 以上电动机是否单独计量</td><td></td><td>—</td></tr>
<tr><td>是否合理应用变频调速或液力耦合器</td><td></td><td>—</td></tr>
<tr><td rowspan="2">电能转化为热能合理化</td><td rowspan="2">电能转化为热能合理化</td><td>电加热设备效率是否符合要求</td><td></td><td>GB/T 3485</td></tr>
<tr><td>50kWh 以上电加热设备是否单独计量</td><td></td><td>—</td></tr>
<tr><td rowspan="3">电能转化为化学能合理化</td><td rowspan="3">电能转化为化学能合理化</td><td>电解电镀设备选型是否合理</td><td></td><td>—</td></tr>
<tr><td>电解电镀生产设备是否配置了必要的监测、计量仪表</td><td></td><td>—</td></tr>
<tr><td>电力整流设备转换效率是否符合要求</td><td></td><td>GB/T 3485</td></tr>
</table>

填报负责人：______________ 填报人：______________ 填报时期：______________

表 10 **规划期节能技术改造执行情况表**

企业名称： 年度：

<table>
<tr><td colspan="2">项目类别</td><td>项目
编号</td><td>项目
名称</td><td>改造
措施</td><td>投资金额
（万元）</td><td>项目时间
安排</td><td>预期节能效果
（节能量，吨
标准煤/年）</td><td>操作</td></tr>
<tr><td>燃煤工业锅炉
（窑炉）改造</td><td>▼</td><td></td><td></td><td></td><td></td><td></td><td></td><td>删除</td></tr>
<tr><td colspan="2">燃煤工业锅炉（窑炉）改造</td><td></td><td></td><td></td><td></td><td></td><td></td><td></td></tr>
<tr><td colspan="2">以电（供热）机组
区域热电联产
余热余压利用
节约和替代石油
电机系统节能
能量系统优化
建筑节能
……</td><td></td><td></td><td></td><td></td><td></td><td></td><td></td></tr>
<tr><td colspan="2"></td><td></td><td></td><td></td><td></td><td></td><td></td><td></td></tr>
<tr><td colspan="2"></td><td></td><td></td><td></td><td></td><td></td><td></td><td></td></tr>
</table>

填报负责人：________________ 填报人：________________ 填报日期：________________

说明：1. 从填报年度开始的 3 年为一个规划期（如 2008 年度能源利用状况报告，则规划期为 2008—2010 年）。

2. 项目类别：燃煤工业锅炉（窑炉）改造/发电（供热）机组/区域热电联产/余热余压利用/节约和替代石油/电机系统节能/能量系统优化/建筑节能/绿色照明。

3. 项目年节能量达到 3 000 吨标准煤以上或投资金额 1 000 万元以上的节能技改项目均应填报。

表 11 **与上年相比节能项目变更情况表**

企业名称： 联单 年度：

<table>
<tr><td colspan="2">项目分类</td><td>项目编号
（系统
自动生成）</td><td>项目
名称</td><td>改造
措施</td><td>投资金额
（万元）</td><td>项目时间
安排</td><td>预期节能效果
（节能量，
吨标准煤/年）</td><td>变更
原因</td><td>操作</td></tr>
<tr><td></td><td>▼</td><td></td><td></td><td></td><td></td><td></td><td></td><td></td><td></td></tr>
<tr><td>新增项目</td><td></td><td></td><td></td><td></td><td></td><td></td><td></td><td></td><td></td></tr>
<tr><td>调整项目</td><td></td><td></td><td></td><td></td><td></td><td></td><td></td><td></td><td></td></tr>
<tr><td>完成项目</td><td></td><td></td><td></td><td></td><td></td><td></td><td></td><td></td><td></td></tr>
<tr><td></td><td></td><td></td><td></td><td></td><td></td><td></td><td></td><td></td><td></td></tr>
<tr><td></td><td></td><td></td><td></td><td></td><td></td><td></td><td></td><td></td><td></td></tr>
<tr><td></td><td></td><td></td><td></td><td></td><td></td><td></td><td></td><td></td><td></td></tr>
<tr><td></td><td></td><td></td><td></td><td></td><td></td><td></td><td></td><td></td><td></td></tr>
</table>

续表

项目分类		项目编号（系统自动生成）	项目名称	改造措施	投资金额（万元）	项目时间安排	预期节能效果（节能量，吨标准煤/年）	变更原因	操作

填报负责人：________　填报人：________　填报日期：________

说明：1. 项目类别：燃煤工业锅炉（窑炉）改造/发电（供热）机组/区域热电联产/余热余压利用/节约和替代石油/电机系统节能/能量系统优化/建筑节能/绿色照明。

2. 项目分类：新增项目/删除项目/完成项目。

3. 项目年节能量达到3 000吨标准煤以上或投资金额1 000万元以上的节能技改项目均应填报。

2.5.2 原始记录、台账和报表*

1. 能源统计原始记录

能源统计原始记录是用能单位通过一定的表格、卡片、单据等形式，对能源活动过程和成果所作的最初次的记载。

（1）建立能源统计原始记录的意义。

能源统计原始记录是实现用能单位统计核算、会计核算和业务核算的基础，是编制能源统计报表和加强能源管理的依据。

（2）制定能源统计原始记录的原则。

根据用能单位的不同生产性质、规模、工艺过程以及能源管理和填报统计报表的需要，必须建立一套完整的能源统计原始记录，使之规范化和系统化。制定原始记录要遵循以下原则：

从实际出发，符合本用能单位的生产经营特点和管理水平；

满足统计、会计、业务核算等方面的需要，避免重复、遗漏和相矛盾；

经常进行整顿和改进；

通俗和简便易行。

（3）能源原始记录的常用种类。

能源生产和销售方面的原始记录，如产品验收入库单、能源化验单、产品销售发票、产品出库单、货运单等。

能源购进方面的原始记录，如供货单位的销售发票、托收承付凭证、运转部门的承运单、本单位的验收入库单等。

能源领用消费方面的原始记录，如领料单、限额领料单、用能设备运行登记表、工艺能耗记录表、报废单等。

能源调拨方面的原始记录，如调拨单、出库单、外协拨料单等。

能源库存方面的原始记录。由于库存量的增减与能源收入、支出直接相关，因此在仓库保管中使用的原始记录，包括了能源的领料单、出库单等。能源盘点、结存方面的原始记录有能源盘存表、

（4）能源统计原始记录的要求。

种类齐全。具体包括两大类：第一类是各种能源实物进货、领用、消耗、盘存等活动的原始记录，能源实物的规格、质量等活动的原始记录；第二类是反映生产中使用能源的原始记录，包括品种、规格、质量、计量验收和能源消耗记录。

统一管理。各种原始记录的指标均应有明确具体的口径范围、计算方法、指标解释；各种原始记录都要有相互衔接的传递路线和报出时间，有相应的数据质量检验、查证、订正和考核制度；有对原始记录的保管、存档、销毁等制度。

准确及时。能源原始记录的填报，一要准确，二要齐全，三要清楚，四要及时。

2. 能源统计台账

能源统计台账是编制统计报表的基础，用能单位能源统计应严格遵循“原始记录→统计台账（计算表）→统计报表”工作步骤。统计台账（计算表）以原始记录为基础进行整理汇总。能源统计台账有以下几种。

（1）统计报表台账。

它是根据统计报表的要求，为便于数据的整理、汇总而建立的一种由能源原始记录到编制统计报表之间的过渡性台账，具有汇总报表的性质。

（2）专项指标台账。

这是针对某一能源活动专设的台账，如能源消费使用方向台账、能源回收利用台账等。

（3）历史资料台账。

它是将各种有关能源的统计资料按月、年整理登记，以便研究用能单位能源管理各环节变动的情况。

（4）分析研究台账。

它是根据分析研究能源管理活动情况的需要，可将有关资料进行搜集、计算、整理，集中表现在台账上，便于分析、对比、发现问题。

（5）能源管理台账。

根据能源统计、会计、业务需要，用能单位建立的台账有能源购入贮存台账、能源加工转换台账、能源消费台账、单位产品能源消耗台账、节能台账等。

3. 能源统计报表

用能单位能源统计报表是以表格形式科学、准确、简明地描述用能单位用能过程中能源购入、消费和贮存的数量关系。

用能单位能源统计报表分为两类：一类是报给上级和统计部门的报表，其格式由有关部门规定；另一类是用能单位内部的统计报表，它是作为用能单位能源管理信息交流、传递的工具，也是向上级和统计部门提交能源统计报表的依据。

根据用能单位能源系统确定用能单位能源统计系统边界。按照国家要求和用能单位能源管理工作的需要，由用能单位投入能源开始，沿着能源流向进行能源统计与综合分析，每一道环节中可以分为许多用能单元。

（1）企业能源购入贮存量统计。

我们将企业用能体系看作一套系统，作为研究对象进行能源消费统计分析与评价，首先必须搞清真正投入系统的能源总量，并计算出它们的等价值与当量值。有了投入能源的等价值和当量值，方可对不同种类能源量进行比较、加减和综合平衡。其等价值是用来反映国家对企业投入的能源资源量；而在企业能量平衡工作中，对企业用能过程的分析是基于热力学第一定律，作热量平衡；所以在企业能量平衡工作中，一切能源量只取其当量值，而不可取能源的等价值与当量值混用。见表 2－7、表 2－8。

表 2－7　某企业投入能源量表

	能源种类	实物量	等价值		当量值	
			吨标准煤	%	吨标准煤	%
外购能源	褐煤	171 114 吨	71 868	34.35	71 868	38.64
	烟煤	97 517 吨	69 656	33.29	69 656	37.45
	燃料油	23 861 吨	34 088	16.29	34 088	18.33
	电力	82.6 百万千瓦时	33 384	15.95	10 152	5.45
	汽油	152.9 吨	225	0.11	225	0.12
	柴油	25.741 吨	28	0.01	28	0.01
	小计		209 249	100	186 016.9	100

表 2－8　企业能源投入总量统计指标

序号	统计指标	关系式及说明
1	i 类能源购入量	Q_1（i）企业计费的能源购入量
2	i 类能源收入量	Q_2（i）企业一级计量的能源量
3	i 类能源购入亏损量	Q_3（i）$=Q_1$（i）$-Q_2$（i）
4	i 能源库存增量	Q_4（i）
5	i 类能源外供量	Q_5（i）
6	i 类能源投入量	Q_0（i）$=Q_1$（i）$-Q_3$（i）$-Q_4$（i）$-Q_5$（i）
7	企业能源投入总量	Q_1（i）＝（折标值）
8	企业能源购入总量	$Q_1=$
9	企业能源收入总量	$Q_2=$

续表

序号	统计指标	关系式及说明
10	企业能源购入损失总量	$Q_3 = Q_1 - Q_2$
11	企业 I 类能源购入量损失率	$\alpha(i) = Q_3(i) / Q_1(i)$
12	企业各类投入能源构成	$X(i) = Q_0(i) / Q_0$
13	i 类能源库存量	$Q_{12}(i)$ = 收入量 - 支出量 + 前期末库存量
14	i 类能源库存损存量	$Q_{13}(i)$ = 能源库存量 $Q_{12}(i)$ - 盘存量
15	i 类能源库存损失率	$\beta(i) = Q_{13}(i) / Q_2(i)$

（2）企业能源加工转换量统计。

各类投入企业能源，有的直接使用，有的还要经过加工、转换，转变成二次能源和耗能工质，供企业用能系统使用。各种站房生产的二次能源与耗能工质如下。

自备电站：电力，蒸汽

锅炉房：蒸汽（高、低压蒸汽）

炼焦厂：焦炭，煤气

制氧站：氧气

煤气站：煤气

制冷站：冷媒质

空压站：压缩空气

水泵房：水（耗能工质）

企业内加工转换的二次能源（包括耗能工质）总量是本企业使用购入能源加工、转换出的二次能源量，而不包括本企业购入的二次能源量。见表 2－9。

表 2－9　　能源加工转换统计指标

统计指标	计算单位
转换能耗总量	吨标准煤
企业内加工、生产的二次能源（包括耗能工质）总量	吨标准煤
①自备电站	
电站用煤总量	吨
发电总量	千瓦时
发电用煤单耗	千克/千瓦时
发电用水量	吨
发电用水单耗	千克/千瓦时
电站自用电比率	%
发电负荷	千瓦
功率因数	
冷凝回水量	吨
冷凝回水率	%
发电效率	%

续表

统计指标	计算单位
②锅炉房	
蒸汽生产量	吨汽
蒸汽焓值	千卡/吨汽
锅炉房耗煤总量	吨
用煤单耗	千克/吨汽
用电总量	千瓦时
用电单耗	千瓦时/吨汽
用水总量	千克/吨汽
用水单耗	吨
冷凝水回水量	%
冷凝水回水率	%
炉渣含炭量	
空气过剩系数	
锅炉热效率	%
③空压站	
压缩空气生产总量	立方米
空压站用电总量	千瓦时
压缩空气用电单耗	千瓦时/立方米
空压站用水总量	吨
压缩空气用水单耗	吨/立方米
④制氧站	
氧气生产总量	立方米
制氧站用电总量	千瓦时
制氧用电单耗	千瓦时/立方米
制氧站用水总量	吨
制氧用水单耗	吨/立方米
⑤煤气站	
煤气产量	立方米
煤气低（位）发热值	千卡/立方米
煤气站耗煤总量	吨
煤气用煤单耗	千克/立方米
煤气站煤渣含碳量	%
煤气站耗电总量	千瓦时
煤气用电单耗	千瓦时/立方米
煤气站耗水总量	吨
煤气用水单耗	吨/立方米
煤气炉热效率	%

（3）企业能源输送分配量统计。

企业能源输送分配分两大类：一类是管道输送的能源与耗能工质：有燃料油、天然气、煤气、蒸汽、热水、压缩空气、氧气、乙炔气、液化气等；另一类是输配电线路。

管道输送能源统计指标：

输送量 $Q(i)$

输送有效能量 $Q_1(i)$

输送损失能量 $Q_2(i)$

输送效率

$$\eta(i) = \frac{Q_1(i)}{Q(i)} = 1 - \frac{Q_2(i)}{Q(i)} = \frac{Q(i) - Q_2(i)}{Q(i)}$$

计算输送能源损失量，企业必须装有足够的、准确的、可用的二次能源计量仪表，二次能源的计量率必须达到国家标准，对各类能源作好统计期内的统计记录，所取得的统计数据（累计读数）必须具有一定的可靠性。

1）饱和蒸汽的输送损失。

输送损失 $Q_2(i)$ =（进入管网蒸汽热焓 - 管网输出蒸汽热焓）×输送蒸汽量 $Q(i)$

如果使用等速取样管测量蒸汽热焓值时，在测点附近要装有蒸汽流量计。

蒸汽热焓值 i 计算公式为：

$$i = \frac{G_0 \times C \times t + G \times C \times (t_2 - t_1)}{G_0} \quad (\text{kJ/kg})$$

其中：i——蒸汽热焓；

C——水的比热；

G_0——冷凝水流量；

G——冷却水流量；

t——冷凝水温度。

2）过热蒸汽的输送损失。

利用蒸汽特性图，根据过热蒸汽的流量、压力与温度，查出蒸汽热焓值，再取进、出口两点的热焓值差，计算过热蒸汽的输送损失。

用热流计直接测量热力管网的散热损失。

耗能工质的输送损失量，当前是以漏失量代替输送损失量。

总之，能源输送效率 η 可以用下列公式计算：

$$\eta = \frac{\text{输入量} - \text{输出量}}{\text{输入量}} \times 100\%$$

$$\text{输送损失 } Q_2 = \sum \text{管网各段损失}$$

3）输配电损失。

电能是企业内主要动力，各种用电设备中有电力拖动、电加热设备等，例如电热、电解、电焊，还有照明、自动控制、检测、显示和通信装置都需要电力。发电厂通过电力网将电能送到用户。电力网按其功能分为输电网和配电网两部分。输电网一般是由电压在35千伏以上的输电线路和与其相连的变压器组成，它的作用是将电能输送到各地区的配电网或直接向工业用户送电；配电网则是由电压在10千伏及以下的配电线路和配电变压器组成，它的作用是将电能分配到各类用户。在企业内部应实行严格的计划用电制度，降低电耗，保证电能更好地为生产与社会服务。统筹安排、保证重点、合理用电、节约用电、安全用电、提高我国的电能利用效率。见图2－2。

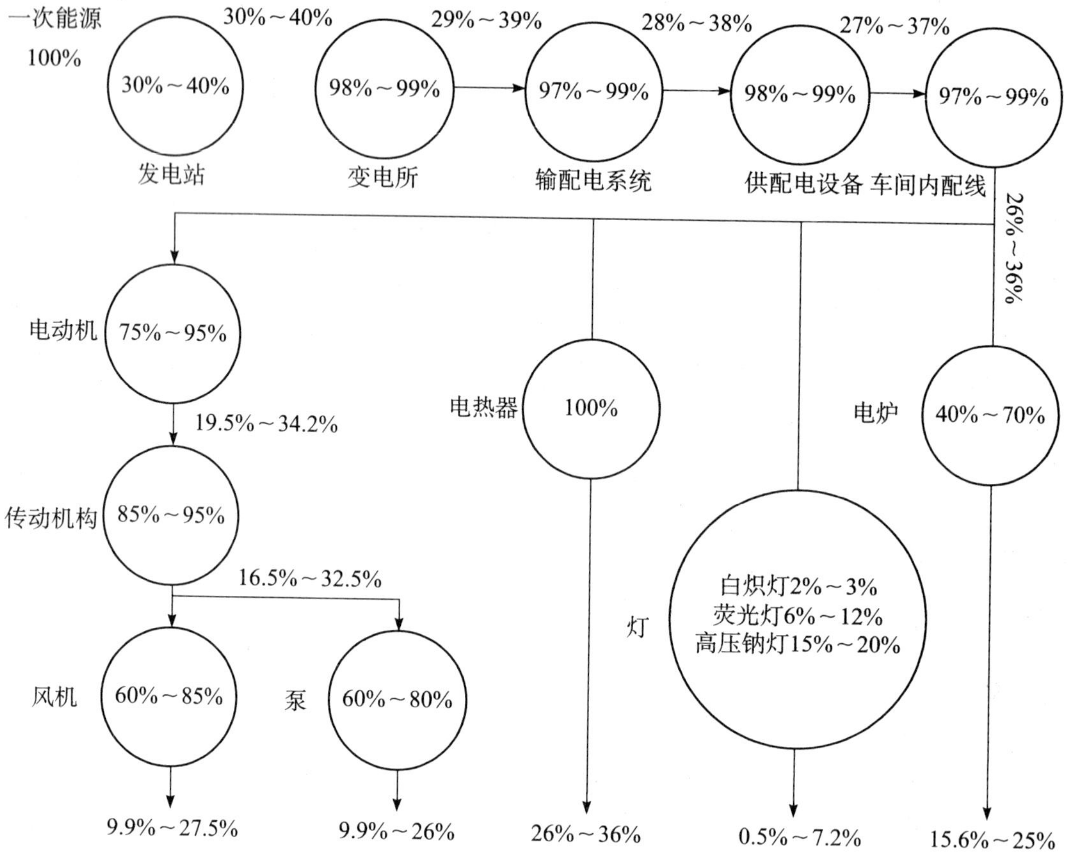

一次能源
100%
30%～40%
30%～40%
发电站
29%～39%
98%～99%
变电所
28%～38%
97%～99%
输配电系统
27%～37%
98%～99%
供配电设备 车间内配线
97%～99%
26%～36%
电动机
75%～95%
19.5%～34.2%
传动机构
85%～95%
16.5%～32.5%
风机
60%～85%
9.9%～27.5%
泵
60%～80%
9.9%～26%
电热器
100%
26%～36%
灯
白炽灯2%～3%
荧光灯6%～12%
高压钠灯15%～20%
0.5%～7.2%
电炉
40%～70%
15.6%～25%

图2－2 电能输送途径及其转换效率

（4）企业最终用能统计。

最终用能是企业能源系统中最为复杂的环节，各类企业的能源消方式千差万别，形式各异。我们参照国家标准《企业能量平衡通则》（GB/T 3484—2009），可以将企业的最终用能环节划分为如下几个主要部分：主要生产，辅助生产及附属生产，采暖（制冷），照明，运输，生活及其他等。由于企业能源管理所包含的用能设备种类繁多，能耗量有别，所以我们要把精力集中在能源消费量较大的环节和单元，作为进行企业能量平衡计算与分析的重点环节。见图2－3。

- 总综合能耗
  - （生产）综合能耗
    - 主要生产能耗（生产车间）
    - 辅助生产能耗（工具、机修、试验室、输送、转换……）
    - 附属生产能耗（厂区内科室、食堂、浴室、医务室……）
  - 非生产综合能耗
    - 基建能耗
    - 生活能耗（医院、学校、食堂、浴室、宿舍……）
    - 外供能耗

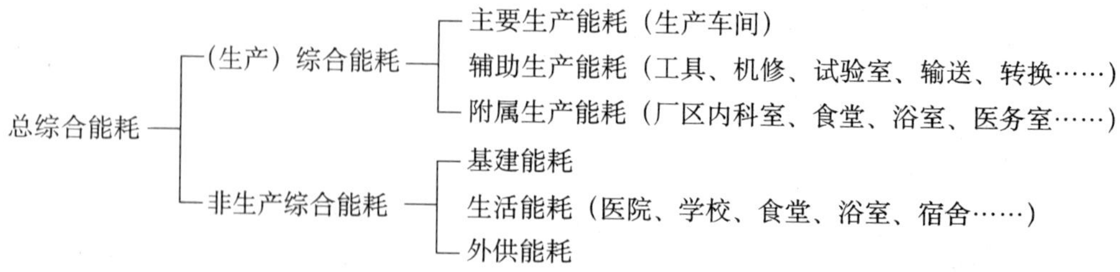

图2－3 企业综合能耗构成图

非生产用能统计：

非生产用能总量；

生活用能量，系指厂区外用于生活目的的能源量，包括输送，热传导损失；

基建用能量，企业内新建厂房所需能源量，也包括输送损失；

医院、俱乐部等非生产设施用能。

（5）企业节约能源量统计。

企业节约能源量简称节能量，是指在一定的统计期内，企业实际消耗的能源量与某一个基准能源消耗量间的差值，通常是实际消耗的能源量与某一能源消费定（限）额之差值。所以，随着所选定的基准量（或是定、限额）不同，其节能量也有所不同。

企业节能量可分为：企业节能总量，单位产品节能量，单位产值节能量，节能技术改造项目的节能量和单项工艺、设备的节能量。企业节能量又可分为当年节能量和累计节能量。当年节能量是前一年与当年的能源消耗量的差值；累计节能量是以某一确定的年份与当年的能源消耗量的差值，实际上等于这一期间内各年份的节能量之和。又可分为企业总产量节能量与企业总产值节能量，其计算关系式：

$$\Delta E = E(0) - E$$

其中：ΔE——企业节能量；

$E(0)$——上一年（或某一确定年份）企业能源消耗量；

E——当年企业能源消耗量。

单位产量节能量

$$\Delta e_{ik} = e_{ik}(0) - e_{ik}$$

其中：Δe_{ik}——i 种产品单位产量节能量；

$e_{ik}(0)$——i 种产品在基年（0）单位产量能源消耗量（或定额）；

e_{ik}——i 种产品当年单位产量能源消耗量。

企业总产量节能量

$$\Delta E_k = \sum_i \Delta e_{ik} \times Q_{ik} \qquad (i = 1,2,\cdots,i)$$

其中：ΔE_k——企业总（产量）节能量；

i——企业产品种类总数；

Q_{ik}——i 种产品的当年产量。

单位产值节能量

$$\Delta e_{iz} = e_{iz}(0) - e_{iz}$$

其中：Δe_{iz}——i 种产品单位产值节能量；

$E_{iz}(0)$——i 种产品在基年（0）单位产值能源消耗量（或定额）；

e_{iz}——i 种产品当年单位产值能源消耗量。

企业总产值节能量

$$\Delta E_z = \sum_i \Delta e_{iz} \times Q_{iz} \qquad (i = 1,2\cdots,i)$$

其中：ΔE_z——企业总（产值）节能量；

I——企业产品种类总数；

Q_{iz}——企业 i 种产品的当年产值。

节能技术改造项目节能量

$$\Delta E_c = E_c(0) - E_c$$

其中：ΔE_c——某项技术改造项目节能量；

$E_c(0)$——技术改造项目实施前的能源消耗量；

E_c——技术改造项目实施后的能源消耗量。

节能技术改造项目包括大型的技术改造项目，也包括单一的工艺、设备改造项目和技术管理项目。

节能率是节能量与比较基准（或定额）能源消耗量比值的百分数。

$$\alpha = \frac{\Delta E}{E(0)} \times 100\% = \left[1 - \frac{E}{E(0)}\right] \times 100\%$$

其中：α——节能率。

节能率一般是以年为单位计算，如果取 ΔE 为当年的节能量时，其节能率 α 就用上式进行计算。如果取 ΔE 为 n 年的累计节能量［如记为 $\Delta E(n)$］时，其平均年节能率 α 用下式计算：

$$\alpha = n\sqrt{\frac{\Delta E(n)}{E(0)}} \times 100\%$$

$$\alpha \cong \left(1 - n\sqrt{\frac{E}{E(0)}}\right) \times 100\%$$

2.5.3 单位产品能耗统计数据分析管理

国家统计局定期发布重点用能单位（年综合能源消费量在 1 万吨标准煤以上的单位）能源状况公报，规定了统计指标和报表格式。

1. 煤炭工业（100）

原煤生产综合能耗（101）。

包括在原煤生产中直接用于煤炭开采的掘进（剥离）、开采、通风、排水、抽放瓦斯、井下运输与提升、井口取暖等主要生产系统能耗和为煤炭开采配套的辅助生产系统各项能耗，折算成标准煤。计算公式为：

$$\text{原煤生产综合能耗（千克标准煤/吨）} = \frac{\text{（主要生产系统能耗 + 辅助生产系统能耗）（千克标准煤/吨）}}{\text{原煤产量（吨）}}$$

2. 电力工业（200）

（1）供电标准煤耗（201）。

电力企业每提供1千瓦时电所消耗的标准煤克数。计算公式为：

$$千瓦小时供电量能耗（克标准煤/千瓦时）=\frac{发电耗标准煤总量（克标准煤）}{（发电量-发电厂用电量）（千瓦时）}$$

（2）线路损失率（202）。

电力企业在变压、输送电力过程中所损失的电量与供电量的比率。计算公式为：

$$线路损失率（\%）=\frac{线路损失电量（千瓦时）}{供电量（千瓦时）}\times 100\%$$

式中：线路损失量=供电量-售电量

供电量=发电量-厂用电量（发电、供热用）+购入电量+电网输入电量-电网输出电量

3. 石油和化学工业（300）

（1）原油（气）生产综合能耗（301）。

油气田企业工业生产消耗能源折成标准煤与油气产量的比值。天然气按1 000立方米天然气折算为1吨原油。计算公式为：

$$\begin{matrix}原油（气）生产综合能耗\\（千克标准煤/吨）\end{matrix}=\frac{油气生产及辅助生产和管理部门耗能（千克标准煤）}{原油产量（吨）+天然气产量（10^3立方米）}$$

（2）原油（气）液量生产综合能耗（302）。

$$\begin{matrix}原油（气）液量生产综合\\能耗（千克标准煤/吨）\end{matrix}=\frac{\begin{matrix}油气生产及辅助生产管理\\部门耗能（千克标准煤）\end{matrix}}{原油产量（吨）+天然气产量（10^3立方米）+产水量（吨）}$$

（3）原油加工综合能耗（303）。

$$原油加工综合能耗（千克标准煤/吨）=\frac{炼油生产消耗能源量（吨标准煤）\times 1\,000}{原油加工量（吨）}$$

（4）单位能量因数能耗（304）。

$$炼油能量因数能耗（千克标准煤/吨·因数）=\frac{原油加工生产单耗（千克标准煤/吨）}{炼油能量因数}$$

$$=\frac{炼油生产消耗能源量（吨标准煤）\times 1\,000}{原油加工量（吨）\times 炼油能量因数}$$

（5）乙烯综合能耗（305）。

$$乙炔生产能耗（千克标准煤/吨）=\frac{乙炔生产实际耗能（吨标准煤）\times 1\,000}{乙烯产量（吨）}$$

（6）合成氨综合能耗。

合成氨综合能耗计算公式为：

$$E_d=\frac{E_z}{L}\qquad E_z=\sum_{i=1}^{n}(e_iK_i)+\sum_{i=1}^{n}(e_{iff}K_i)$$

式中：Ed——吨氨综合能耗（千克标准煤/吨）；

L——合成氨产量（吨）；

E_z——合成氨综合耗能量（千克标准煤）；

e_i——合成氨产品生产系统消耗的某种能源量和耗能工质量（千克、千瓦时、立方米、标准立方米）；

e_{iff}——合成氨生产中辅助和附属生产系统消耗的某种能源量和耗能工质量；

Ki——折算标准煤系数；

n——能源种类数。

（7）合成氨综合能耗（大型企业）（306）。

大型企业合成氨综合能耗

E_z（千克标准煤）＝［报告期合成氨工艺消耗各种能源总量－输出能源总量］÷7 000

各种能源消耗总量＝入界区原料量×低位发热值＋合成氨生产过程中的耗电量（千瓦时）×2 828＋入界区燃料消耗量×燃料低位发热值＋脱水盐×当量热值＋氮气×当量热值

输出能源总量＝输出蒸汽×热焓＋输出弛放气×低位发热值＋输出蒸汽冷凝液×热焓＋输出工艺冷凝液×热焓＋输出氢气×当量热值＋输出电量（千瓦时）×2 828－输出副产品×当量热值

（8）合成氨综合能耗（中型企业）（307）。

中型企业合成氨综合耗能 E_z（千克标准煤）＝［入炉原料×入炉原料的低位发热值＋合成氨生产过程中的耗电量×2 828＋燃料消耗量×燃料低位发热值－输出能源总量］÷7 000

（9）合成氨综合能耗（小型企业）（308）。

小型企业合成氨综合耗能 E_z（千克标准煤）＝［入炉原料×入炉原料的低位发热值＋合成氨生产过程中的耗电量×2 828＋燃料消耗量×燃料低位发热值－输出能源总量］÷7 000

合成氨燃料消耗量不包括副产品硫磺、油再生等非合成氨生产用蒸汽或燃料、碳化工序所用蒸汽消耗的燃料。

输出能源总量包括：合成氨系统输出的可燃性气体（合成氨吹出气、弛放气）；利用合成氨系统余热发电或外供蒸汽。

（10）电石综合能耗（309）。

报告期间未经加工处理的原料（石灰石、焦炭等）从进入界区到生产出合格的电石产品入库的全过程，平均每生产出1吨标准电石（发气量达300升/千克）所消耗的各种能源量（包括生产系统和辅助、附属系统所用的一次、二次能源和耗能工质）。计算公式为：

$$电石综合能耗（千克标准煤/吨）=\frac{总综合耗能（千克标准吨）}{电石产量（吨）}$$

电石产品总综合能耗（千克标准煤/吨）=①电石耗电（千瓦时）×$H1$+②生产电石用炭素原料（折 C 84%）（千克）×H_2+③烧石灰用燃料×H_3+④干燥炭用燃料（千克）×H_4+⑤耗能工质耗能（千克标准煤）+⑥辅助系统耗能（千克标准煤）+⑦附属系统耗能（千克标准煤）-⑧输出能源总量（千克标准煤）

其中：H_i——标准煤的折算系数。

（11）烧碱综合能耗（电解法烧碱生产工艺包括隔膜法、离子膜法和水银法三种）（310）。

报告期内从原盐、电力、蒸汽等原材料和能源进入工序开始，到成品烧碱入库和伴生氯气、氢气进入总管为止的整个生产过程，平均每生产出 1 吨合格烧碱产品（折合成 100%氢氧化钠）所消耗的各种能源量（包括生产装置和为生产服务的辅助和附属系统所用的一次、二次能源和耗能工质）。计算公式为：

$$\text{烧碱综合能耗（千克标准煤/吨）}=\frac{\text{总综合耗能（千克标准煤）}}{\text{烧碱（折 100\% 氢氧化钠）产量（吨）}}$$

烧碱产品总综合耗能（千克标准煤）=电解交流电耗量（千瓦时）×$H1$（千克标准煤/千瓦时）+蒸汽量（千克）×H_2（千克标准煤/吨）+动力电耗量（千瓦时）×H_3（千克标准煤/千瓦时）+水耗（千克）×$H4$（千克标准煤/千克）+油耗量（千克）×H_5（千克标准煤/千克）+煤耗量（千克标准煤）+其他能耗量（千克标准煤）。

其中：H_i——标准煤折算系数。

（12）纯碱综合能耗（氨碱法）（311）。

报告期内以原盐、石灰石、焦炭（或无烟煤）为主要原料，从原料、燃料、材料及动力的开始使用至成品入库为止全过程，平均每生产出 1 吨合格纯碱产品所消耗的各种能源量（包括生产装置和为生产服务的辅助和附属系统所用的一次、二次能源和耗能工质）。计算公式为：

$$\text{纯碱综合能耗（千克标准煤/吨）}=\frac{\text{总综合耗能量（千克标准煤）}}{\text{纯碱产量（吨）}}$$

（13）纯碱综合能耗（联碱法）（312）。

指报告期内以原盐（洗盐）、氨和二氧化碳为主要原料，从原料、燃料、材料及动力的领用开始至成品入库为止全过程，平均每生产出 1 吨合格纯碱产品所消耗的各种能源量（包括生产装置和为生产服务的辅助和附属系统所用的一次、二次能源和耗能工质）。计算公式为：

$$\text{纯碱综合能耗（千克标准煤/吨）}=\frac{\text{总综合耗能量（千克标准煤）}}{\text{纯碱产量（吨）}}$$

（14）炭黑综合能耗（313）。

报告期内从配油、炉前（反应炉）、收集、造粒、包装等全过程，平均每生产出 1 吨炭黑产品所消耗的各种能源量（包括生产和为生产服务的辅助和附属系统所用的一次、二次能源和耗能工质）。计算公式为：

$$炭黑综合能耗（千克标准煤/吨）=\frac{总综合耗能量（千克标准煤）}{炭黑产量（吨）}$$

（15）黄磷综合能耗（314）。

报告期内从原料加工、电炉配料到产品包装以及磷泥回收利用全过程，平均每生产出1吨黄磷产品所消耗的各种能源量（包括生产和为生产服务的辅助和附属系统所用的一次、二次能源和耗能工质）。计算公式为：

$$黄磷综合能耗（千克标准煤/吨）=\frac{总综合耗能量（千克标准煤）}{黄磷产量（吨）}$$

黄磷产品总综合耗能量（千克标准煤）=耗电（千克标准煤）+耗焦炭（千克标准煤）+原料干燥、烧结用燃料（千克标准煤）+耗能工质耗能量（千克标准煤）+辅助系统耗能量（千克标准煤）+附属系统耗能量（千克标准煤）+黄磷生产用动力油（千克标准煤）-输出能源总量（千克标准煤）。

4. 黑色金属工业（400）

（1）吨钢综合能耗（401）。

包括从铁水（原料）进厂到钢锭（坯）出厂全部工艺过程中所消耗的一次和二次能源。铁水预处理、连铸工艺、炉外精炼、电除尘设备等的燃料（含煤气、燃油）消耗及服务于炼钢的各种蒸汽、压缩空气、电力等动力消耗，都要计入炼钢工序能耗中，按其平均低位发热量折算标准煤。计算公式为：

$$吨钢综合能耗（千克标准煤/吨）=\frac{\left[\begin{matrix}炼钢燃料\\消耗量\end{matrix}+\begin{matrix}动力\\消耗量\end{matrix}-\begin{matrix}转炉煤气余热\\回收外供量\end{matrix}\right]（千克标准煤）}{钢产量（吨）}$$

（2）吨钢可比能耗（联合企业）（402）。

企业每生产1吨钢，从炼铁、炼钢直到成材配套生产所必需的耗能量及企业燃料加工与输送、机车运输能耗及企业能源亏损量之和，折算成标准煤。

5. 有色金属工业（500）

（1）氧化铝综合能耗（501）。

报告期内，氧化铝企业从原料氧化铝开始到最终产品铝锭为止，整个生产过程所消耗的各种能源（包括辅助生产消耗的能源）折算成标准煤的总量与该过程所生产的铝锭产量之比。计算公式为：

$$氧化铝综合能耗（千克标准煤/吨）=\frac{能源消耗总量（千克标准煤）}{氧化铝产量（吨）}$$

（2）电解铝综合能耗（502）。

报告期内，电解铝从原料氧化铝开始到最终产品铝锭为止，整个生产过程所消耗的各种能源（包括辅助生产消耗的能源）折算成标准煤的总量与该过程所生产的铝锭产量之比。计算公式为：

$$电解铝综合能耗（千克标准煤/吨）=\frac{能源消耗总量（千克标准煤）}{电解铝产量（吨）}$$

（3）铜冶炼综合能耗（503）。

报告期内，铜冶炼企业从原料铜精矿开始到最终产品电解铜为止，整个生产过程所消耗的各种能源（包括辅助生产消耗的能源）折算成标准煤的总量与该过程所生产的电解铜产量之比。计算公式为：

$$\text{铜冶炼综合能耗（千克标准煤/吨）}=\frac{\text{能源消耗总量（千克标准煤）}}{\text{电解铜产量（吨）}}$$

（4）铅冶炼综合能耗（504）。

报告期内，铅冶炼企业从原料铅精矿开始到最终产品铅锭为止，整个生产过程所消耗的各种能源（包括辅助生产消耗的能源）折算成标准煤的总量与该过程所生产的铅锭产量之比。计算公式为：

$$\text{铅冶炼综合能耗（千克标准煤/吨）}=\frac{\text{能源消耗总量（千克标准煤）}}{\text{铅锭产量（吨）}}$$

（5）锌冶炼综合能耗（505）。

报告期内，锌冶炼企业从原料锌精矿开始到最终产品锌锭为止，整个生产过程所消耗的各种能源（包括辅助生产消耗的能源）折算成标准煤的总量与该过程所生产的锌锭产量之比。计算公式为：

$$\text{锌冶炼综合能耗（千克标准煤/吨）}=\frac{\text{能源消耗总量（千克标准煤）}}{\text{锌锭产量（吨）}}$$

6. 建材工业（600）

（1）水泥综合能耗（601）。

水泥生产中水泥熟料烧成系统的煤耗和原料、燃料、水泥粉磨、输送、提升、收尘、冷却、包装等生产系统的综合电耗及辅助系统能耗，折算成标准煤。计算公式为：

$$\begin{array}{c}\text{水泥综合能耗}\\ \text{（千克标准煤/吨）}\end{array}=\frac{\text{（熟料烧成煤耗}+\text{综合电耗}+\text{辅助系统耗能量）（千克标准煤）}}{\text{水泥产量（吨）}}$$

（2）平板玻璃综合能耗（602）。

在平板玻璃生产中原材料熔化成玻璃液的热耗和熔窑冷却、助燃风机、成型、退火等生产系统的综合电耗及辅助系统能耗，折算成标准煤。计算公式为：

$$\begin{array}{c}\text{平板玻璃综合能耗}\\ \text{（千克标准煤/吨）}\end{array}=\frac{\text{［熔化系统热耗}+\text{综合电耗}+\text{辅助系统耗能量］（千克标准煤）}}{\text{平板玻璃产量（重量箱）}}$$

7. 轻工业（700）

（1）纸和纸板综合能耗（701）。

生产每吨合格纸和纸板所消耗的能源（折标准煤），包括从原料进厂到产品出厂所需的一次、二次及自产自用的能源，如硫酸盐（碱）法纸浆黑液和甘蔗渣、树皮、木屑、苇毛等燃烧回收的热能等。包括直接生产系统和辅助生产系统所消耗的能源，不包括生活用能。计算公式为：

$$\text{机制纸及纸板综合能耗（千克标准煤/吨）}=\frac{\text{能源消耗总量（千克标准煤）}}{\text{纸及纸板产量（吨）}}$$

（2）日用陶瓷综合能耗（702）。

生产每吨合格日用陶瓷所消耗的能源（折标准煤），包括原料煅烧、成型干燥、炒石膏、烧匣体、隧道窑、烤花窑等生产用能，包括一次、二次能源，不包括生活用能。产量指实物量，不是折合标准件的重量。计算公式为：

$$日用陶瓷综合能耗（千克标准煤/吨）=\frac{能耗消耗总量（千克标准煤）}{日用陶瓷产量（吨）}$$

（3）日用玻璃综合能耗（703）。

生产每吨合格日用玻璃制品所消耗的能源（折标准煤），包括熔炉、退火炉、烘甏炉、烘口炉、烘花炉、烧油炉、重油加热蒸汽的锅炉、供料机等生产用能，包括一次、二次能源，不包括生活用能。计算公式为：

$$日用玻璃综合能耗（千克标准煤/吨）=\frac{能源消耗总量（千克标准煤）}{日用玻璃产量（吨）}$$

8. 木材加工业（800）

（1）锯材生产综合能耗（801）。

在锯材生产过程中直接用于原木厂内运输、原木剥皮、原木锯解截断、锯材分等运输、锯材干燥、加工剩余物运输、厂房采暖通风等主要生产系统和为锯材生产配套的辅助生产系统各项能耗，折算成标准煤。计算公式为：

$$锯材生产综合能耗（千克标准煤/立方米）=\frac{能源消耗总量（千克标准煤）}{锯材产量（立方米）}$$

（2）纤维板生产综合能耗（802）。

在纤维板生产过程中用于纤维板生产的厂内运输、削片、制浆、纤维干燥、铺装成型、预压、热压、锯边、砂光、除尘、污水处理、物料输送、厂房采暖通风等主要生产系统和为纤维板生产配套的辅助生产系统各项能耗，折算成标准煤。计算公式为：

$$纤维板生产综合能耗（千克标准煤/立方米）=\frac{能源消耗总量（千克标准煤）}{纤维板产量（立方米）}$$

（3）胶合板生产综合能耗（803）。

在胶合板生产过程中直接用于胶合板生产的厂内运输、木段剥皮、截断、蒸煮、镟切、刨切、单板干燥、单板修补拼接、热压、锯边、砂光、除尘、厂房采暖通风等主要生产系统和为胶合板生产配套的辅助生产系统各项能耗，折算成标准煤。计算公式为：

$$胶合板生产综合能耗（千克标准煤/立方米）=\frac{能源消耗总量（千克标准煤）}{胶合板产量（立方米）}$$

（4）刨花板生产综合能耗（804）。

在刨花板生产过程中直接用于刨花板生产的厂内运输、刨花制备、干燥、铺装成型、预压、热压、锯边、砂光、除尘、物料输送、厂房采暖通风等主要生产系统和为刨花板生产配套的辅助生产系统各项能耗，折算成标准煤。计算公式为：

$$\text{刨花板生产综合能耗（千克标准煤/立方米）}=\frac{\text{能源消耗总量（千克标准煤）}}{\text{刨花板产量（立方米）}}$$

2.5.4 能源统计中的图形运用*

根据能源统计数据绘制的图形，可以简明、形象、直观地反映出企业能源系统特性，便于分析与使用，企业能源统计图形一般分为三种类型。

1. 曲线图

用曲线的变化表示能源统计指标的变化规律，通常使用直角坐标系，以横坐标表示时间或主要因素，纵坐标表示能源统计指标或从变因素。例如用它表示不同类别能源消耗、动力设备负荷变化等，曲线图有单一曲线图（见图2－4）和多种曲线图（见图2－5）。

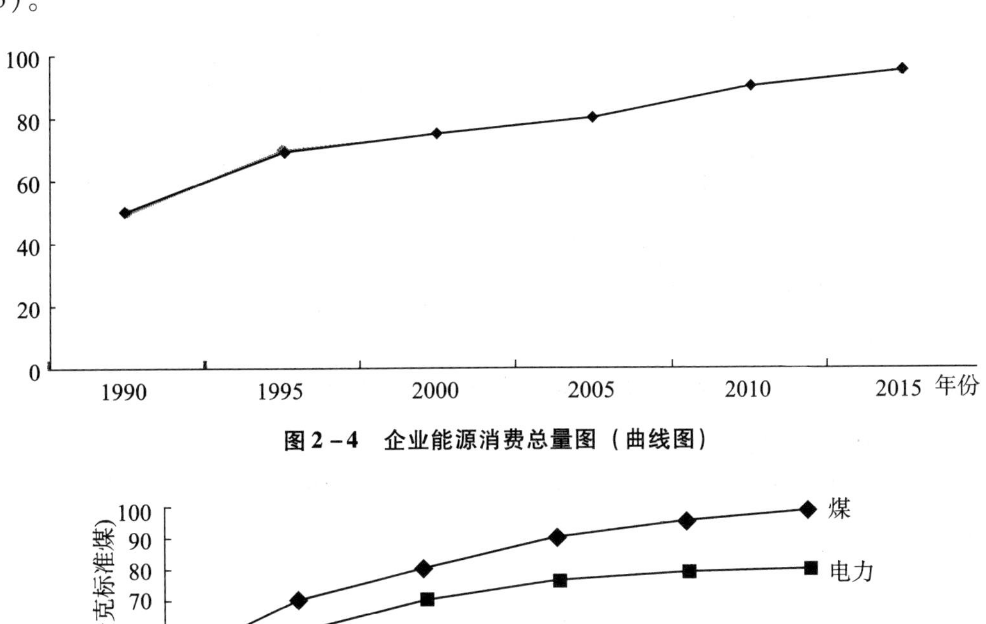

图2－4 企业能源消费总量图（曲线图）

图2－5 企业能源消费结构图（多种曲线图）

2. 直方图

以相同宽度的长方形图表示能源统计指标大小，用于同类指标对应不同时间、单位或部门的比较。也可以用于实际与计划值相比较。在企业能源管理中，能耗定额、能源计划、能源消耗等同类指标的比较，可用单一指标的直方图（见图2－6）和叠加的直方图（见图2－7），也可以用不同颜色表示。

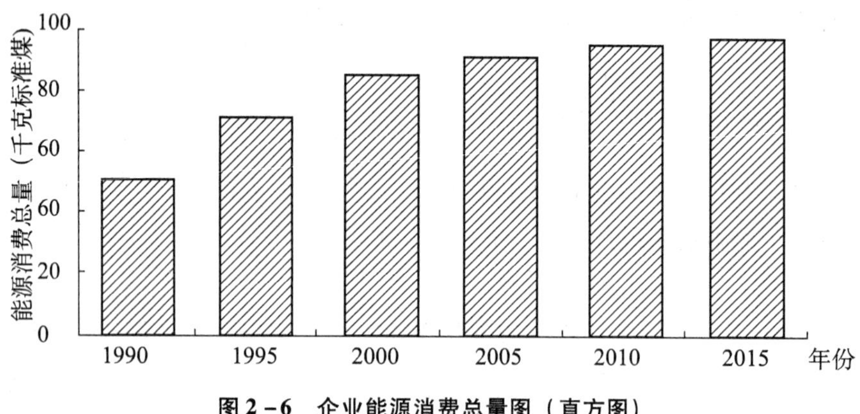

图 2－6　企业能源消费总量图（直方图）

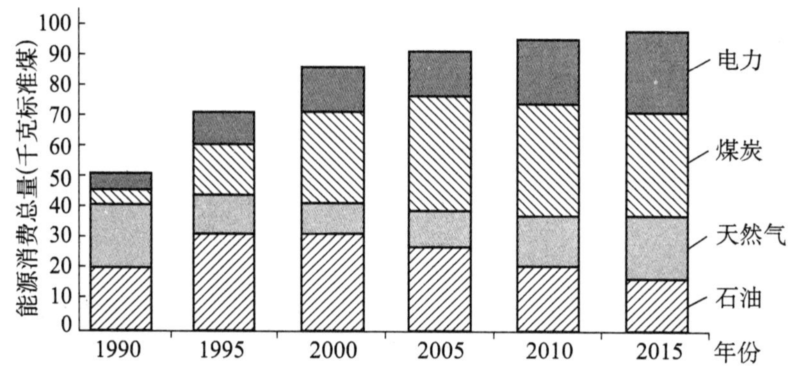

图 2－7　企业能源消费结构图（叠加直方图）

3. 饼形图

以圆形面积为总量，用圆饼内各扇形面积表示分量的图形，它常常用于表示企业能源总量的构成或某一类能源量占总量的比例，也可以用颜色表明（详见图 2－8）。

绘制统计图时，必须明确图示的目的，选择图示资料时必须能反映事物本质特征。绘制图形必须比例合适、刻度均匀、图形清晰，附有必要的文字说明和标明单位，当然最为重要的是数据的准确性。

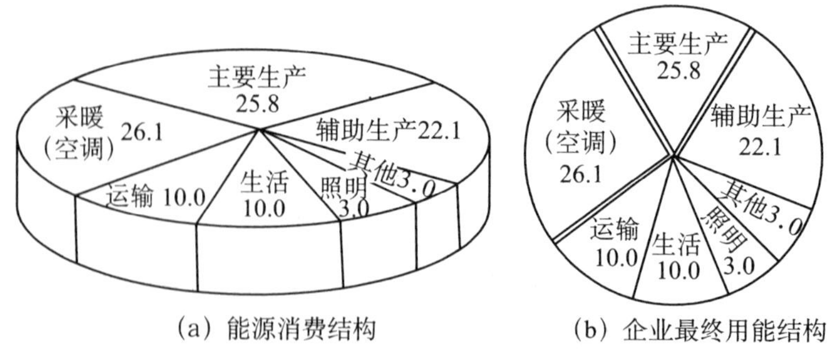

图 2－8　能源消费结构图及企业最终用能结构图（饼形图）

2.6 节能监察

2.6.1 概述

1. 节能监察的意义

节能监察是指节能行政主管部门或者其依法委托的机构对能源生产、经营、使用单位以及其他相关单位（以下称被监察单位）执行节约能源法律、法规、规章和节能技术标准的情况进行监督检查，督促、帮助被监察单位加强节能管理、提高能源利用效率，并对违法行为依法予以处理的活动。

2. 节能监察主体

节能监察主体是依法履行节能执法监督职责的政府部门和专职机构。节能监察主体是地方政府实施节能监督管理的重要力量，是推动用能单位全面贯彻落实节能法律法规规定的重要机构。根据性质和权限来源，节能监察主体主要有以下三类。

（1）管理节能工作的部门及有关部门。

县级以上地方各级人民政府管理节能工作的部门为法定的节能行政主管部门，其他有关部门在各自的职责范围内负责节能监督管理工作。《节约能源法》第十条明确规定了我国县级以上地方各级政府管理节能工作的部门和有关部门的节能监察主体资格。

（2）节能法规授权的节能监察机构。

指由节约能源法规授予节能行政执法权，在授权范围内以自己的名义实施节能行政执法行为，并独立承担由此产生法律责任的组织。例如，《×××节约能源条例》第七条第二款规定："省、设区的市节能监察机构依照本条例规定具体实施日常的节能监察工作。"《××市节约能源条例》第八条第三款规定："市经委主管的××市节能监察中心（以下简称市节能监察中心）负责节能方面的日常监察工作，并依照本条例的授权实施行政处罚。"上述两部法规规定的节能监察机构（中心）即为节约能源法规授权的组织。

（3）受委托的节能监察机构。

指接受政府有关节能监督管理部门的委托，以委托方的名义对受托事项开展执法的组织机构。受委托的节能监察机构不能以自己的名义实施受托的行政行为，不能独立承担执法行为的法律后果。在我国目前各省市的节能监察实践中，委托执法的情况还是较多的。

2.6.2 节能监察内容

根据节能法律、法规和规章的规定，节能监察主要包括以下内容：

（1）用能单位执行节能管理制度的情况；

（2）用能单位执行能源计量、能源消费统计制度的情况；

（3）重点用能单位执行设立能源管理岗位和聘任能源管理负责人制度的情况；

（4）重点用能单位执行能源利用状况报告制度的情况；

（5）用能单位使用用能设备和生产工艺的情况；

（6）高耗能产品生产企业执行单位产品能耗限额标准的情况；

（7）固定资产投资项目建设单位执行节能评估和审查制度的情况；

（8）能源生产经营单位执行禁止实行能源消费包费制的情况；

（9）执行强制性能源效率标准标识和节能产品认证标志的情况；

（10）电网企业执行国家有关规定的情况；

（11）建筑节能规定执行的情况；

（12）交通运输企业执行节能规定的情况；

（13）公共机构执行优先采购节能产品、设备制度的情况；

（14）节能咨询服务机构提供信息真实性的情况。

2.6.3 节能行政处罚的程序

节能行政处罚程序是指节能行政执法主体履行法定职责，对违反节约能源法律、法规和规章的节能行政相对人依法予以处罚时，所必须遵循的过程和步骤。《行政处罚法》规定，不遵守法定程序的行政处罚无效。节能行政处罚的程序大体分为以下几个阶段。

1. 立案

立案是指节能行政执法主体对决定进行节能行政处罚的节能行政相对者，依法交付调查处理的行政程序。

2. 调查取证

调查取证是指节能行政执法人员为查明违法用能事实，获取证据而依法进行的活动。对在节能行政执法过程中发现的违法用能行为，制作的笔录可作为证据使用。对于需要重新取证的，节能行政执法人员应依法调查取证，节能行政执法当事人不得阻挠。

3. 告知

《行政处罚法》第六条规定：公民、法人或者其他组织对行政机关所给予的行政处罚，享有陈述权、申辩权。第三十一条规定：行政机关在作出行政处罚决定之前，应当告知当事人作出行政处罚决定的事实、理由及依据，并告知当事人依法享有的权利。如果节能行政执法主体未依法向拟被处罚节能行政相对人告知给予节能行政处罚的事实、理由和依据，或者拒绝听取拟被处罚节能行政相对人的陈述、申辩，节能行政处罚决定不能成立。拟被处罚节能行政相对人放弃陈述或者申辩权利的除外。

根据《行政处罚法》第三十二条规定，节能行政执法主体必须充分听取拟被处罚的节能行政相对人的意见，对其提出的事实、理由和证据，应当进行复核；提出的事实、理由或者证据成立的，节能行政执法主体应当采纳。同时，节能行政执法主体不得因拟被处罚的节能行政相对人申辩而加重处罚。节能行政相对人提出陈述、申辩的，节能行政执法主体应制作陈述、申辩笔录，由拟被处罚的节能行政相对人进行签字确认。

4. 听证程序

根据《行政处罚法》第四十二条规定，有下列情形之一的，节能行政执法主体应当告知节能行政相对人有要求举行听证的权利：

（1）责令停产停业；

（2）吊销许可证、执照；

（3）较大数额罚款。对于“较大数额罚款”，各地有不同的规定，例如，《×××行政处罚听证程序实施办法》的规定是“对法人或者其他组织处以×××××元以上罚款”为较大数额的罚款。

5. 决定

拟被处罚的节能行政相对人在法定期限内未提出陈述、申辩或申请听证的，陈述、申辩理由、事实、证据不成立的，不符合听证申请条件的，节能行政执法主体有权依法制作节能行政处罚决定书，予以处罚。

经过陈述、申辩、听证，拟被处罚的节能行政相对人提出的事实、理由、证据成立的，节能行政执法主体应对原行政处罚方案提出相应的调整意见，调整后仍需进行行政处罚的，应重新起草行政处罚告知书，而不能直接下达节能行政处罚决定书，否则属于程序违法。

6. 执行

节能行政处罚执行是处罚决定的实现阶段。《行政处罚法》第四十五条规定：“当事人对行政处罚决定不服申请行政复议或者提起行政诉讼的，行政处罚不停止执行，法律另有规定的除外。”因此，节能行政处罚决定一经作出，即发生法律效力，被处罚单位应在限期内自觉履行，否则节能行政执法主体可申请法院强制执行。执行的形式主要为直接执行和申请强制执行两种。

2.6.4 法律救济途径

根据《行政处罚法》第六条规定，公民、法人或者其他组织对行政处罚不服，有权依法申请行政复议或者提起行政诉讼，同时，因行政机关违法给予行政处罚受到损害的，有权依法提出赔偿要求。按照该条规定，节能行政相对人的合法权益受到侵害时，有申请行政复议、提起行政诉讼、提出行政赔偿三种救济方式。三种救济方式分别在《行政复议法》、《行政诉讼法》和《国家赔偿法》中有明确规定。

在选择申请行政复议、提起行政诉讼时，应遵循：如果被处罚的节能行政相对人对处罚决定不服，可以按照《行政复议法》的规定提出行政复议，对复议决定仍不服的，可向当地人民法院提起行政诉讼；也可以根据《行政诉讼法》的规定不经复议直接提起行政诉讼。但对于直接提起诉讼的，节能行政相对人不可再申请复议。

自学指导

学习的重点：本章中主要讲述了能源的基本知识，从能源分类、能源的形态、能源所具有的特点，一直到不同分类的能源的计量和统计。如何填写能源的计量、统计报表，这是一项能源管理的基础工作。

学习的难点：深入学习领会企业和重点耗能企业的能源计量和统计；计量统计管理有哪些方面，通过学习能正确的填写能源计量、统计报告表，并正确计算产品的综合能耗量，为开展节能减排工作打下良好坚实基础。

复习思考题

一、单项选择题（在备选答案中选择 1 个最佳答案，并把它的标号写在括号内）

1. 以下能源，哪种属于一次能源（　　）。

A. 煤炭　　B. 燃油　　C. 电　　D. 水

2. 以下能源，哪种属于新能源（　　）。

A. 柴油　　B. 蒸汽　　C. 薪柴　　D. 核能

3. 如下能源，哪种属于可再生能源（　　）。

A. 煤炭　　B. 原油　　C. 可燃冰　　D. 太阳能

4. 如下符号中，哪个代表 10^{12}（　　）。

A. G　　B. M　　C. T　　D. K

5. 如下符号中，哪个符号表示电力千瓦时（　　）。

A. tce　　B. toe　　C. kvar　　D. kwh

6. 如下符号中，哪个表示热、功、能的法定单位（　　）。

A. kg　　B. kw　　C. Tce　　D. J

二、多项选择题（在备选答案中有 2 ~ 5 个是正确的，将其全部选出并将它们的标号写在括号内，错选或漏选均不给分）

1. 哪些属于一次能源（　　）。

A. 煤　　B. 天然气　　C. 薪柴

D. 电　　E. 柴油

2. 哪些属于二次能源（　　）。

A. 蒸汽　　B. 汽油　　C. 渣油

D. 柴油　　E. 热水

3. 煤炭由哪几种主要元素组成（　　）。

A. 碳　　B. 氢　　C. 氧

D. 氮　　E. 硫

4. 天然气中甲烷含量的比例是多少（　　）。

A. 85%　　B. 90%　　C. 92%

D. 95%　　E. 70%

三、简答题

1. 试述我国能源存在的五大特点是什么。
2. 试述清洁煤技术的基本定义。
3. 试述能源煤炭高位发热值与低位发热值的区别。
4. 简述能源计量的范围包括哪五方面。

四、论述题

1. 论述用能单位或企业的综合能耗的构成。
2. 试论述能源有哪些特点。
3. 试论述能源进入用能单位到最终使用共分哪几道环节。

第 3 章　企业能量平衡

学习目标

1. 应知道、识记的内容

能量进行平衡的模式、基本原理和特点

2. 应理解、领会的内容

企业能量平衡时的依据和标准及计算方法

3. 应掌握、应用的内容

能对不同能源品种、各种能耗设备及工艺工序进行能量平衡计算，熟练绘制能量平衡表、能流图、能源网络图等三图。准确分析企业能源管理的基本状况

自学时数

10～16 学时。

教师导学

能量平衡是能源管理工作中极为重要的环节，无论是能源审计，还是固定资产节能评估和审查都离不开它。它是对各种耗能设备、各种工艺工序及附属、辅助生产环节进行管理的科学评价依据。熟悉掌握企业能量平衡的基本知识、计算的正确方式方法及热、功、能等诸方面的知识。

本章的重点是：企业能量平衡模式、能量平衡系统，电、热单一能量平衡，电、热及化学吸、放热混合能量平衡。能量利用有效率、回收率、损耗率的计算。产品单项能耗、综合能耗和可比能耗的计算。

本章的难点是：三图的绘制及非标准设备、特种设备及进口设备的能量平衡。

3.1 企业能量平衡模式

3.1.1 企业能量平衡*

1. 企业能量平衡目的

企业能量平衡是以企业为对象，研究各种类能源的收入与支出、消耗与有效利用及损失之间的数量平衡，进行平衡与分析。企业能量平衡的目的是掌握企业的能耗情况，分析企业用能水平，查找企业节能潜力，明确企业节能方向，为改进能源管理，实行节能技术改造，提高企业能源利用率和对企业用能的技术、经济评价时提供科学依据。企业能量平衡是对企业用能过程进行定量化分析的一种科学方法与手段，更是企业能源管理中一项基础性工作和重要内容。企业能量平衡是开创的一种企业能源管理的方式方法，为提高能源管理科学水平，为节能降耗工作作出了重要贡献。

企业能量平衡作为企业能源管理的基础性工作，也是一种管理方法。它本身也在运用中不断地发展、完善与提高，其应用范围也在不断地扩展。开展固定资产投资项目节能评估和审查、企业能源审计、企业能源监测，建立企业能源管理信息系统等项工作，无不是以企业的能源、能量平衡为基础而展开的。

认真研究企业用能系统内部各用能环节和单元、工序之间的能量平衡关系。即是对各用能工序、单元、环节的能源投入、产出量，有效利用率和损失量之间的关系平衡。进行综合分析与评价，掌握企业的耗能状况，分析企业用能水平，查找企业尚存的节能潜力，明确节能方向与方法，均需采用此办法。

2. 企业能量平衡模式

任何企业用能平衡系统均可简化成这样一种标准形式，即由能源消费企业确定，按照能源流向依次划分为购入仓储、加工转换、输送分配和最终使用四道环节，及外供能和各类能量损失流出为系统。见图 3－1。

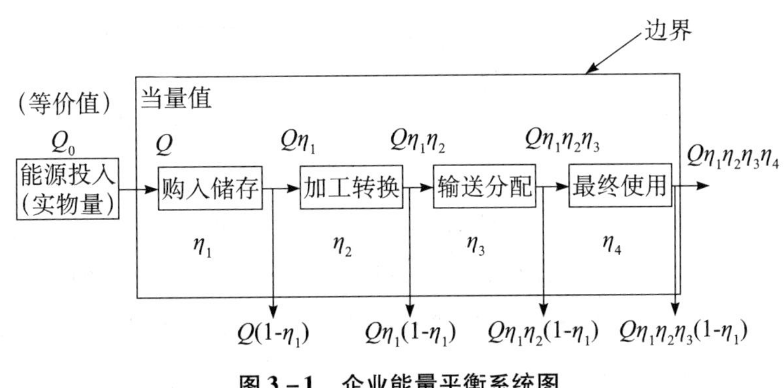

图 3－1 企业能量平衡系统图

其中：Q_0——供入系统能源总量等价值；

Q——供入系统能源总量当量值；

η_k——企业用能环节 k 的能源利用率（$k=1，2，3，4$）；

$\eta_{k,i}$——企业用能环节 k 中第 i 单元能源利用率（$i=1，2，\cdots，I$）；

$X_{k,i}$——供入企业用能环节 k 中第 i 单元能源量占投入系统能源总量 Q 的比重；

X_k——供入企业用能环节 k 能源量占投入系统能源总量 Q 的比重：

即：

$$X_k = \prod_{i=1}^{k-1} \eta_i \qquad (k = 1,2,3,4)$$

$$X_1 = 1, X_2 = \eta_1, X_3 = \eta_1\eta_2, X_4 = \eta_1\eta_2\eta_3$$

$$X_k = \sum_{i=1}^{j} X_{k,j} \qquad (i = 1,2,3,\cdots,I)$$

$$\eta_k = \frac{\sum_{i}^{j} X_{k,j}\eta_{k,j}}{X_k}$$

显然，企业用能系统的能量流，是一套以各用能环节、工序、单元的串联，并联加混合联结系统。从这套系统可以直接求出企业能源利用率 η_0 和企业能量利用率 η 分别为：

$$\eta = \frac{Q}{Q_0}\prod_{k=1}^{4}\eta_k = \frac{Q}{Q_0}\eta_1\eta_2\eta_3\eta_4$$

$$\eta = \frac{Q}{Q}\prod_{k=1}^{4}\eta_k = \eta_1\eta_2\eta_3\eta_4\text{；因为 } Q_0 > Q\text{，所以 } \eta_0 < \eta$$

3. 企业能量平衡系统

（1）购入贮存。

能源的购入仓储环节是企业能源的进口，一般包括企业的供销、计划、财务、储运等部门，是了解企业能源消耗总量的关键环节。企业购入仓储的能源种类一般包括一次能源和二次能源，即煤炭、原油、天然气、电力、焦炭、蒸汽、煤气、石油制品等。首先必须搞清真正投入系统的能源总量，并折算它们的等价值与当量值，这样便可能对不同种类的能源量进行综合平衡。其等价值反映国家对企业投入的能源资源量。目前，我国大力开展固定资产投资项目节能评估、企业能源审计，这些新举措目标就是将我国能源总需求量降下来，减少对用能单位能源量投入。为客观全面反映真实状况，既要取当量值，亦要取等价值。对企业能量平衡工作的依据为热力学第一定律，以此对企业用能过程作能量平衡与分析。因此，在能量平衡中，电的能量平衡中不能仅取其当量值，亦应取其等价值作为参考。

节能对企业的影响很大，不仅节能有益于改善环境，同时增加了经济效益和市场竞争力。特别是企业购入仓储能源要占用较大资金量，企业为了加速资金周转，合理节约使用购入能源的费用，必须强化企业购入仓储环节的计划、统计、计量分析与管理制度的贯彻执行。

（2）加工转换。

加工转换是企业工艺过程所需直接消耗的不同能量的重要制备环节，包括一次转换和二次转换。一次转换部门如发电站（或柴油机发电、燃气电站）、锅炉房、炼焦厂、煤气站等；二次转换部门有输变电站、空气压缩站、制冷站等。要特别注意，无论哪次转换都是一道耗能工序，是企业能量平衡与节能工作的重点环节。加工转换过程中，大重型耗能设备较多，也是节能挖潜潜力的重点环节。应充分掌握它们的合理负荷、经济运行，加强对其计量、统计与定限额管理。

（3）输送分配。

输送分配是将企业用能送到各终端用能部门的一道必要环节，如各种输配电器线路，热力、制冷、天然气、工质水管网等，均属输送分配系统。

对大多数企业、用能单位来说，能源、能量的输送分配损失并是不构成能源能量损失的主要部分，但绝不是可以忽略的部分。在考察能源利用的过程中，输送分配系统是一道相对次要的环节。但是，热力管网保温绝热，输配电合理容量、距离、线断面是十分重要的节能组成部分。要严把“跑、冒、滴、漏 、泄”五关。

（4）最终使用。

最终使用是企业能源系统最为复杂的环节，对不同的企业，不同用能单位，特别是不同部门之间的差异很大。一般地说，可以将用能的最终用能环节划分为如下几个主要方面：主要生产、辅助生产和附属生产三部分，还有如照明、通勤运输、生活及其他部分。尤其是要将主要生产、辅助、附属部门的能源能量消耗分别计量统计，不要混为一谈，不便于确定各道环节的能耗及能效计算，寻找节能潜力。如钢厂可以按烧结、球团、炼铁、炼钢、轧钢来分；电厂可以按锅炉、汽轮机、发电机、厂用电、发电能耗、上网能耗分别考核。与日常考核格局一致，指标一致；便于取得数据，便于管理。

4. 企业能量平衡方法

企业的能量平衡方法，是采用系统工程的方法，是将企业划定为一套用能系统整体作为研究对象，亦可以耗能设备的能量平衡作为研究出发点。企业能量平衡系统可划分为能源购入仓储、加工转换、输送分配直至最终使用四道环节，沿着企业用能的流程进行系统平衡与分析；企业能量平衡期选择企业用能的审计、报告期。选用统计、计量的数据是全部运行期间真实可靠数据，应把企业能量平衡工作与企业日常能源管理工作紧密结合起来，只有如此才能更真实、更准确地反映出企业用能状况和能源管理水平。

5. 技术评价指标

通过能量平衡来改善能源利用状况，目前有：能耗量、利用率和回收率三种技术指标。其最重要的是单位产品、产值综合能耗，主要设备能源效率和全系统能源能量的利用率。

（1）能耗量。

它是考核生产单位产量、产品或单位产值产品所消耗的能源量。能耗分为以下三类。

单项能耗：

$$单位产量能耗=\frac{某种能源总消耗量}{某种产品产量}\ （吨标准煤/单位产量）$$

$$单位产值能耗=\frac{某种能源总消耗量}{净生产产值}\ （吨标准煤/万元产量）$$

综合能耗：

$$单位（产量）综合能耗=\frac{各种能源总消耗量}{产品产量}\ （吨标准煤/每单位产量）$$

$$单位（产量）综合能耗=\frac{各种能源总消耗量}{净生产产量}\ （吨标准煤/万元产值）$$

可比能耗：

$$可比能耗=\frac{各种能源总消耗量}{标准产品产量}$$

$$可比能耗=\frac{标准工序总消耗量}{产品产量}$$

式中各种能源的总消耗量是指所消耗的各种能源，按当量、等价热值折算成相当于一次能源。这里强调单位产品、产值综合能耗，是考核能源利用水平的重要指标，不断地降低单位产品产值综合能耗是能源管理的中心环节。在计算时要注意三个问题：首先，产值计算应取净产值，而不是总产值；其次，产量计算时应是合格品，而不能包括次品、等外品和废品；最后，对于生产多种产品的企业应考虑实际情况，无法分别计算的能耗，应合理分摊消耗量。这样才能全面反映能源的节约和合理使用情况。

综合能耗与单项能耗比较：全面地反映企业能源利用水平，反映出能源互相替代的影响，便于同类产品能耗的互相比较。

采用综合能耗指标便于能源的定额管理，便于能源的统计和计量管理。但是要注意单项能耗指标显现的优点和作用，它直观地反映出所用的能源种类、数量、品位和相关结构。还能了解企业能源的消费构成比例，做到能源优质优用，梯级利用，合理使用，各尽其用。单项能耗又是测算综合能耗的基础，综合能耗又是各项单项能耗的综合反映，因此，在企业能源管理中，这两项是相辅相成的两方面，不可偏废。

（2）利用率。

1）设备热效率：

$$设备热效率=\frac{有效热}{供入热}\times 100\%=\frac{Q_{有效}}{Q_{供入}}\times 100\%=\left(1-\frac{Q_{损失}}{Q_{供入}}\right)\times 100\%$$

其中：$Q_{有效}$——工艺有效热；

$Q_{供入}$——供入设备的所有能量；

$Q_{损失}$——过程中损失的能量。

2）企业能源利用率：

$$企业能源利用率=\frac{企业有效能量之和}{企业总综合耗能量}$$

即
$$\eta=\frac{\sum Q_{有效}}{\sum Q_{能源}}\times 100\%$$

其中：企业总综合能耗量 $Q=Q_1+Q_2+Q_3-Q_4-Q_5$；

Q_1——一次能源消耗量；

Q_2——二次能源消耗量；

Q_3——耗能工质的能源消耗量；

Q_4——生活用能消耗量；

Q_5——非能源转换企业自产外销的二次能源消耗量。

企业能源利用率是一项综合性技术指标，它不仅是每台设备状况的反映，而且反映管理、运行、操作、负荷、工艺、原料、产品、环境等多种因素与环节的情况，它是企业真正用能水平和实际能效的集中表现。

系统效率＝购入（仓储）效率×加工转换效率×输送分配效率×最终使用效率

$$企业能源利用率=\frac{\sum（系统效率\times 系统耗能量）}{各系统耗能量之和}$$

串联系统效率：

$$\eta_{系统}=\eta_{购入}\times\eta_{转换}\times\eta_{输送}\times\eta_{利用}=\eta_1\times\eta_2\times\eta_3\times\eta_4=\eta_i$$

并联系统效率：
$$\eta_{系统}=\frac{\sum_i Q_i\eta_i}{\sum_i Q_i}$$

其中：i——用能单元 i 的能源消耗总量；

η_i——用能单元 i 的能源利用率。

由上述可以看出，i 和 η_i 大的单元对系统影响显著。

（3）回收率。

回收率表示企业由于采取余热余压回收和重复利用所带来的节能效果。

$$回收率=\frac{回收利用总能量}{供入总能量}=\frac{回收利用总热量}{供入热量}$$

$$\eta_{回收}=\frac{Q_{回收}}{Q_{供入}}\times 100\%$$

综上所述，这些技术指标各有特点，从不同角度和侧面反映了企业用能水平。其表达能耗的直观性很强，不但适用于考核产品、产值的耗能水平，还便于进行比较。能源、能量的利用率不仅体现企业和技术装备的用能水平，还能折射出能源管理的水平。通过对它的观察、测试分析，亦可寻找出节能潜力与方向。回收率则反映企业余热余压利用的程度，亦可以初步衡量企业的能源管理水平，为制定日后节能技术改造措施提供科学的依据。

6. 有效利用能计算

企业有效利用能量系指企业实际消耗的各种能源中，终端利用所必需的能量。它的计算十分纷繁复杂，这里不作详细讨论。通常要计算主要生产、辅助、附属生产以及照明、运输、生活等有效利用能量。综合起来就是企业的有效利用能量。

7. 数据的处理

我们通过企业能量平衡计算，取得了大量的统计与测试数据资料，我们用什么办法去整理、分析这些能源数据呢？又要用什么方法把它们集中表示出来呢？要做到对能源系统进行简明、科学地描述，方法简单、概念清楚、结构灵活、使用方便，同时也要为进一步使用电子计算机技术，建立企业能源管理信息系统提供方便。在采用国家标准 GB/T 3484—1993《企业能量平衡通则》所规定表格以外，应运用两幅图形和一张表格，即企业能源网络图、企业能流图和企业能量平衡表。

3.1.2 企业电能平衡*

1. 平衡的依据和意义

（1）依据。

国家明确要求用电负荷在 500 千瓦及以上或年用电量在 300 万千瓦时及以上的用户应当按照《企业设备电能平衡通则》（GB/T 3484—2009）规定，委托具有检验测试技术条件的单位每二至四年进行一次电平衡测试，并据此制定切实可行的节约用电措施。

（2）意义。

企业电能平衡是企业实现科学管理、合理使用电能的重要基础工作，也是企业使用电系统提高系统效率的系统工程。其意义有以下四方面：

1）摸清用电设备基本情况，全面了解设备运行状况；

2）通过企业电能平衡，掌握主要用电设备的实际使用效率和企业电能利用效率，编制企业电力分布图、平衡表、能耗框图等，以便形象直观地反映企业用电状况和水平；

3）找出企业用电系统、用电设备和用电管理中的薄弱环节，找出减少电能损失的有效措施；通过对用电系统、用电设备的测试，进行系统分析，有针对性地提出近期和中远期节电整改方案和规划，进一步提高企业用电管理水平和系统能效；

4）通过企业电能平衡提高企业管理人员和设备操作人员的技术素质，亦是提高系统效率的重要工作之一。

（3）原则。

1）企业电能平衡是电能收入与支出的平衡。“收入”包括用电体系从外界吸收的电能和体系本身自发的电能；“支出”包括用电体系内有效利用的电能和各项损失的电能。

2）企业电能平衡是能量平衡而不是功率平衡，虽然对有些设备可利用输入功率与输出功率来求其电能利用率，但进行企业电能平衡时需用电能（千瓦时）为基本单位。

3）企业电能平衡应在企业正常生产负荷状况下进行，它反映的是实际运行状况时的使用效率，而不是企业用电设备的额定效率，因而与工艺和设备的选型与运行工况合理与否密切相关。

4）企业电能平衡可取用某一代表日、某正常生产月、某正常生产季度或某一年的耗电量来进行平衡，企业应根据生产特点与规律自行决定。企业电能平衡的时间应取代表年计算企业电能利用率时刻，应取各用电体系电能利用的加权平均值。

5）企业电能平衡的范围。企业电能平衡的范围包括整个企业为生产目的耗用电能的设备和各个工序、单元、环节，即含主要生产和辅助配套生产和附属生产系统。

2. 基本知识

（1）术语。

1）用电体系。用电体系是指电能平衡考察的对象，根据考察对象的不同，可以区分为设备（装置）、车间、企业为单位的用电体系。

2）用电体系的边界。用电体系的边界是指用电体系（单元）与相邻部门的分界面（线）。

3）电能平衡。电能平衡是指在确定用电体系（工序、单元）的边界内，对界外供给的电能量在本用电体系内的输送、转换、分布、流向进行考察、测定、分析和研究，并建立供给使用和输配损耗电量之间平衡关系的全过程。

4）供给电量。供给电量是指用电体系（工序、单元）界外（电网供电、自发电量或上一级输出电量）供给用电体系（工序、单元）的有功电能量的总和。

5）有效电量。有效电量是指用电体系（工序、单元）内，在给定的生产工艺条件下，使预定目标达到工艺规定的目标和质量标准要求时，在物理及化学变化时所需消耗的有功电能量。

6）损失电量。损失电量是指供给电能量与有效电能量之差。

7）电能利用率。电能利用率是指用电体系（工序、单元）中的有效能量与供给电能量之比的百分数。

8）测试效率。测试效率是指生产设备在正常工况运行条件下，通过现场测算获得的效率，是测试设备的瞬时或某一测试时段的效率。

（2）框图和方程。

1）框图3－2。

2）方程。根据能量守恒定律，用电系统内的电能平衡方程式见式（3－1）：

$$W_G = W_Y + W_S \tag{3-1}$$

式中：

W_G——供给电量，单位为千瓦时；

W_Y——有效电量，单位为千瓦时；

W_S——损失电量，单位为千瓦时。

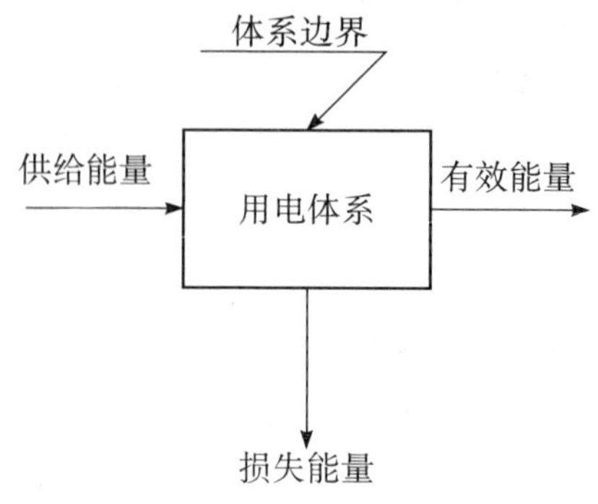

图 3－2　电能平衡框图

（3）测试项目。

企业电能平衡要测试电气设备、用电的生产设备，考虑工艺参数、生产效率等因素。测试项目应包括输变压器、配电网络、整流设备、电动机及拖动设备、电热设备、熔融炉、电焊机、照明等主要用电生产设备，对企业主要产品的电耗进行分解测算。企业可以根据行业特点和设备的实际情况，调整测试设备的容量等级，并确定行业中需要耗电分解的产品。

（4）测试仪表。

企业按照《用能单位能源计量器具配备和管理通则》（GB 17167—2006）的要求配备的能源计量器具和在线仪表，只要在检定和校准有效期内，均可作为企业电能平衡测试的仪器仪表使用；亦可采用常规的电工和热工检测、监控、计量仪表；现场测试也可选用电能综合分析测试设备，如谐波、无功分析测试仪等。

3. 基本要求

企业电能平衡应符合《企业能量平衡通则》（GB/T 3484—2009）的要求。

对于同时使用电能和非电形式能量的设备，如电弧炉、矿热炉、铝电解槽等，按《用能设备能量平衡通则》（GB/T 2587—2009）进行能量平衡。

企业电能平衡应对供给电量在用电系统内的输送、转换、利用进行考核、测量、分析和研究，并建立供给电量、有效电量和损失用电量之间的平衡关系。

用电体系的电能平衡应包括考核对象的所有用电项目和达到目标的全部过程。

4. 测试条件

用电设备电能平衡的测试应符合《用能设备能量测试导则》（CB/T 6422—2009）的要求。

用电体系应在正常运行工况条件下进行测试。

对于同类用电体系可抽样测试，抽样数量或百分比可根据实际情况确定。

对于变负荷的用电体系，应分时段取其平均值。

电量应用电能表测定，对于稳定负荷可用功率表测定。

假如测试条件与实际运行条件有差异时，可对测试的数据加以修正，以保证其精准度。

5. 测算方法

（1）直接测定法。

指通过测量用电体系的供给电量与有效电量，来确定电能利用效率。

（2）间接测定法。

是指通过测量用电体系的各项损失电量与供给电量，来确定电能利用效率。

6. 电能利用效率计算

电能利用效率是指用电体系的有效利用电量与供给有功电量的比值，来衡量企业各项用电设备及企业总体有功电能的利用情况。

（1）直接测定计算（正平衡法）。

按公式（3－2）计算：

$$\eta = \frac{W_Y}{W_G} \times 100\% \tag{3-2}$$

式中：

η——用电系统的电能利用效率，单位为%；

W_Y——有效利用电量，单位为千瓦时；

W_G——供给有功电量，单位为千瓦时。

（2）间接测定计算（反平衡法）。

按公式（3－3）计算：

$$\eta = \frac{W_G - W_S}{W_G} \times 100\% \tag{3-3}$$

式中：

W_G——供给有功电量，单位为千瓦时；

W_S——损失量，单位为千瓦时。

3.1.3 用能设备能量平衡

1. 概念

用能设备能量平衡就是对设备的输入能量与输出能量在数量上的平衡关系进行考察，以定量分析用能情况。

2. 框图和方程

（1）框图。

用能设备能量平衡体系即进行能量平衡时所要考察的范围，体系应有明确的边界，并用框图表示出来。用能设备能量平衡框图如图3－3。

（2）方程。

用能设备能量平衡方程式见式（3－4）：

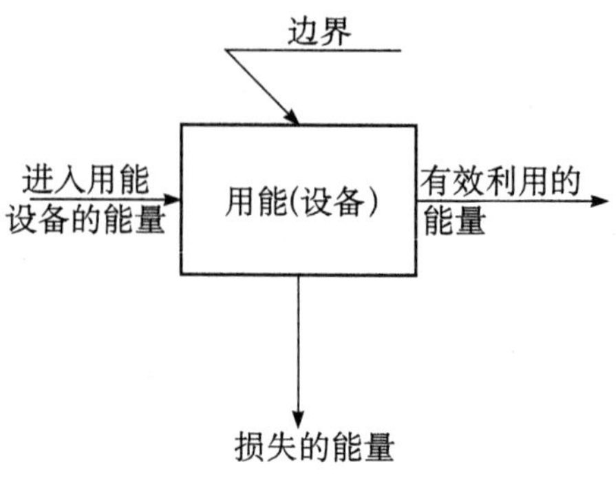

图 3-3　用能设备能量平衡框图

$$E_{r'} = E_{CY} + E_{CS} \tag{3-4}$$

式中：

$E_{r'}$——进入用能设备的能量；

E_{CY}——有效利用的能量；

E_{CS}——损失的能量。

3. 计算基准

（1）基准温度。

基准温度的选取应以环境温度为基准温度，采用其他基准温度的应加以说明。

（2）燃料发热量。

燃料发热量以其收到基低位发热量为基准计算。

（3）二次能源的能量计算。

在用能设备能量平衡计算中，二次能源的能量按当量值计算（做功用的载能工质应算作二次能源）。

（4）助燃用空气组分。

原则上采用下列空气组分：

按体积比：氧气 21.0%，氮气 79.0%；

按质量比：氧气 23.2%，氮气 76.8%。

4. 测试要求

（1）用能设备能量平衡的测试设备应处于正常运行工况。

（2）测试时应记录测试的日期、地点、开始时间与结束时间，以及环境状态——温度、湿度、大气压力等参数。

5. 测算内容

（1）基本要求。

用能设备能量平衡考察的内容主要包括进入用能设备的能量、产品生产利用的能量、输出的能量和损失的能量，以及在体系内物质化学反应放出或吸收的热量，要求得到数量上的平衡。

（2）输入能量。

输入能量通常包括外界供给用能设备的能量、进入体系的物料或工质带入的能量，除了燃料以外体系内的其他化学反应热。包含的项目有：

1）进入体系的燃料的发热量和显热；

2）输入的电能；

3）输入的机械能；

4）进入体系的工质带入的能量；

5）物料带入的显热；

6）外界环境对体系的传热量；

7）化学反应热；

8）输入的其他形式的能量；

9）其他。

（3）输出能量。

输出能量通常包括离开用能设备的产品或工质带出的能量，体系向外界排出的能量，体系内发生的化学反应吸热、蓄热及其他热损失。所包含的项目有：

1）离开体系的产品带出的能量；

2）离开体系的工质带出的能量；

3）输出的电能；

4）输出的机械能；

5）能量转换产生的其他形式的能量；

6）化学反应吸热；

7）体系排出的废物带出的能量；

8）体系对环境的散发辐射的热量；

9）用能设备的蓄热；

10）能量转换中其他形式的能量损失。

（4）有效利用能量和损失能量。

1）有效利用能量。在输出能量中，输出的电能、输出的机械能、能量转换产生的其他形式的能量和化学反应吸热属于有效利用能量。

2）损失能量。在输出能量中，体系排除的废物带出的能量、体系对环境的散发辐射的热量、用能设备的蓄热、能量转换中其他形式的能量损失和其他热损失属于损失能量（又称损耗量）。

6. 结果的表示

（1）计量单位。

用能设备能量平衡中采用的量和单位名称与符号应符合国家标准《热学的量和单位》

（GB 3102.4—1993）的规定。

能量采用的计量单位主要是千焦（KJ），或兆焦（MJ），或吉焦（GJ）。

（2）用能设备能量平衡表。

用能设备能量平衡的内容和结果应按项目列入能量平衡表中，如表 3－1。

表 3－1　　用能设备能量平衡表

序号	输入能量			输出能量		
	项　目	能量值/兆焦	百分数（%）	项　目	能量值/兆焦	百分数（%）
1	燃料			产品		
2	电能			电能		
3	机械能			机械能		
4	工质			工质		
5	物料带入显热			产生的其他形式能量		
6	环境传入热			废料带出能量		
7	化学反应放热			体系散热		
8	输入的其他形式的能量			化学反应吸热		
9	其他			设备蓄热		
10	——			其他形式能量损失		
11	——			其他热损失		
12	合计		100	合计		100

（3）用能设备能量平衡报告。

用能设备能量平衡报告应包括以下主要内容：

1）概况。说明企业进行用能设备能量平衡的目的，企业用能系统和用能设备基本情况，包括用能设备的主要技术参数和运行周期等，用能系统和用能设备的运行状态和采用的测试方法等。

2）主要原始数据。应满足用能设备能量平衡测算结果的要求，必须保证主要原始数据的可靠性。

3）用能设备能量平衡表。用能设备能量平衡表应当反映出能量收支平衡情况，特别是能量支出和利用的情况。

4）分析。根据用能设备进行能量平衡结果，查找出造成能源利用率低和设备耗能偏高的原因，对能量损失进行分析，对测算结果和指标进行评价。从设备运行、操作技术和管理制度等方面查找出浪费的主要原因，提出进行改进的办法与方案。

3.2 企业能量平衡表

1. 企业能量平衡表的用途

企业能量平衡表是企业能源消耗系统进行综合分析的一种重要工具，也是为改进企业能源管理，编制企业能源计划、规划提供科学量化的依据。

（1）分析企业能源系统状况、平衡供需之间关系，为企业加强能源管理、编制能源计划、规划提供科学量化的依据。

（2）分析查寻企业节能潜力，明确节能方向和方法，能源相互替代，确定节能技术改造方案。

（3）计算企业能源利用率。

（4）为绘制企业能源网络图与企业能流图提供了详细、可靠的数据。

1997 年开始实施的国家标准《企业能量平衡表编制方法》（GB/T 16615—1996）。

2. 企业能量平衡表的编制原则

（1）企业能量平衡表采用矩阵形式表示，大部分是纵向排列（栏）表示能源项，横向各行表示能源的流向（来源去向）。

（2）企业用能包括一次能源、二次能源和耗能工质，特别是要区分购入能源、自产能源与耗能工质。

（3）平衡表内数据关系应符合能量守恒定律，即热力学第一定律。不得漏、缺项，不得重复计算。对企业自产的二次能源与耗能工质应特别注意这一点。

（4）设计企业能量平衡表的内容应尽可能详细，如因数据不足，暂时不能考虑的项目在以后加进表格时，应不改变平衡表的基本结构与布局。

（5）企业能量平衡表格应和国家标准《企业能量平衡表编制方法》（GB/T 16615—1996）、上级主管部门统计口径相一致。

（6）在企业能量平衡表内，要对某一局部进行详细填写时，可以编制企业能量平衡表分表，作为总表的补充与说明。

3. 企业能量平衡表的填写说明

由于受表格的限制，企业能量平衡表不能填写许多文字来说明复杂的用能过程，它必须附有一些必要的解释与说明，甚至要加入一些附表。

（1）说明企业能量平衡表的填写方法与表中各项的意义；

（2）说明原始数据来源与数据处理；

（3）说明平衡表正、负号的含义；

（4）说明库存量变化；

（5）企业平衡表的每一纵列应保持平衡，当出现不平衡时，把不平衡部分放入统计误差项，并加以说明；

（6）标明能量折算系数表；

（7）标明统计期。

4. 企业能量平衡表格式

（1）企业能量平衡表的横行划分为购入仓储、加工转换、输送分配、最终使用等四道环节。纵行是能源的供入能量、有效能量和损失能量、回收能量和能量利用率等项。

（2）具有购入贮存、加工转换、输送分配与最终使用四道环节，并填有实际数据的企业能量平衡表格式。

（3）最终使用划分为主要生产、辅助生产和附属生产系统及采暖（空调）、照明、运输及其他等用能工序（单元）。

（4）企业能量平衡表中，只在购入仓储环节中有等价值栏和当量值栏，企业能量平衡表中其他环节仅采用当量值。

5. 编制企业能量平衡表的数据

（1）企业能量平衡表的基础数据来源于企业能源统计资料。

（2）企业能量平衡表的数据，除标明的各种能源的实物量及等价值栏外，均为能源的当量值。

（3）企业能量平衡表的结果应符合能量守恒定律。各种能源的当量值收支总量应保持平衡；供入能量与有效能量及损失能量之和是平衡的。

（4）非平衡项数值应使用方括号括住。

（5）购入仓储栏内数据，应已扣除库存增量及外销量。

（6）各种能源的折算应符合国家标准《综合能耗计算通则》（GB/ 2589—2008）。

（7）能源利用率按下式计算：

$$能源利用率 = \frac{有效能量}{供入能源量}$$

6. 文字说明

（1）说明原始数据来源。

（2）计算结果出现不平衡时，应说明原因。

（3）标明能源折算为标准当量的折算系数。

（4）标明统计期。

（5）计算出企业能量利用率，按下式计算：

$$企业能量利用率 = \frac{企业有效能量}{企业消耗总能量}$$

企业能量平衡表举例见表 3—2。

表 3－2　　　　某(毛纺)企业能量平衡表

统计期:19××年　　　　单位:吨标准煤

项目		购入贮存			加工转换				输送分配	最终使用						
		实物量	等价量	当量值	发电站	制冷站	其他	小计		主要生产	辅助生产	采暖(空调)	照明	运输	其他	合计
能源名称		1	2	3	4	5	6	7	8	9	10	11	12	13	14	15
供入能量	蒸汽	80 993 吨	10 448.1	7 636.48		251.36	7 385.1	7 636.5	7 385.1	5 968.7		1 217.6			156.6	7 342.9
	电力	6.69 总重吨	2 701.5	821.52		38.15	769.4	807.6	785.8	497.6	49.8	136.0	68.9		17.3	769.6
	柴油	89.94 吨	155.5	131.05	82.6		48.4	131.0	48.4	48.4						48.4
	汽油	82.33 吨	133.3	121.14			121.1	121.1	121.1	13.1				108.0		121.1
	煤炭	160.90 吨	114.9	114.90			114.9	114.9	114.9						114.9	114.9
	冷煤水								128.7			114.6				114.6
	热水															
	合计		13 553.3	8 825.09	82.6	289.51	8 438.9	8 811.1	8 584.0	6 527.8	49.8	1 468.2	68.9	108.0	288.8	8 511.5
有效能	蒸汽			7 636.48			7 385.1	7 385.1	7 342.9	901.6		1 217.6			156.6	2 275.8
	电力			807.58	16.4		769.4	785.8	769.6	156.5	17.7	56.7	58.4			289.3
	柴油			131.05			48.4	48.4	48.4	3.2						3.2
	汽油			121.14			121.1	121.1	121.1					14.7		14.7
	煤炭			114.90			114.9	114.9	114.9					45.9	45.9	
	冷煤水					128.7		128.7	114.6			114.6				114.6
	热水															
	小计			8 811.15	16.4	128.7	8 438.9	8 584.2	8 511.5	1 063.3	17.7	1 388.9	58.4	14.7	202.5	2 743.5
回收利用																
损失能量				13.94	66.2	160.8		226.9	72.5	5 466.5	32.1	79.3	86.3	5 768.0		
合计				8 825.09	82.6	289.5	8 438.9	8 811.1	8 584.0	6 527.8	49.8	1 468.2	68.9	108.0	288.8	8 511.5
能量利用率(%)				99.84	19.9	44.5	100.0	97.4	99.1	16.2	35.5	94.6	84.7	13.6	70.1	31.1

企业能量利用率 $=\frac{2\ 743.51}{8\ 825.09}=31.09\%$;企业能源利用 $=\frac{2\ 743.5}{13\ 553.5}=20.24\%$

3.3 企业能源网络图

3.3.1 企业能源网络图*

企业能源网络图是用网络的形式描述企业能源系统的图形，我们根据企业能源管理国家标准规定，运用网络的形式，自左向右描述企业能源系统的能源流动过程，其中包括物质流和信息流，而且满足热力学第一定律。

企业能源网络图中，每一个用能单元的能源都假定从左侧流入，其数据中上面标注的数字表示投入能源量，下面括号内的数字表示占投入企业能源总量的百分比。从用能单元右侧出的箭头上方数字表示该单元的有效能量。下面括弧内数字表示占投入企业能源总量的百分比。

3.3.2 企业能源网络图的作用*

它和企业能量平衡表一样，也是企业能源管理的基础性工作，和它配套的有企业能量平衡表和企业能源网络图数据表，它在企业能源管理工作中的作用如下：

形象直观地描述了本企业能源系统的基本平衡关系，集中了企业能源物流和信息流；

反映企业使用的各类能源在各个节点上的流入量与流出量的平衡关系；

反映了企业能源系统各环节、各用能工序（单元）的能源量平衡关系；

标明各用能量占投入企业总能源量的比例，可以看出这份能量平衡图在企业用能系统的重要性；

系统地表明企业能源体系各环节、各用能工序（单元）的能源消耗的结构及数量；

根据各环节的能源投入产出平衡关系，可以计算出各环节的能源利用率，直至推算出企业能源利用率和企业能量利用率；

通过能源网络图各环节、各用能单元的能源利用分析，可以摸清企业节能潜力，明确节能技改方向与方法；

能源网络图本身就是能源系统的一种描述模型，它可以发展成为各种能源数学模型以及建立能源数据库，为利用计算机技术建立企业能源管理信息系统打下了基础。现在已经研发出许多款能源管理软件，可实时监控能源消耗的状况，其工作效率是人工的数十倍或近百倍以上。

3.3.3 企业能源网络图绘制方法*

遵照国家标准《企业能源网络图绘制方法》（GB/T 16616—1996）。

企业能源网络图把企业的用能系统划分为购入贮存、加工转换、输送分配与最终使用四道环节，按网络的形式由左向右绘制，每道环节又可分为一个或几个用能单元，其中购入仓储、加工转换与最终使用各环节内的用能单元，分别以圆形、菱形、方形和矩形表示；在能源系统中回收的可利用能源单元可用菱形表示，以示区分。

能源网络图中能源流向规定从左向右。

（1）购入仓储环节的各种能源，在圆形图上半部标注能源名称，下半部标注供入能源实物量的数字和单位。圆形图左侧的箭头方向，指向圆形图表示购入或期初库存，离开圆形图表示外供或期末库存，箭头上方数字表示购入、外供或出入库存数量和单位。从圆形图右侧绘出的箭头上方数字表示供入能源的等价值和当量值的标准煤量，箭头下方括号内数字表示占供入企业总能量的百分比。等价值和当量值之间用双线隔开，左侧数字为供入企业能源的等价值，右侧数字为当量值。购入贮存环节下部列出供入企业能源的总量。

（2）加工转换环节中，在方形图上部标注转换单元名称，下部表示其加工转换效率。左侧的箭头表示供入的能源，右侧表示供出的能源。箭头上方的数字表示供入或供出能源的标准煤当量值，下方括号内数字表示占供入企业总能量的百分比。

（3）每个用能单元左侧箭头上方标注投入能源的数量，下方括号内数字表示占供入企业能源总量的百分比。从右侧绘出的箭头上方数字表示该单元的有效能量，数字右侧括号内数字表示该有效能量占供入企业总能量的百分比。从用能单元右侧流出向下的箭头表示损失能量数字，括号内数字表示该损失能量占供入企业总能量的百分比。用矩形图表示的用能单元，其中标注用能单元名称，括号内数字是该用能单元的能量利用率。

（4）表示在生产过程中回收可利用能源的菱形框图，上部标注回收能源名称，下部标注回收能源实物量的数字及单位。菱形框图右侧绘出的箭头上方的方括号内标注回收能源的标准煤当量数值。

（5）在各用能环节右方向下的箭头表示各环节的损失能量，并标注出该环节的能源损失总量，括号内数字表示占供入企业总能量的百分比。

（6）网络图右侧绘出箭头表示总有效能量，并标注表示有效能源总量的数值，括号内标注总有效能量占供入企业总能量的百分比。

（7）绘制网络图的数据。绘制企业能源网络图的基本数据，来自企业能量平衡表。企业能源网络图中各类能源（如煤、燃料油、焦炭、煤气、电力、蒸汽等）由实物量折算为等价值和当量值，应按国家标准 GB 2589—2008《综合能耗计算通则》进行计算。根据企业能量平衡结果，列出绘制企业能源网络图数据表，本标准推荐采用附录 A 的表格格式。各类能源的流入量与流出量应当平衡；各过程相互衔接的节点处，流入能量总和应等于流出能量的总和；各用能单元的流入能量与流出能量应当平衡。图中方括号内标注的数据，不参与总量的平衡计算。

（8）文字说明。标明统计期和计量单位，填写必要的文字说明。

能源网络图举例见图 3-4。

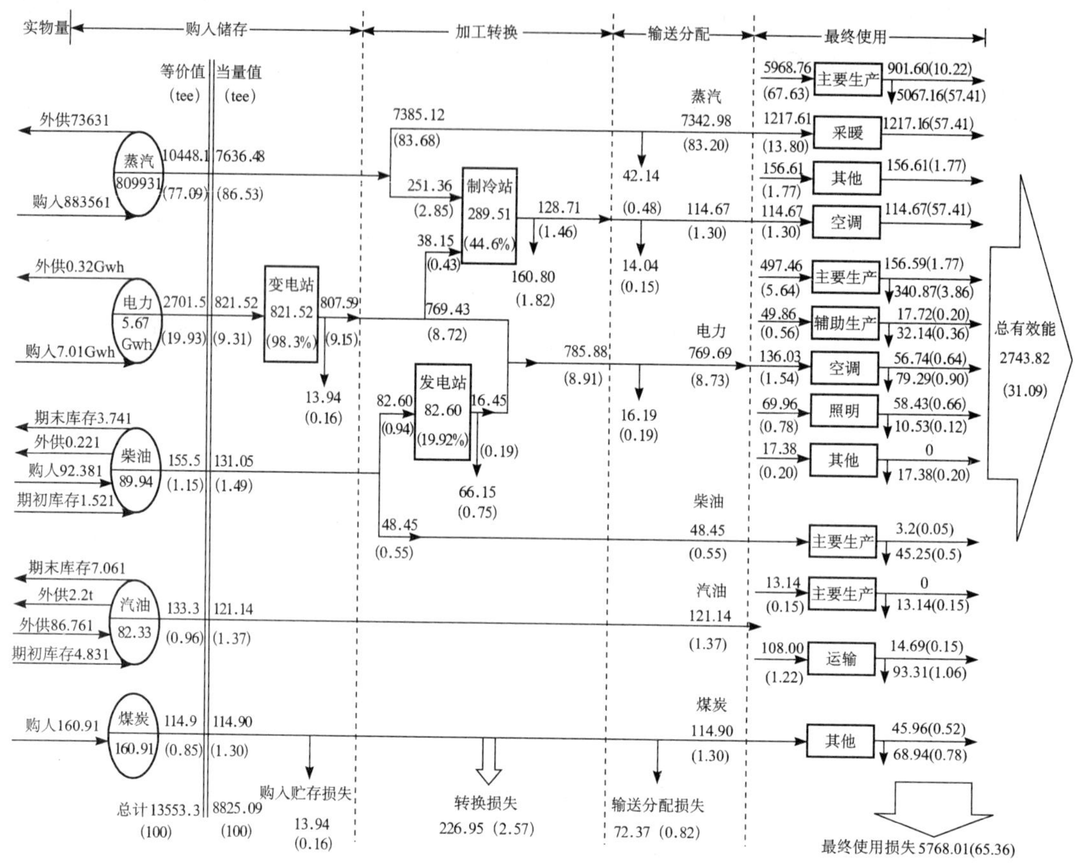

图 3-4 某厂能源网络图（19××年）

3.4 企业能流图*

3.4.1 企业能流图及其用途

企业能源图是表示企业内部能量流向与平衡的图形，它直观、简洁、形象地概括企业能源系统的全貌；同时能平衡也是判断企业耗能设备和工艺过程能量利用率高低的手段和科学依据，能平衡应用非常广泛，并具有很高的精准度。

国家技术监督局 1986 年 5 月 27 日发布了国家标准 GB 6421—1986《企业能流图绘制方法》。

3.4.2 企业能流图绘制原则

（1）企业能流图由图形、数据和必要的文字构成。

（2）企业能流图的基本数据来源于企业能量平衡表。

（3）按照企业能量流程特点，分成能源的购入贮存、加工转换、输送分配和最终使用等环节；每道环节由一个或几个独立的能源使用单位（称为单元）组成，如用能设备、装置、动力站房、车间等。

（4）企业能流图中，包括常规一次能源、二次能源、耗能工质、化学反应热、物料物理热等能量。各类能源（煤炭、原油、电力等）均按当量热值计算，计算方法见 GB/T 2589—2008《综合能耗计算通则》。

（5）必须绘出回收利用的能量，回收利用能量是指已被利用能量的重复利用部分和已计入损失的能量而又回收利用的余热。

3.4.3 企业能流图绘制方法

（1）把企业用能过程从左至右划分为购入仓储、加工转换、输送分配和最终使用四道环节。每道环节包括一个或几个用能单元。每个用能单元用矩形框图表示。

（2）能流方向从左至右。每道环节或单元，左边表示能量流入，右边表示能量流出。损失能量是从右边流出并转向图形的下方流出。

（3）化学反应热量均在反应单元绘出，化学反应放热为本单元的流入能量，化学反应吸热为本单元的流出能量。

（4）能源消费总量是确定各种能源量百分比的标准，其宽度取为100%。各环节、各单元的能流图宽度尺寸，按该种能量所占比例绘制。

（5）能流图中各种能量形式必须标注清楚，可用不同的颜色或剖面符号加以区别。

（6）能流图中要标出流入的各类能源的当量值和百分比。

（7）要标出进入企业的各类能源的实物量及其综合能耗量。

（8）某一种类能源流入量小于能源总量2%者，可与其他能源合并一项绘出。

（9）根据需要可按能源种类、用能单元或某种产品绘制局部能流图。局部能流图是企业能流图中某一部分的详图，其绘制方法同上。

3.4.4 文字说明

（1）要标出进入企业的各类能源的实物量、总综合耗能量、各类能源的当量值与百分比。

（2）标明统计期和计量单位（焦、千焦、吨标准煤等）。

（3）标出企业能源利用率与企业能量利用率。

（4）说明各种图形剖面符号与彩色的意义。

（5）进入企业各项能源的实物量，可在能流图的左侧用列表方法标出。

3.4.5 实例

实例见图3－5、图3－6、图3－7。

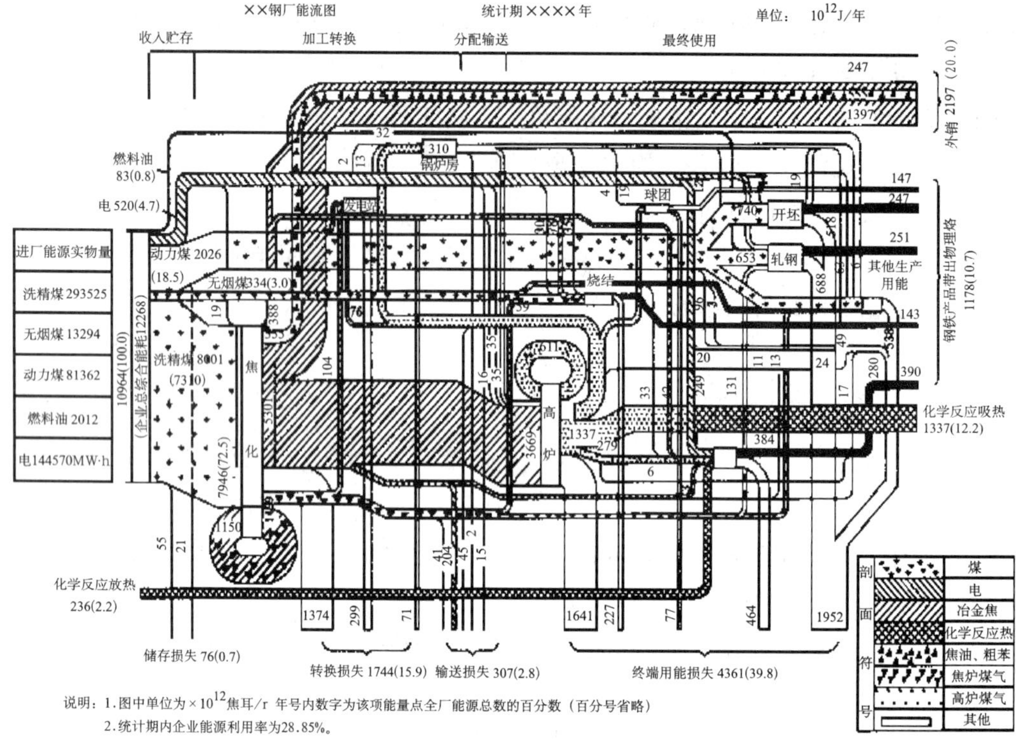

图 3－5　某钢厂能流图

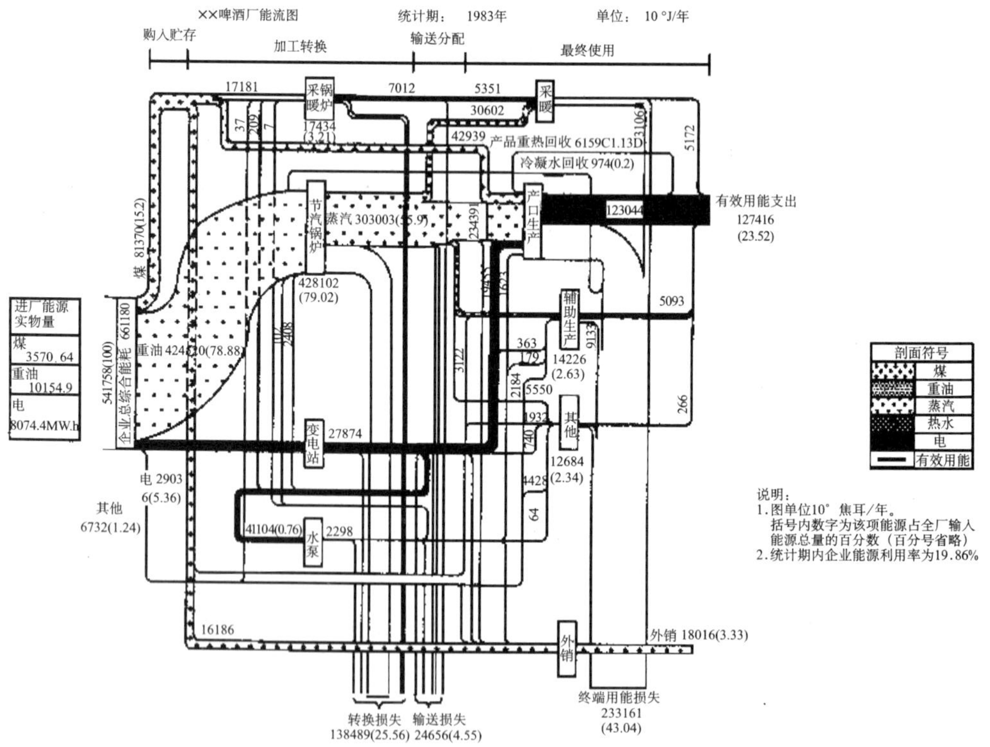

图 3－6　啤酒厂能流图

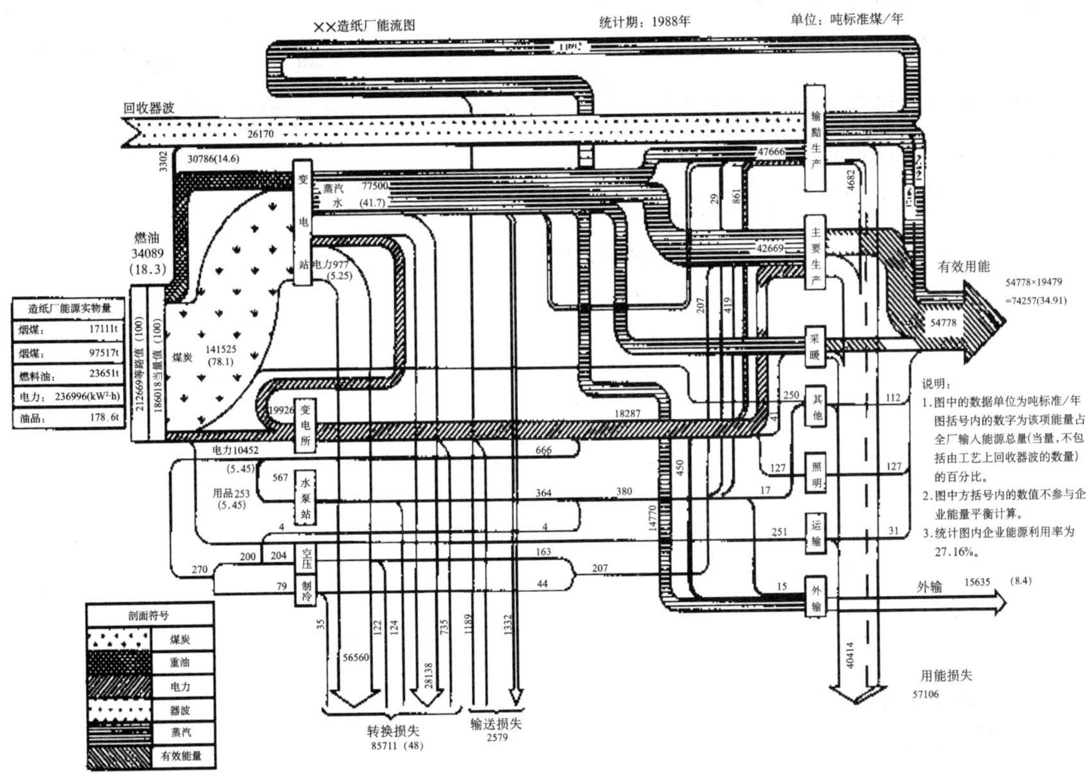

图 3－7 造纸企业能流图

自学指导

学习的重点：能量平衡的模式，能量平衡的计算方式方法，能量平衡的体系。企业不仅有单项电、热平衡，还有电、热和化学吸、放热的综合能量平衡。通过平衡计算能分析出能源利用率、能量利用率、能量损耗率、余热余压的回收利用率等。绘制出能量平衡表、能源网络图、能流图，以便分析评估企业能源管理状况，寻找节能潜力，对企业能源管理作出正确评价。

学习的难点：能源网络图、能流图和能量平衡图的绘制。特种设备及进口设备的能量平衡。

复习思考题

一、单项选择题（在备选答案中选择 1 个最佳答案，并把它的标号写在括号内）

1. 表示热的法定单位是（　　）。

A. kcal　　B. kw　　C. J　　D. R

2. 能量平衡中 1 千瓦时电的当量值是（　　）。

A. 0. 122 9　　B. 0. 312　　C. 3 600 千焦　　D. 4. 1 868 千焦

二、多项选择题（在备选答案中有 2 ~5 个是正确的，将其全部选出并把它们的标号写在括号内，错选或漏选均不给分）

1. 企业能量平衡系统能源流向包括哪些环节（　　）。

A. 购入存储　　B. 输送分配　　C. 最终使用

D. 加工转换　　E. 计量统计

2. 通过能量平衡来考核单位产品或产值能耗一般有哪些指标（　　）。

A. 单耗指标　　B. 综合能耗指标　　C. 可比能耗指标

D. 基准指标　　E. 先进指标

三、简答题

1. 能源利用的基本原则是什么？

2. 单位能耗与综合能耗的区别是什么？

四、论述题

1. 论述企业能量平衡的目的。

2. 论述企业能源网络图的作用。

五、计算题

某企业电加热炉年耗电量是 100 万千瓦时，其中输变电和线损占总用电的 4%，电加热炉的效率为 85%，试绘出电的能流图。

第4章　节能考核

学习目标

1. 应知道、识记的内容

- 节能量计算
- 审核的原则、方法及注意事项
- 审核及评估的主要依据
- 审核及评估的内容
- 节能考核内容

2. 应理解、领会的内容

- 节能监测的程序
- 主要用能设备的节能监测（七大类）
- 节能技术经济评价的概念、复利

3. 应掌握、应用的内容

- 节能量计算
- 审核的原则、方法及注意事项
- 审核及评估的主要依据
- 审核及评估的内容
- 节能考核内容

自学时数

8～12学时。

教师导学

本章主要阐述节能考核相关内容。节能量的计算是能源管理的基础，是必须熟练掌握的内容；还要了解审核的原则、方法、内容；并对节能量监测及其奖励办法和激励机制，主要用能设备和重点工序监测有所了解。

本章的重点是：节能量计算。

本章的难点是：节能量计算、审核及评估的内容。

4.1 节能量计算与审核

4.1.1 节能量计算与审核

1. 适用范围

能源审核机构及节能（中介）评估机构对节能项目（工程）进行节能量的审核和评估之用。

2. 审核及评估的主要依据

（1）《节能量的确定及检测方法》（发改环字〔2008〕704号文）；

（2）有关的法律法规，国家及行业标准和规范；

（3）节能项目的相关材料。

3. 审核的原则和方法

（1）应当遵循客观独立、公平公正、诚实守信、实事求是的原则开展工作；

（2）应当采用文档查阅、现场观察、计量测试、分析计算、随机访问和座谈会等方法；

（3）应当为受审核、评估方保守商业秘密，不得影响受审核、评估方的正常生产经营活动。

4. 审核及评估的内容

应该围绕项目（工程）的预计节能量和项目（工程）完成后的实际节能量进行审查、核实。其主要内容包括：项目的基准能耗状况，实施后的状况，能源的计量、管理体系，能耗泄漏等四方面。意即比较：实施前后，扩改建前后，同类比较，前期后期比较。

（1）项目（工程）基准能源消耗状况。

即在项目（工程）范围内所有用能环节的各能源消耗状况。主要包括如下内容：

1）项目（工程）的工艺流程图；

2）项目（工程）范围内的各项产品（工序、单元）的产量统计记录（制成品、半成品、在制品等依据行业规定折算方法确定）；

3）项目（工程）能源消耗平衡表和能流图；

4）重点的用能设备运行记录（动力车间、变配电站、加油料泵站及各种能源的记录台账等）；

5）耗能工质的消耗情况（水、压缩空气等）；

6）项目（工程）能源输入输出和消耗台账、统计报表及原始凭证（化验、检验的报告）。

（2）项目工程实施后（同类比较后）能耗的状况。

即项目实施后并且稳定运行后，在规定的时段内所有用能环节的各种能源消耗情况。包括以下内容：

1）项目（工程）的完成情况；

2）参照项目的基准能耗状况的审核评价内容。

（3）能源的管理和计量体系。

1）能源管理的组织机构，人员和制度；

2）项目能源计量设备的配备率、完好率和校验率；

3）能源的输入输出检测检验报告和主要用能设备的效率检测评价报告。

（4）能耗泄漏（无功，无效的损耗）。

1）在此所说的能耗泄漏是指节能措施对项目（工程）范围以外能耗产品的正面或负面影响，必要时还应当考虑技术以外的影响能耗的因素（扣减或增加，负扣正加）；

2）相关工序的基准能耗的状况；

3）项目实施以后相关工序、单元的能耗状况变化。

（5）进行审核、评估的主要程序。

1）审核、评估的准备；

2）文件审核、评估；

3）基准能耗状况现场审核、评价

4）现场的审核、评估准备：计划安排、时间、地点、人员分工，以工作背景 、阅历分工。

审核评价中的实质保证：

（1）多角度、多方面取证原则。对任何影响，尤其是直接影响节能量结论的证据、系数，予以多方式多角度的验证。如：风机轴功率计算：$P=\lambda\cdot Q\cdot H$（其特性系数：λ；流量：Q；压力定值：H）。

（2）交叉检查计量，收集的原则。即运用多种办法提高审核结论的可信度、精准度。

（3）外部评价原则。即在无法观测、判断的情况下，借助客观第三方验证出具相关权威性检测报告。

4.1.2 节能量监测与审核

节能监测是节能计算的基础。我国节能监测工作起源于20世纪80年代初，国务院1986年发布的《节约能源管理暂行条例》提出，要对企业的生产、生活用能进行监测和检查。节能监测是指依据国家有关节约能源的法规（或行业、地方规定）和标准，对用能单位的能源利用状况所进行的监督、检查、测试和评价工作。

1. 节能监测的性质与目的

节能监测的目的是保证节能法律、法规和节能技术标准的贯彻执行，以法律手段调节能源开发生产、输送分配、加工转换、最终使用以及回收利用和能源管理等各方面的关系，最终达到以最小能源消耗取得最大经济效益和社会效益之目的。也就是说，节能监测的最终目的在于促进社会与用能单位合理用能并节能工作。

2. 节能监测的程序

节能监测分定期监测和不定期监测。定期监测须在执行监测 10 天前通知被监测单位；不定期监测是对用能单位的能源利用情况随时进行监测。节能监测机构在监测工作结束后，应在 15 个工作日内作出监测结果评价结论，写出监测报告，交被监测单位，同时抄报同级节能行政主管部门，对监测结果进行通报。

3. 节能监测与节能检测的区别与相同点

很多情况下，人们提到的节能检测与节能监测的主要区别是：节能监测是行政执法活动，政府节能主管部门下达监测任务，政府补贴监测费用，监测完毕出具监测报告和通报；节能检测是第三方的公证行为，检测费用可依据相关标准或协商，检测完毕出具检测报告，检测方应对检测报告的数据保密。

节能监测和节能检测的相同点是：它们所采用的测试依据是一样的。

4. 节能监测通则

节能监测遵照《节能监测技术通则》（GB/T 15316—2009）标准执行。

（1）节能监测的范围。

1）对重点用能单位应定期进行综合节能监测。

2）对用能单位的重点用能设备应进行单项节能监测。

（2）节能监测的内容及要求。

1）用能设备的技术性能和运行状况。

通用用能设备应采用节能型产品或效率高、能耗低的产品，已被明令禁止生产、使用的能耗高、效率低的设备应限期淘汰更新。

用能设备的实际运行效率或主要运行参数应符合该设备经济运行的要求。

2）能源加工转换、输送输配与最终利用系统的配置与运行效率。

供热、发电、制气、炼焦等供能系统、设备管网和电网设置要合理，能源效率或能量损失量应符合相应技术标准的规定与规范。

能源转换、输配系统的运行应符合《评价企业合理用电技术导则》（CB/T 3485—1998）、《评价企业合理用热技术导则》（GB/T 3486—1993）的要求。符合《工业余热术语、分类、等级及余热资源量计算方法》（GB 1028—2000）的余热、余能资源应加以回收利用。

3）用能工艺和操作技术。

对工艺用能的先进性、合理性和实际状况（包括工艺能耗或工序能耗）进行评价，用能工艺技术装备应符合国家产业政策导向目录的要求，单位产品能耗指标符合能耗定（限）额标准的要求。

主要用能工艺技术装备应有能源性能测试记录，偏离设计指标的应进行原因分析，安排技术改进措施。

对主要用能设备的运行管理人员应进行操作技术培训、考核、持证上岗，并对是否称职作出评价。

4）用能单位能源管理技术状况。

用能单位应有完善的能源管理机构，对新修订的国家能源法律、法规以及更新的国家、行业、地方标准及时采集，并对有关人员进行宣讲、培训。

应建立完善的能源管理规章制度。

用能单位的能源计量器具的配置和管理应符合《用能单位能源计量器具配备和管理通则》（GB 17167—2006）的相关规定。

能源记录台账、统计报表必须真实、完整、规范。

应建立完善的能源技术档案。

5）能源利用的效果。

用能单位应按照《单位产品能源消耗限额编制通则》（GB/T 12723—2008）制定单位产品能源消耗限额并贯彻实施。

产品单位产量综合能耗及实物单耗，应符合强制性能源消耗限额国家标准、行业标准或地方标准的规定。

6）供能质量与用能品种。

供能应符合国家政策规定，并与提供给用户的报告单相一致。

用能单位使用的能源品种应符合国家政策规定和分类合理使用的原则。

（3）节能监测的技术条件。

1）监测应在生产正常、设备运行工况稳定的条件下进行，测试工作要与生产过程相适应。

2）监测应按照与监测相关的国家标准进行。尚未制定出国家标准的监测项目，可按行业标准或地方标准进行监测。

3）监测过程所用的时间，应根据监测项目的技术要求确定。

4）定期监测周期为1～3年，不定期监测时间间隔根据被监测对象的用能特点确定。

5）监测用的仪表、量具，其准确度应保证所测结果具有可靠性，测试误差应在被监测项目的相关标准所规定的允许范围以内。

（4）节能监测的检查和测试项目。

1）节能监测的检查项目。

节能监测测试前应进行节能监测检查项目的检查，符合要求后方可进行节能监测测试。

对节能监测测试复杂、测试周期较长、标准或规范规定测试时间间隔长的项目，可以不列为节能监测的直接测试控制指标，而列为节能监测的检查项目。

保证被监测设备或系统能正常生产运行的项目（包括符合安全要求的项目）应列为节能监测的检查项目。

国家节能法律、法规、政策有明确要求的项目应列为节能监测的检查项目。

2）节能监测的测试项目。

节能监测的测试项目应具有代表性，能反映被监测对象的实际运行状况和能源利用状况，同时又便于现场直接测试。

（5）节能监测的方式。

1）由监测机构进行现场监测。

2）由用能单位在监测机构的监督、指导下进行自检，经监测机构检验符合监测要求的，监测机构予以确认，并在此基础上进行评价和作出结论。

（6）节能监测项目评价指标的确定。

1）监测评价指标应按相关的国家标准确定。

2）监测项目评价指标没有国家标准的，应按行业或地方规定确定。

（7）监测机构的技术要求。

1）节能监测机构的实验室的工作环境应能满足节能监测的要求。

2）节能监测用的仪器、仪表、量具和设备应与所从事的监测项目相适应。

3）监测人员应具备节能监测所必要的专业知识和实践经验，需经技术、业务培训并考核合格。

4）监测机构应具有确保监测数据公正、可靠的管理制度。

（8）节能监测评价结论与报告的编写。

1）作出结论，写出报告。监测工作完成后，监测机构应在 15 个工作日内作出监测结果评价结论，写出监测报告交同级节能行政主管部门和被监测单位。

2）节能监测结果评价包括节能监测合格与不合格的结论、相应的评价文字说明。

节能监测检查项目合格指标和节能监测测试项目合格指标是节能监测合格的最低标准。

节能监测检查项目和测试项目均合格方可为节能监测结果合格。节能监测检查项目和测试项目中一项或多项不合格，则视节能监测结果为不合格。

对监测不合格者，节能监测单位应作出能源浪费程度的评价报告，并提出改进建议。

各类用能设备、工序的节能监测结果评价，均采用上述评价内容。

3）监测报告分为单项节能监测报告和综合节能监测报告两类。

单项节能监测报告应包括：监测依据（进行监测的文件编号）、被监测单位名称、被监测系统（设备）名称、被监测项目及内容（包括测试数据、分析判断依据等）、评价结论和处理意见。

综合节能监测报告应包括：监测依据（进行监测的文件编号）、被监测单位名称、综合节能监测项目及内容（包括测试数据、分析判断依据等）、评价结论和处理意见。

4）节能监测结果的分析与评价应考虑供能质量变化的影响。

5）综合节能监测报告格式由行业和地方节能主管部门根据能源科学管理实际需要统一拟定、印制。

6）单项节能监测报告的格式由单项节能监测标准规定。

4.1.3 主要用能设备的节能监测

1. 燃煤工业锅炉节能监测

适用范围：适用于额定热功率大于0.7MW（1 t/h）、小于或等于24.5MW（35t/h）的工业蒸汽锅炉和额定供热量大于2.5GJ/h的工业热水锅炉。

监测项目：分监测检查内容和监测测试项目。

（1）监测检查内容。

1）是否为列入国家淘汰目录的锅炉。锅炉如果属于增容范围，应有主管机构批准手续，其技术经济指标应符合《工业锅炉经济运行》（GB/T 17954—2007）一级锅炉要求。

2）锅炉主要操作人员应持有培训合格证与上岗资格证明。

3）锅炉的给水、锅水的水质应有定期分析记录并符合《工业锅炉水质》（GB 1576—2008）的要求。

4）应有3年内热效率测试报告，锅炉在新安装、大修、技术改造后应进行热效率测试，热效率测试应由具备资质的专业机构按《工业锅炉热工性能试验规程》（GB/T 10180—2003）进行。

5）锅炉运行负荷除短时间的负荷外，一般不应低于额定蒸发量或额度热功率的70%。

（2）监测测试项目。

1）排烟温度。

2）排烟处过量空气系数（以下简称空气系数）。

3）炉渣含碳量。

4）炉体外表面温度。

（3）监测测试方法。

按《燃煤工业锅炉节能监测》（GB/T 15317—2009）。

（4）考核合格指标。

执行《燃煤工业锅炉节能监测》（GB/T 15317—2009）。

2. 火焰加热炉节能监测

适用范围：适用于炉底有效面积大于或等于0.5平方米的火焰加热炉。

监测项目：分监测检查内容和监测测试项目。

（1）监测检查内容。

1）炉体外形及附属设备完好，传动装置灵活、可靠。

2）应具有经济燃烧的调节装置，如氧量表、送风调节装置、排烟温度表等。

3）应采用新型耐火保温材料，并符合《设备及管道绝热技术通则》（CB/T 4272—2008）的要求。

4）考察可比单位燃耗，用能单位所提供的可比单位燃耗应以具备资质专业机构的测试报告为依据。

（2）监测测试项目。

1）排烟温度。

2）排烟处过量空气系数（以下简称空气系数）。

3）炉体外表面温度。

4）炉渣可燃物含量（指燃煤火焰加热炉）。

5）可比单位燃耗。

（3）监测测试方法。

按《火焰加热炉节能监测方法》（GB/T 15319—1994）。

（4）考核合格指标。

执行《火焰加热炉节能监测方法》（GB/T 15319—1994）。

3. 工业电热设备节能监测

适用范围：适用于额定功率大于或等于 8 千瓦、额定温度小于或等于 600℃的工业用各类低温电加热设备（以下简称电热设备），包括电烘烤炉（箱）、电干燥炉（窑、室、箱）、电远红外干燥路（箱）、电热烘道等；不适用于工业热处理电炉和机械成型加工系统中电热器具及真空电热设备的节能监测。

监测项目：分监测检查内容和监测测试项目。

（1）监测检查内容。

1）应采用新型隔热保温材料、先进电热元件及其他节能措施。

2）50kW 以上的电热设备应配置电压、电流、有功电量、无功电量（不包括电阻炉及电熔槽）等仪表。

3）设备外形、炉门、内衬及附属设备完好。

4）是否使用国家明令淘汰的电热设备。

5）是否采用国家限制的落后生产工艺。

6）是否有健全的运行记录和装炉量记录。

（2）监测测试项目。

1）空炉升温时间。

2）表面温度。

3）热效率。

（3）监测测试方法。

按《工业电热设备节能监测方法》（GB/T 15911—1995）。

（4）监测测试合格指标。

执行《工业电热设备节能监测方法》（GB/T 15911—1995）。

4. 供配电系统节能监测

适用范围：适用于企业、事业等用电单位供配电系统。

监测项目：分监测检查内容和监测测试项目。

（1）监测检查内容。

1）变、配电所内是否配备电压、电流、功率、功率因数、有功电量、无功电量等计量仪表，是否定时做好运行记录。

2）用电单位内部变、配电所的无功补偿设备应装置在负荷侧，并根据负荷和电压变动情况调整无功补偿设备的运行容量。

3）有两台以上变压器的变、配电所检查经济运行方案。

4）变压器及供配电系统在用电器、仪表是否是国家明令淘汰的产品。

（2）监测测试项目。

1）日负荷率。

2）变压器负载系数。

3）线损率。

4）系统功率因数。

5）整流装置效率。

（3）监测测试方法。

按《企业供配电系统节能监测方法》（GB/T 16664—1996）。

（4）考核合格指标。

1）日负荷率应符合以下要求：

对于连续生产的企业，KF≥90%；

对于三班制生产的企业，KF≥80%；

对于二班制生产的企业，KF≥55%；

对于一班制生产的企业，KF≥30%。

2）变压器负载系数应符合以下要求：

对于变压器单台运行时，pz2≤B≤1；

对于有两台及以上变压器并列运行时，应按经济运行方式运行。

3）线损率应符合以下要求：

对于一级变压，α≤3.5%；

对于二级变压，α≤5.5%；

对于三级变压，α≤7.0%；

用电体系中单条线路的损耗电量应小于该线路首端输送的有功电量的5%。

4）系统功率因数应符合 $\cos\varphi \geq 0.90$。

5）整流装置效率应符合以下指标：

大于或等于1MW的整流装置，$\eta \geq 95\%$；

小于1MW的整流装置，$\eta \geq 90\%$。

5. 风机机组与管网系统节能监测

适用范围：适用于电动机容量为11千瓦及其以上的离心式、轴流式通风机及鼓风机机组；不适用于输送物料的风机机组及系统。

监测项目：分监测检查内容和监测测试项目。

（1）监测检查项目。

1）风机机组运行状态正常，系统配置合理，检查项目如下：查看风机本体、驱动电动机、连接器等是否完好、清洁，是否是国家明令的淘汰产品；支持部分润滑脂是否正常，各部位轴承温度是否符合温升标准；平皮带与三角带松紧度是否符合要求，平皮带压轮压力是否符合要求，三角带是否配齐，是否全部工作正常。

2）管网布置和走向合理，应符合流体力学基本原理，减少阻力损失。

3）系统连接部位无明显泄漏，送、排风系统设计漏损率不超过10%，除尘系统不超过15%。对管网系统应作如下检查：通过听声、手感、涂肥皂水等办法，判断漏风位置和漏风程度；自身循环的空气调节系统，要检查是否在设计条件下运行。

4）功率为50千瓦及以上的电动机应配备电流表、电压表和电度表，并在安全允许条件下，采取就地无功补偿等节电措施；控制装置完好无损。

5）流量变化幅度较大的风机应采取调速运行。

（2）监测测试项目。

1）电动机负载率。

2）风机机组电能利用率。

（3）监测测试方法。

按《风机机组与管网系统节能监测》（GB/T 15913—2009）。

（4）考核合格指标。

执行《风机机组与管网系统节能监测》（GB/T 15913—2009）。

6. 泵类及液体输送系统节能监测

适用范围：适用于5千瓦及以上电动机拖动的离心泵及其液体输送系统。

泵监测项目：分监测检查内容和监测测试项目。

（1）监测检查内容。

1）泵及电动机不得使用国家明令的淘汰产品。

2）泵与电动机应匹配合理，运行正常，无泄漏。

3）功率为50千瓦及以上的电动机应配备电流表、电压表和电度表。功率为50千瓦及以上的电动机在其安全允许条件下，应采取就地无功补偿等节电措施。控制装置完好无损。

4）流量变化幅度较大的水泵应采取调速运行。

（2）监测测试项目。

1）电动机负载率。

2）泵类及效率。

3）泵类及液体输送系统效率。

（3）监测测试方法。

按《泵类及液体输送系统节能监测方法》（GB/T 16666—1996）。

（4）考核合格指标。

执行《泵类及液体输送系统节能监测方法》（GB/T 16666—1996）。

7. 空气压缩机组及供气系统节能监测

适用范围：适用于额定排气压力不超过1.25兆帕（表压），公称容积流量不小于6立方米的空气压缩机组及供气系统。

监测项目：分监测检查项目和监测测试项目。

（1）监测检查项目。

1）空气压缩机组不得使用国家明令规定的淘汰产品。

2）检测仪表配备齐全。供气系统布置合理，不得有明显破损和泄漏。压缩机吸气口应安装在背阳、无热源的场所。

3）空气压缩机组应有设备运行记录、检修记录；大修以后必须按《用电设备电能平衡通则》（GB/T 8222—2008）进行测试，并有测试报告。

4）供气系统和用气设备必须运行正常和使用合理。

（2）监测测试项目。

1）压缩机排气温度。

2）压缩机冷却水进水温度。

3）压缩机冷却水进出水温差。

4）空气压缩机组用电单耗。

（3）监测测试方法。

依据《空气压缩机组及供气系统节能监测方法》（GB/T 16665—1996）。

（4）考核合格指标。

执行《空气压缩机组及供气系统节能监测方法》（GB/T 16665—1996）。

4.1.4 重点工序能耗监测

重点工序能耗监测方法，依据《节能监测技术通则》（GB/T 15316—2009）、《用能单位能源计量器具配备和管理通则》（GB 17167—2006）、《综合能耗计算通则》（CB/T

2589—2008）、《用能设备能量测试导则》（GB/T 6422—2009）、《企业节能量计算方法》（GB/T 13234—2009）和国家监测项目分监测检查内容和监测测试项目。

1. 监测检查内容

（1）重点工序应符合国家和地方有关规定。

（2）重点工序仪表配备齐全、完好，并在检定周期内。

（3）运行操作人员应经过安全、节能培训。

（4）应根据生产需求合理调整运行参数，数据记录应准确、完整。

2. 监测测试项目

（1）重点工序能耗。

（2）合格产品产量。

（3）合格产品单耗。

3. 监测测试方法

（1）监测测试要求。

1）重点工序的测试应在正常生产、稳定运行工况下进行。

2）测试所用的仪器仪表应能满足《用能单位能源计量器具配备和管理通则》（GB 17167—2006）和测试项目的要求，仪器、仪表应完好，经检定合格，并在有效检定周期内。

压力表准确度等级不应低于 1.6 级。

温度表分度值不应大于 1℃。

流量仪表准确度等级不应低于 1.5 级。

电度表准确度等级不应低于 1.0 级。

燃料消耗计量仪表准确度等级不应低于 2.0 级。

合格产品产量计量仪表准确度等级不应低于 2.0 级。

3）重点工序的现场测试期为 4 小时，每 20 分钟取一次参数，燃料收到基低位发热量现场取样进行分析；生产统计法的测试期为一个统计周期，燃料收到基低位发热用企业分析数值，企业无分析能力的，一个统计周期取样分析不少于 6 次。

（2）重点工序能耗测试。

测试期供给重点工序能源总量（标准煤）与重点工序能源输出量（标准煤）的差值作为重点工序能耗。

（3）合格产品产量测试。

与重点工序能耗在同一测试期内，计量出合格产品的产量。

（4）合格产品单耗计算。

合格产品单耗按下列公式计算：

$$E_D = \frac{E}{M}$$

式中：

E_D ——合格产品单耗；

E——重点工序能耗，单位为吨标准煤；

M——合格产品产量，单位为产品单位。

以上参数所使用的单位，根据实际需要选定。

4. 监测测试合格指标

对重点工序能耗监测结果的考核，应将合格产品单耗作为考核的重点，合格产品单耗必须符合国家、省制定的单位产品能耗限额标准；若产品无单位产品能耗限额标准的，企业可通过多次测试，取合格产品单耗的中间值作为企业单位产品能耗限额；合格产品单耗高于限额的，为监测测试不合格。

企业也可用此方法计算企业的单位产品能耗，自行考核经济运行状况。

5. 浪费能源量计算方法

若测试合格产品单耗高于能耗限额，则存在浪费能源现象，浪费能源量可按照下式计算：

$$浪费能源量 = \sum(产品能耗限额 - 测试期合格产品单耗) \times 合格产品产量$$

4.2 节能技术经济评价*

4.2.1 基本概念

1. 资本与货币

在进行技术经济评价时，为了进行定量计算与比较，把整个生产过程和消费过程中直接或间接有关的社会财产（如厂房、设备、工具、原材料、燃料、动力以及成品）都看作是资本。

这是相当抽象的概念，所代表的品种、属性不同，很难进行比较，更不便于分析与计算。为此，我们把它们统一地化为货币，作为统一的计算单位，进行计算与比较。

2. 资金的时间价值

资金是发展经济的基础，也是取得经济效益的前提。现有企业进行节能技术改造，必须投入资金。在我国资金作为一种短缺的资源，对我国经济的影响更为显著，所以我们要十分珍惜现有资金，用好资金。

在进行技术经济评价过程中，不仅要重视投资数额的大小，而且要把投资的使用与发挥效益的时间联系起来，进行综合考核与分析，即要考虑资金的时间价值。

生产者和资金的使用者投入一笔资金，无论是购置厂房、设备等固定资产，还是用于增加燃料、原料、动力等流动资产，都是生产过程中必不可少的要素，在生产过程中一定会创造出剩余价值，从资金的运动过程来看，也表现出资金经过生产过程而产生了增值。

资金的时间价值包括许多因素，主要有投资利润率、通货膨胀率和风险因素。只有能够保证抵偿这些损失，投资者才会乐于把资金投入生产，发展国民经济。在技术经济评价中必须注意这一特性。

3. 利息和利率

资金的时间价值表现在资金的增值上，增值的大小用利息或利率来表示。原始投入的资金（或借款）称为本金（P），本金经过一段时间，所积累的金额称为本利和（F），它包括原来的本金及其增值，其增值部分就是利息。见表 4－1。

表 4－1　　本利和与负利率数值表

利率（i） 计息周期数（n）	0.01	0.02	0.06	0.10	0.20	1.00
0	1.00	1.00	1.00	1.00	1.00	1
1	1.01	1.02	1.06	1.10	1.20	2
2	1.02	1.04	1.12	1.21	1.44	4
3	1.03	1.06	1.19	1.33	1.73	8
4	1.04	1.08	1.26	1.46	2.07	16
5	1.05	1.10	1.34	1.61	2.49	32
6	1.06	1.13	1.42	1.77	2.99	64
7	1.07	1.15	1.50	1.95	3.58	128
8	1.08	1.17	1.59	2.14	4.30	256
9	1.09	1.19	1.69	2.36	5.16	512
10	1.10	1.22	1.79	2.59	6.19	1 024

$$利息=本利和-本金=F-P$$

利率（i）是单位时间内利息与本金的百分比值，计算时间通常以年为单位，称为年利率，特殊情况下还可以取短些（如季、月）。

计息时间的单位数称为计息周期数（n），

$$利率(i)=(单位时间利息/本金)\times 100\%$$

例如，本金为 100 元，1 年后回收 110 元，则利息＝110－100＝10（元）

$$年利率=(110-100)/100=10\%$$

4. 单利与复利

单利计算时，只计算本金的利息，而不计算以前计算周期中利息所积累的利息，其计算公式为：

$$利息=本金\times计息周期数\times利率=P\cdot ni$$

$$本利和=本金+利息=P+P\cdot ni=P(1+ni)$$

复利计息时，在某一计算周期中的利息，是由本金（P）加上先前计算周期的利息的总和进行计息，即“利上加利”。它反映出资金的时间价值。其计算公式为

$$本利和=本金\times(1+利率)^{计息周期}=P(1+i)^{n}$$

5. 现金流量图

为了便于今后数学计算，我们引用现金流量图，表示一个项目从开始到寿命终结期间

的资金流动情况。见图4－1

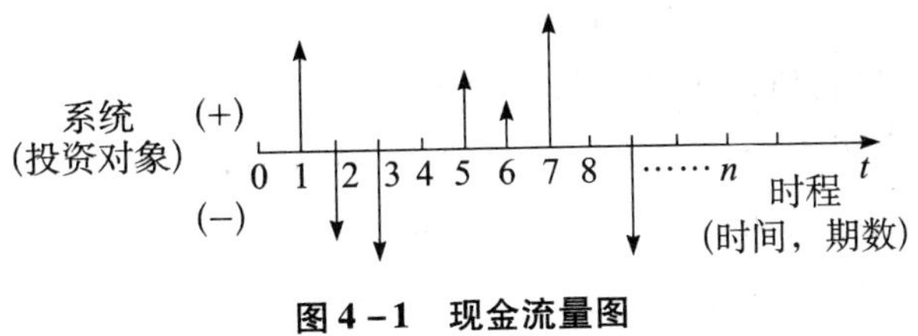

图4－1 现金流量图

6. 累计现金流量图

我们把投入系统的资金称为现金流入，把一切收益看作产出，称为累计现金流量图(见图4－2)。从图4－2中可以直观地进行项目技术经济评价。图中F点为收支平衡点；AF为投资回收期，QD为最大累计投资额；PH为项目的总收入，PH－QD为净收益。

显然，投资收益倍率k＝（PH－QD）/QD＝（PH/QD）－1；PH，PH－QD和k愈大愈好；AF，QD愈小愈好。

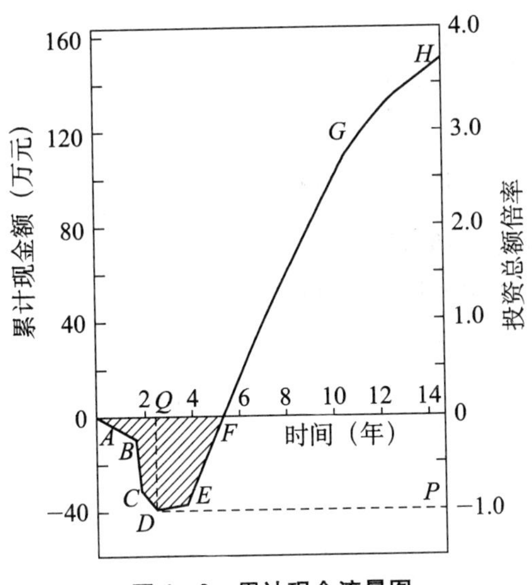

图4－2 累计现金流量图

4.2.2 复利计算关系式

1. 一次支付的复利公式

第一年年初投入现金 P，年末获利 iP；

第一年末本利和 $F_1 = P + iP = P(1+i)$；

第二年末本利和 $F_2 = P(1+i) + iP(1+i) = P(1+i)^2$；

……

第n年末本利和 $F_n = P(1+i)^n$

则

$$F = P(1+i)^n \tag{4-1}$$

其中：$F_p = (1+i)^n$称为复利系数。

$$P=F/(1+i)^n \tag{4-2}$$

其中：$P_F=1/(1+i)^n$称为折现系数。

2. 等额多次支付的复利公式（见图4－3）

在 n 年中，每年底投入资金 R（有时称为等额年金），则 n 年后，本利和 F 应是各期投入资金的本金与复利的总和。

$$F=R(1+i)^{n-1}+R(1+i)^{n-2}+\cdots+R(1+i)+R$$

$$(1+i)F=R(1+i)^n+R(1+i)^{n-1}+(1+i)^{n-2}+\cdots+R(1+i)$$

$$F=R[(1+i)^n-1]/i \tag{4-3}$$

令 $F_R=[(1+i)^n-1]/i$，称为等额复利系数。

$$R=F\times i/[(1+i)^n-1] \tag{4-4}$$

令 $R_F=i/[(1+i)^n-1]$，称为等额存储系数。

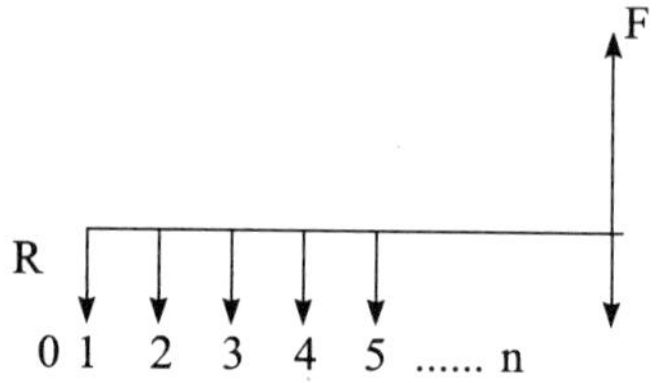

图4－3　等额多次投资现金流量图

3. 资本回收系数与等额现值因子

若初始投入资金 P，欲在 n 年内，每年年底等额回收资金 R，在年利率为 i 的条件下，还清投资 P 的本利和，求 R 的数值是多少？

$$R=P(1+i)^n\times i/[(1+i)^n-1] \tag{4-5}$$

令 $R_P=[(1+i)^n\times i]/[(1+i)^n-1]$，称为资本回收系数。

同理

$$P=R[(1+i)^n-1]/[i(1+i)^n] \tag{4-6}$$

令 $P_R=[(1+i)^n-1]/[i(1+i)^n]$，称为等额现值因子。

4. 各种系数间的数学关系

（1）倒数关系（见图4－4）。

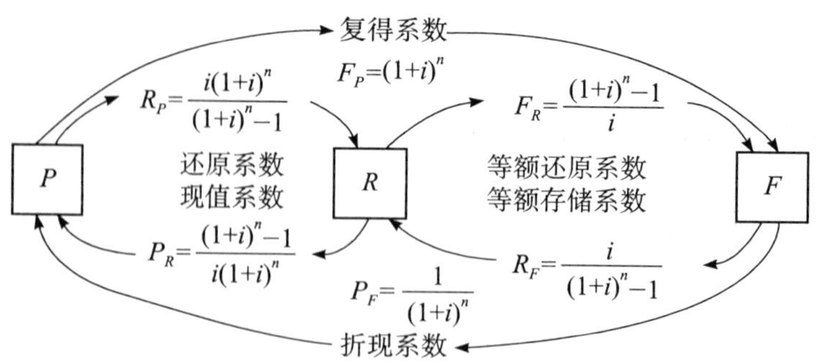

图4－4　复利系数倒数关系图

$$F_P P_F = 1,\ R_P P_R = 1,\ F_R R_F = 1$$

$$F_P R_F P_R = 1,\ P_F R_P F_R = 1$$

（2）资本回收系数与等额存储系数相差一个 i，即 $R_P = R_F + i$ 。

[证明]

$$R_P = i\ (1+i)^n / [\ (1+i)^n - 1]$$
$$= i + i / [\ (1+i)^n - 1]$$

则 $R_P = R_F + i$ 得证。

5. 期首年金的本利和计算（见图4－5）

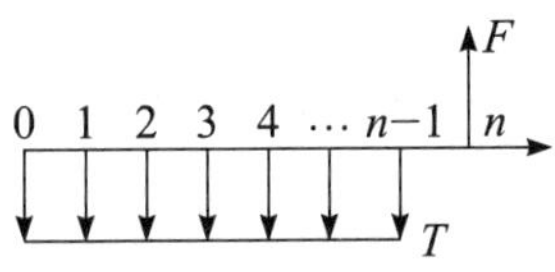

图4－5 期首年金流量图

上面讨论的普通年金 R 是在每年年末投入（或回收）的，如果我们现在改为年初投入（或回收）的年金为 T（称为期首年金），按利率 i 作 n 次复利计算，其本利和 F 应该是：

$$F = T\ (1+i)^n + T\ (1+i)^{n-1} + \cdots + T\ (1+i)$$

等号两边乘以（$1+i$）：

$$(1+i)\ F = T\ (1+i)^{n+1} + T\ (1+i)^n + \cdots + T\ (1+i)^2$$

减去上式，则：

$$iF = T\ (1+i)^{n+1} - T\ (1+i)$$

所以 $F = T\ (1+i)\ [\ (1+i)^n - 1]\ / i$，

或 $T = F \times i / (1+i)\ [\ (1+i)^n - 1]$

第三年后未回收的资金：

$$[P\ (1+i)^2 - R\ (1+i)\ - R]\ (1+i)\ - R$$
$$= P\ (1+i)^3 - R\ (1+i)^2 - R\ (1+i)\ - R$$

第 n 年后未回收的资金应为残值 L：

$$L = P\ (1+i)^n - [R\ (1+i)^{n-1} + R\ (1+i)^{n-2} + \cdots + R]$$

所以 $L = P\ (1+i)^n - R\ [\ (1+i)^n - 1]\ / i$

或 $$R = (P - L)\ i\ (1+i)^n / [\ (1+i)^n - 1]\ + Li$$

当 $L = 0$ 时，

$$R = P\ (1+i)^n i / [\ (1+i)^n - 1]$$

6. 资本回收与残值（见图4－6）

设有一个节能技术改造项目，初始投入 P，工作 n 年后还存有剩余价值 L（称为残值），令年利率为 i，试问每年等额资本回收额 R 是多少？

第一年后未回收的资金：

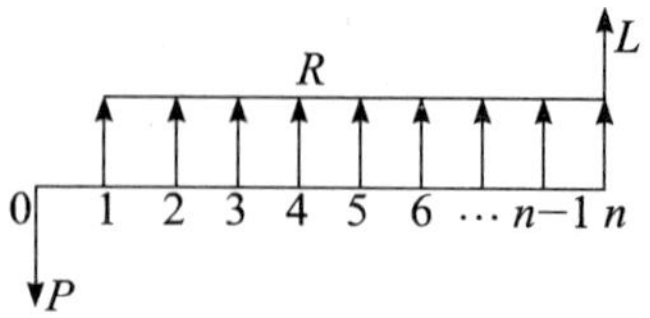

图 4－6 资本回收与残值

$$P(1+i)-R$$

第二年后未回收的资金：

$$[P(1+i)-R](1+i)-R=P(1+i)^2-R(1+i)-R$$

第三年后未回收的资金：

$$[P(1+i)^2-R(1+i)-R](1+i)-R$$
$$=P(1+i)^3-R(1+i)^2-R(1+i)-R$$

第 n 年后未回收的资金应为残值 L：

$$L=P(1+i)^n-[R(1+i)^{n-1}+R(1+i)^{n-2}+\cdots+R]$$

所以 $L=P(1+i)^n-R[(1+i)^n-1]/i$

或 $$R=(P-L)i(1+i)^n/[(1+i)^n-1]+Li$$

当 $L=0$ 时，

$$R=P(1+i)^n i/[(1+i)^n-1]$$

7. 等值

等值在经济分析中是非常重要的概念，它基于时值与利率两个概念，表示在不同的时刻的不同金额货币，是可以具有相等的经济价值的。这样我们就可以利用上述各种复利公式，把不同时间的货币折算到某一个时刻进行比较。例如，年利率为 6% 的 100 元钱与 1 年后的 106 元钱等值，同时今年的 100 元钱又和 1 年前的 94.34 元钱等值，这是因为它们的利率相等（$i=6\%$），于是可以看出等值的必要条件是利率相同。它指明了在不同时间，偿还不同数目的款项其总和的数值（绝对值）虽然不同，但是满足复利计算的各类关系式，其价值就是相等时，我们称为等值。

【例】 如果以年利率 $i=6\%$，按复利公式计算下列七种情况：

(1) 1990 年 1 月 1 日投资 1 000 元，到 2000 年 1 月 1 日的本利和是多少？

解：$P=1\ 000$ 元，$n=10$；求 F

$$F=PF_P=1\ 000\times1.791=1\ 791\text{（元）}$$

(2) 如果希望在 2000 年 1 月 1 日得到 1 791 元，在 1994 年 1 月 1 日应投资多少？

解：$F=1\ 791$ 元，$n=6$；求 P

$$P=FP_F=1\ 792\times0.705\ 0=1\ 262\text{（元）}$$

(3) 1994 年 1 月 1 日的 1 262 元折现到 1987 年 1 月 1 日，应该是多少？

解：$F=1\ 262$ 元，$n=7$；求 P

$$P=FP_F=1\ 262\times0.665\ 1=840\text{（元）}$$

（4）1987 年 1 月 1 日的 840 元，若在以后的 10 年内的每年年底均匀收回，试问每次可提取多少？

解：$P=840$ 元，$n=10$；求 R

$$R=PR_P=840\times 0.13587=114.27\text{（元）}$$

（5）如果自 1987 年年底开始每年年底存入 114.27 元，10 年后可积累资金多少？

解：$R=114.27$ 元，$n=10$；求 F

$$F=PF_R=114.27\times 13.181=1506\text{（元）}$$

（6）在 1990 年开始连续 7 年，问每年年底应存多少钱，在 1997 年 1 月 1 日可得到 1 506 元？

解：$F=1506$ 元，$n=7$；求 R

$$R=FR_F=1506\times 0.11914=179.42\text{（元）}$$

（7）如果想在 7 年中，每年年底得到一笔 179.42 元，问在 1990 年 1 月 1 日要存入多少钱？

解：$R=179.42$ 元，$n=7$；求 P

$$P=RP_R=179.42\times 5.582=1000\text{（元）}$$

上述七种情况互为等值，各种情况都和××××年 1 月 1 日的 1 000 元等值，这是利用复利公式和各种系数互相折算的实例，为了便于比较，我们可进行各种等值的换算，其现金流量图见图 4－7。

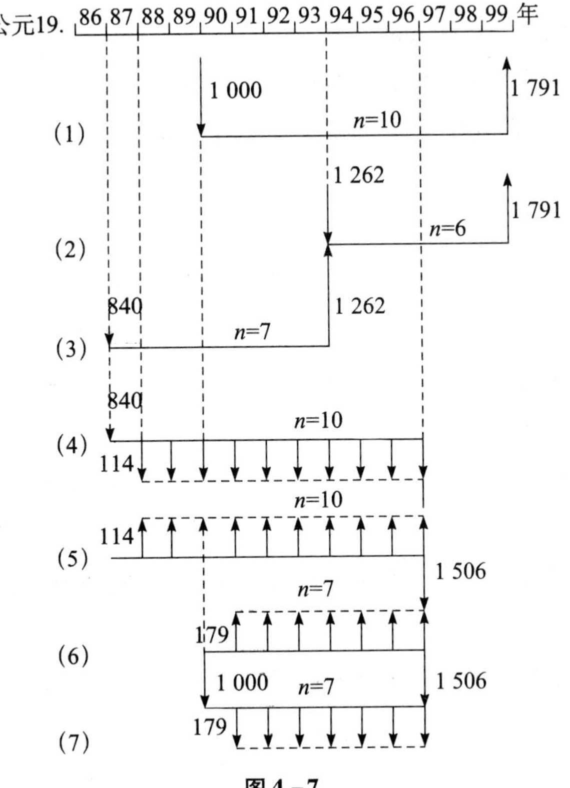

图 4－7

4.3 奖励办法与激励机制

4.3.1 节能奖励资金*

回顾“十一五”期间，国家发展改革委和财政部安排了大量的财政资金专项支持企业进行节能技术改造，这一政策上加以倾斜、财政上大力扶持的具体做法，取得了十分显著的成效，为那些积极开展节能技术改造、践行中央有关节能减排约束性目标，但又囿于资金不足而无法全面展开技改工程的企业提供了坚强有力的支持。并且取得不菲的成果，为全面完成“十一五”节能减排任务作出了很大的贡献。

国家财政奖励资金支持范围亦包括采用合同能源管理方式实施的工业、建筑、交通等领域以及公共机构节能改造项目。项目内容主要为锅炉（窑炉）改造、余热余压利用、电机系统节能、能量系统优化、绿色照明改造、建筑节能改造等节能改造项目，且采用的技术、工艺、产品先进实用。

后来，这一有效、有益且成效显著的良好办法，迅速扩展到各省份及以下各级政府的发展改革部门和财政部门，有些地方的规定还略有扩大。在“十二五”期间，这一政策将会继续充分发挥重大榜样作用和实际效果。

为使申请节能奖励资金的具体方式方法为更多节能中介公司和企业所熟知掌握，以下列举节能技术改造财政奖励资金管理办法及企业获奖的申请报告，以供大家学习参考之用。

注意事项：

（1）要求报国家级奖励申请报告所依据的可行性研究报告需由甲级资质的咨询单位编纂。其他级别申报未作规定。

（2）报告中的节能量计算必须实事求是，有具体的过程。有公式、有出处、有过程，再给出结果（节能量）方可。

（3）不得虚报、瞒报节能数量。如有违规者，将须接受相应的惩罚和处置。

（4）应首先在省、直辖市、自治区范围内进行审核评价，然后将最成熟、最可靠及节能量较多的项目上报国家发展改革委和财政部。其他报告可备选作为地方政府的奖励预选项目。

申请报告中必须填写的重要表格见表4－2、表4－3。

表 4－2 **企业基本情况表**

单位：万元

企业名称				法定代表人	
企业地址				联系电话	
企业登记注册类型		职工人数（人）		其中：技术人员（人）	
隶属关系		银行信用等级		有无国家认定的技术中心	
企业总资产		固定资产原值		固定资产净值		资产负债率	
企业贷款余额		其中：中长期贷款余额			短期贷款余额	
主要产品生产能力，国内市场占有率，2006年水、能源及相关资源消费量					

年度（近3年） 企业经营情况	20 年	20 年	20 年	备 注
销售收入				
利润				
税金				

表 4－3 **项目基本情况**

单位：万元、万美元

企业名称		所属行业		所属工程类别			
项目名称		建设年限		项目负责人及联系电话			
项目建设必要性（项目资源消耗的现状、存在的主要问题）							
项目建设内容							
建成后达到目标							
项目总投资		固定资产投资		银行贷款		自筹及其他	
新增销售收入		新增利润		新增税金		新增出口创汇	
项目前期工作情况							

注：建成后达到目标必须注明项目实施后可能达到的具体目标，如节能××吨标准煤，节油××吨，节电××万千瓦。

4.3.2 节能考核与奖惩制度*

1. 概述

《节约能源法》第六条规定："国家实行节能目标责任制和节能考核评价制度，将节能目标完成情况作为对地方人民政府及其负责人考核评价的内容。省、自治区、直辖市人民政府每年向国务院报告节能目标责任的履行情况。”

节能考核与奖惩制度是指政府和用能单位对照签订的节能目标责任书，通过评估核查节能目标完成情况和节能措施落实情况，计算目标责任量化得分，综合评定考核等次，并根据考核结果实施奖惩的制度。

“十一五”期间，我国单位工业增加值能耗累计下降 26%，年均下降 5.8%，实现节能量 7.5 亿吨标准煤，以年均 6.98% 的能耗增长支撑了年均 11.57% 的工业增长，成效显著。2011 年 3 月 14 日，十一届全国人大四次会议表决通过的《国民经济和社会发展第十二个五年规划纲要》中明确提出，“十二五”期间，非化石能源占一次能源消费比重达到 11.4%，单位国内生产总值能源消耗降低 16%，单位国内生产总值二氧化碳排放降低 17%。节能目标是政府立足于长远的约束性指标。节能考核与奖惩制度是《节约能源法》规定的一项基本节能管理制度，是强化政府和用能单位责任，确保实现节能目标的重要制度保障。

2. 节能目标责任考核评价的对象及内容

（1）节能目标考核评价对象。

1）国家节能目标考核评价对象：

各省（直辖市、自治区）人民政府。

国家千家重点用能单位。

2）省政府节能目标考核评价对象：

各设区市人民政府。

属地内国家千家重点用能单位。

省重点用能单位。

3）各设区市政府节能目标考核评价对象：

各县（市、区）人民政府。

各设区市属地内的省重点用能单位。

（2）节能目标责任考核评价内容。

1）国家节能目标责任考核评价内容。

①对省级人民政府节能目标责任考核评价内容。

节能目标完成情况：各地区单位生产总值源消耗降低率以及节能目标完成进度。

落实节能措施情况：主要包括节能工作组织和领导情况，节能目标分解和落实情况，调整和优化产业结构情况，节能投入和重点工程实施情况，节能技术开发和推广情况，重点用能单位和行业节能工作管理情况，法律、法规执行情况，节能基础工作落实情况等内容。

②对千家重点用能单位节能目标责任考核评价内容。

各节能目标责任书制定的年度节能量目标完成情况。

节能措施落实情况：主要包括节能工作组织和领导情况，节能目标分解和落实情况，节能技术进步和节能技术改造实施情况，节能法律、法规执行情况，节能管理工作执行情况等内容。

2）省政府节能目标责任考核评价内容。

对设区市人民政府节能目标责任考核评价内容：参照国家对省级人民政府节能目标责任的考核评价内容，有的省根据实际情况增加了其他考核指标和内容，如万元国内生产总值电耗等考核指标。

对重点用能单位节能目标责任考核评价内容：按照对国家千家重点用能单位的考核评价内容评价考核。

3）设区市政府节能目标责任考核评价内容。

对各县（市、区）人民政府节能目标责任考核评价内容：参照省政府的考核评价内容，有的市根据实际情况增加了其他考核指标和内容，如新建工程达到建筑节能标准的工程量占当年竣工工程总量的比例等。

对省重点用能节能目标责任考核评价内容：按照对国家千家重点用能单位的考核评价内容评价考核。

3. 考核方法

（1）采用量化办法。

相应设置节能目标完成指标和节能措施落实指标，满分为100分。

1）节能目标完成指标的考核方法。

节能目标完成指标为定量考核指标，以年度节能目标计算目标完成率进行评分，满分为40分。其中，万元国内生产总值能耗指标和用能单位节能量指标超额完成的适当加分。

①目标完成率的计算。以年度节能目标为基准，分别依据国家统计局核定的地区能耗指标、省统计局核定的各设区市能耗和省节能主管部门认可的国家千家企业节能量指标、市统计局核定的各县（市、区）能耗等指标和市节能主管部门认可的省千家企业节能量指标，计算目标完成率，考核时合理扣除不可比因素。

②用能单位节能量的计算。用能单位节能量的计算按照《企业节能量计算办法》（GB/T 13234—2009）进行。

2）节能措施落实指标的考核方法。

节能措施落实指标为定性考核指标，是对各地区、市、县（市、区）、重点用能单位落实节能措施情况进行评分，满分为60分。

（2）考核等级。

考核结果分为四个等级，即超额完成、完成、基本完成和未完成。

计分95分以上为超额完成等级。

计分80分以上95分以下为完成等级。

计分60分以上80分以下为基本完成等级。

计分 60 分以下为未完成等级。未完成万元国内生产总值能耗目标的省、市、县（市、区）和未完成节能量目标的用能单位，均为未完成等级。

4. 考核程序

实施节能考核与奖惩制度是一项复杂的系统工程，涉及面广，政策性和技术性强，任务十分繁重，工作程序大致要经过以下 5 个阶段。

（1）报送自查报告。

每年年初，各级人民政府、政府相关部门和重点用能单位应编写上年度节能目标责任执行情况自查报告，及时报送相关管理部门。

1）各级人民政府将上年度本地区节能工作进展情况和节能目标完成情况自查报告报上一级政府。

2）政府相关部门向本级政府报告上年度节能目标责任执行情况。

3）重点用能单位每年年初对上年度节能目标完成情况和节能工作进展情况进行自查，写出自查报告，自查报告经所在市政府审核后报省政府。

（2）监督核查。

1）组成核查工作组或评估组。

发展改革委、经济信息委会同监察、人事、国资委、质检局、统计局等部门组成评价考核工作组，对各级政府节能目标责任完成情况进行实地核查。

省级、市级人民政府组织以社会各界专家为主的评估组，对重点用能单位节能目标完成情况进行评估核查。省级政府组织对国家千家重点用能单位进行评估，市级政府组织对省千户重点用能单位进行评估核查。

2）实地核查。

实地核查采取听取汇报、召开座谈会、查阅资料、核查文件、个别访谈、重点抽查等形式进行。对重点用能单位的考核，除采取上述形式外，还要采取查阅台账、实地考察等方式，广泛听取各方面的评价意见。

（3）形成综合评价考核报告。

各级评价考核工作组通过现场核查和重点抽查等方式，对被考核对象节能工作及节能目标完成情况进行评价考核和监督核查后，形成综合评价考核报告，报本级政府。

评估组对重点用能单位节能目标完成情况进行评估核查后，形成综合评价报告。

对国家千家重点用能单位的综合评价报告，报省政府和国家发展改革委；对省千户重点用能单位的综合评价报告，报市政府及省政府节能办。

（4）公告。

对各地区和重点用能单位节能工作进展情况和节能目标完成情况的评价考核结果经审定后，向社会公告。

（5）奖惩。

按照国家和各地区制定的考核体系实施方案，根据评价考核结果进行奖惩。

5. 用能单位节能自查报告的编写

节能目标责任制考核要求被考核单位编写自查报告，阐述节能目标完成情况和节能工作进展情况。这里重点介绍用能单位节能自查报告的编写内容和格式。

用能单位节能自查报告包括书面自查报告、自查计分表及年节能量补充说明，并附上相关证明材料。

（1）节能自查报告内容。

用能单位节能自查报告正文必须涵盖以下内容，未能涵盖的，应视为报告不完整。

1）用能单位概况。

包括用能单位基本情况、用能单位用能管理概况、用能单位的年度节能目标等。

2）年度节能目标完成情况。

包括年度节能量完成情况、节能量计算说明、本项自评得分等。

3）节能工作组织和领导情况。

包括用能单位节能领导小组组成情况、用能单位节能领导小组研究部署节能工作情况、本项自评得分等。

4）节能目标分解和落实情况。

包括用能单位节能目标分解落实基本情况、用能单位开展节能目标考评情况、用能单位开展节能奖惩情况、本项自评得分等。

5）节能技术进步和技术改造实施情况。

包括用能单位主要产品单耗变动及排名情况，用能单位开展节能技术研发情况，用能单位开展节能技术改造情况，淘汰落后耗能工艺、设备和产品情况，本项自评得分等。

6）节能法律、法规执行情况。

包括用能单位贯彻执行节能法律、法规规章及政策情况，用能单位执行高耗能产品能耗限额标准情况，用能单位实施主要用能设备能耗定额管理制度，新、改、扩建项目执行节能设计规范和用能标准情况，本项自评得分等。

7）节能管理工作执行情况。

包括用能单位实行能源审计节能监测情况、用能单位开展能源统计情况、用能单位能源计量器具配备情况、节能宣传培训情况、本项自评得分等。

8）用能单位自查情况小结。

包括自评总分及自评等级等。

9）整改措施。

对自查和计分过程中查找出的问题和不足，特别是未完成节能量目标的用能单位，应提出切实可行的整改和保障措施。

10）3 年规划期用能单位在建或拟建的技能技术改造项目情况。

包括每个项目名称、项目内容、实施时间、预计投资总额、资金来源、预计节能量等。

（2）自查计分表。（略）

6. 节能目标责任考核的奖惩

（1）对各级政府节能目标责任考核的奖惩。

1）节能目标责任评价考核结果经审定后交由干部主管部门作为对各级人民政府领导班子和领导干部综合考核评价的重要依据，实行问责制和“一票否决”制。

2）对考核等级为完成和超额完成的各级人民政府，由上级政府予以表彰奖励。

3）对考核等级为未完成的各级人民政府，领导干部不得参加年度评奖、授予荣誉称号等，暂停对该地区新建高耗能项目的核准和审批。

4）考核等级为未完成的各级人民政府，应在评价考核结果公告后 1 个月内向上级政府作出书面报告，提出限期整改工作措施。整改不到位的，由监察部门依据有关规定追究该地区有关责任人员的责任。

（2）对重点用能单位节能目标责任考核的奖惩。

1）对评价考核结果为超额完成和完成等级的用能单位，政府予以通报表扬和表彰奖励。

2）对评价考核结果为未完成等级的用能单位，予以通报批评，一律不得参加年度评奖、授予荣誉称号，不给予国家免检等扶优措施，对其新建高耗能投资项目和新增工业用地暂停核准和审批。

3）考核结果为未完成等级的用能单位，应在评价考核结果公告后 1 个月内提出整改措施，报签订目标责任书的人民政府，限期整改。

4）对千家企业中的国有独资、国有控股企业的考核评价结果，由各级国有资产监管机构作为对企业负责人业绩考核的重要依据，实行“一票否决”。

（3）对弄虚作假行为的处罚。

对在节能考核工作中瞒报、谎报情况的地区，予以通报批评；对直接责任人员，依法追究责任。

自学指导

学习重点

本章学习的重点是节能量的计算、审核及评估的内容。节能量计算是能源管理的基础。要熟练计算节能量，就要对主要用能设备和重点工序的能耗计算十分了解。而审核及评估的内容涉及实施前后、扩改建前后、同类比较、前期后期比较等多方面内容。

学习难点

节能量的计算、审核及评估的内容。

复习思考题

一、单项选择题（在备选答案中选择1个最佳答案，并把它的标号写在括号内）

1. 我国在计算节能量时使用的单位是（　　）。

A. tce　　B. toe　　C. kwh　　D. J

2. 以下（　　）不是项目能源计量设备的评价指标。

A. 配备率　　B. 检修率　　C. 完好率　　D. 校验率

二、多项选择题（在备选答案中有2~5个是正确的，将其全部选出并把它们的标号写在括号内，错选或漏选不给分）

1. 节能量审核应遵循（　　）的原则。

A. 客观独立　　B. 实事求是　　C. 普遍适用

D. 诚实守信　　E. 公平公正

2. 对节能量进行审查包括（　　）内容。

A. 项目的基准能耗状况、实施后的状况　　B. 能源的计量

C. 能耗泄漏　　D. 基准指标　　E. 管理体系

三、简答题

1. 节能监测的目的是什么？

2. 节能目标责任考核评价的对象有哪些？

四、论述题

1. 试论述资金的时间价值。

2. 试论述节能监测与节能检测的区别和相同点。

第 5 章　能源管理主要方法

学习目标

1. 应知道、识记的内容

- 固定资产投资项目节能评估和审查暂行办法、企业能源审计报告

2. 应理解、领会的内容

- 节能技术管理
- 节约能源对环境保护的意义

3. 应掌握、会利用的内容

- 能编纂节能评估报告，填写节能登记表和备案表
- 能编纂既有企业的能源审计报告

自学时数

14～18 学时。

教师导学

节能评估和能源审计是能源管理的主要方法与手段，这些办法不仅在发达国家被普遍使用，在我国也已被实践证明是行之有效的能源管理的主要方式。节能评估针对拟新创建的固定资产投资项目及技术改造、扩产项目，从源头上杜绝浪费，提高能效。能源审计则是针对既有企业（工程、项目）开展的能源管理活动，确定能耗指标，淘汰高能耗、落后产能、落后工艺技术和设备，提高能源管理水平。

本章的重点是：节能评估报告的内容及深度要求；能源审计报告的内容。

本章的难点是：节能评估报告中节能措施的分析评价、节能量的计算及经济合理性评价；能源审计中主要耗能设备效率的分析计算，用能单位成本分析，节能潜力和建议，对能源管理水平的评价。

5.1 投资项目节能评估*

5.1.1 概述

《固定资产投资项目节能评估和审查暂行办法》（以下简称《节能评估办法》）对固定资产投资项目节能评估工作（以下简称“节能评估工作”）的评估原则、评估程序、评估文件的编制内容和深度要求、费用收取，以及对评估与审查过程的监督惩罚等进行了规范，为节能评估工作提供了详尽的规范与参考，确保了节能评估工作的质量和健康有序发展。

（1）节能评估工作。指根据节能法规、标准，对固定资产投资项目拟建成投产后的能源利用的品种、数量及效率是否科学合理进行分析评估，从源头上制止能源的浪费，提高能效，并根据建成投产后能耗量的大小分级编制节能评估报告书、节能评估报告表，或填写节能登记表的行为。它具有一个核心、五个特点。即：节约能源，提高能效，从源头上杜绝能源浪费；具有统一性、前置性、先决性、分级管理和示范性。全国各省、自治区、直辖市实施统一的节能评估模式、内容和深度要求，有利于节能评估工作的质量提高和健康有序发展。

（2）综合能源消费量。一般情况下，企事业单位、用能单位范围内所消费的各种能源的总量，称作综合能源消费量或能源消耗量。

（3）综合能源消耗量。指用能单位在统计报告期内实际消耗的各种能源耗能工质的实物量，按规定的计算方法和法定单位分别折算后之和。产品能源消耗量统计符合能源消费的统计原则，与能源生产消费的统计范围相同。产品能源消耗与产品生产要相对应一致，即所消耗的能源应该是该产品生产实际消耗的能源。在石油化工、煤化工等行业，作为原料用途的能源不计入用能单位综合能源消费量。

（4）单位产品综合能耗。即产品单位产量综合能耗，是指统计报告期内，用能单位生产某种产品或提供某种服务的综合能耗与同期该合格产品产量（工作量、服务量）的比值。

（5）单位产值综合能耗。指统计报告期内，综合能耗与期内总产值或工业增加值的比值。工业或交通项目可采用工业增加值。

（6）单位产品可比能耗。即产品单位产量可比综合能耗，是指为在同行业中实现相同最终产品能耗可比，对影响产品能耗的各种因素加以修正所计算出来的产品单位产量综合能耗。

（7）工序能耗。指统计报告期内，某一生产环节（工序）的综合能耗或单位产品综合能耗。

（8）能量平衡。指以固定资产投资项目为对象，分析输入的全部能源与输出的全部能量在数量上的平衡关系，包括对项目能源在购入存储、加工转换、输送分配、终端使用各环节的使用、损耗、回收利用或外供各能源流向的数量关系，定量分析项目用能情况。

5.1.2 评估原则*

开展节能评估工作应遵循以下原则：

（1）真实性。节能评估机构应当从项目实际出发，对项目相关资料、文件和数据的真实性作出分析和判断，本着认真负责的态度对项目用能情况进行研究、计算和分析评估，确保评估结果客观、真实。

（2）可行性。节能评估机构应当严格按照评估目的、评估程序，根据项目特点，依据适宜的法规、政策、标准、规范，采取先进、合理可行的评估方法，配置适宜的评估专家，以保证项目节能评估能够顺利完成。

（3）完整性。节能评估应对主要耗能工序和设备进行完整的评估，不得遗漏。报告内容和结论应完整地体现项目的能源消费特点和能源效率水平。

（4）独立性。节能评估机构应独立开展评估工作，保证评估结论公平公正，并对评估结论负责任。

5.1.3 评估程序

项目建设单位应根据拟建项目在建成达产后年能源消费量，按照《节能评估办法》规定的节能评估分类管理要求进行评估。具体分类见表 5－1。项目实物能源消费量或综合能源消费量中任何一项达到数量要求，即应编制相应的评估文件．

表 5－1　　节能评估文件分类表

文件类型	年能源消费（E）			
	实物能源消费量			综合能源消费量（tce）
	电力（10^4kWh）	石油（t）	天然气（10^4m^3）	
固定资产投资项目节能评估报告书	E≥500	E≥1 000	E≥100	E≥3 000
固定资产投资项目节能评估报告表	200≤E＜500	500≤E＜1 000	50≤E＜100	1 000≤E＜3 000
固定资产投资项目节能登记表	E＜200	E＜500	E＜50	E＜1 000

注：电力折算标准煤系数按当量值计算，参照其等价值。

节能评估工作主要包括以下程序。

1. 前期准备

收集项目的基本情况及用能方面的相关资料，主要包括以下几项：

（1）建设单位基本情况。如建设单位名称、性质、地址、邮编、法定代表人、项目联系人及联系方式，企业运营总体情况等。

（2）项目基本情况。如项目名称，建设地点（包括位于或接近的主要交通线），项目性质，投资规模及建设内容，项目工艺方案，总平面布置，主要经济技术指标，项目进度计划，改、扩建项目原项目的基本情况，改、扩建项目的评估范围等。

（3）项目用能情况。如项目主要供、用能系统与设备的选择，项目所采用的工艺技术、设备方案和工程方案等的能源消耗种类、数量及能源使用分布情况，改、扩建项目原项目用能情况及存在的问题等。

（4）项目所在地的气候区属及其主要特征。如年平均气温（最冷月和最热月）、制冷度日数、采暖度日数、极端气温与月平均气温、日照率等。

（5）项目所在地的社会经济概况。如经济发展现状、节能目标、能源供应和消费现状、重点耗能企业分布及其能源供应消费特点、交通运输概况等。

当现有资料无法完整准确反映项目概况时，可进行现场勘察、调查和参照同类别同量项目。在现状调查中，对与节能评估工作密切相关的内容（如能源供应、消费、加工转换和运输等），收集信息应全面详细，并尽可能提供定量数据和图表。如需采用类比分析法，应按上述要求全面获取类比工程相关信息。

2. 确定评估依据

收集相关资料，并根据项目实际情况确定项目节能评估依据，主要包括：

（1）国内外相关法律、法规、规划、行业准入条件、产业政策等；

（2）相关标准及规范；

（3）节能工艺、技术、装备、产品等推荐目录，国家明令淘汰的用能产品、设备、生产工艺等目录；

（4）项目环境影响评价、土地预审等相关资料、项目申请报告、可行性研究报告等立项资料。

3. 选择评估方法

通用的主要评估方法包括标准对照法、类比分析法、专家判断法等。在实际评估工作开展过程中，可根据项目特点选择适用的评估方法，可以采用一种评估方法，也可综合运用多种评估方法。

（1）标准对照法。指通过对照相关节能法律法规、政策、技术标准和规范，对项目的能源利用是否科学合理进行分析评估。评估要点包括：项目建设方案与节能规划、相关行业准入条件对比；项目平面布局、生产工艺、用能情况等建设方案与相关节能设计标准对比；主要用能设备与能效标准对比；项目单位产品能耗与相关能耗限额等标准对比，等等。

（2）类比分析法。指在缺乏相关标准规范的情况下，通过与处于同行业领先节能水平的既有工程进行对比，分析判断所评估项目的能源利用是否科学合理。类比分析法应判断所参考的类比工程能效水平是否达到国际先进或国内领先水平。评估要点可参照标准对照法。

（3）专家判断法。指在没有相关标准和类比工程的情况下，利用专家的经验、知识和技能，对项目能源利用是否科学合理进行分析判断的方法。采用专家判断法，应从生产工艺、用能情况、用能设备等方面，对项目的能源使用作出全面分析和计算，专家组成员的意见应作为结论附件。

4. 项目节能评估

项目节能评估包括能源供应情况评价，项目设计规范及产业结构技术方案节能评价，项目能源消费品种、数量合理性和能效水平评估，节能措施评估等工作。其目的是对项目的用能状况进行全面分析评价，作为评估结论的重要科学依据。

当项目可行性研究报告等技术文件中记载的资料、数据等能够满足节能评估的需要和精度要求时（即满足发改投〔2006〕2787 号文件中有关节能分析专篇的要求），应通过复核校对后加以引用。对于能源消费量、产品单耗、能源利用效率、节能效益等可定量表述的内容，应通过分析、测算（核定），再给出定量结果。测算（核算）过程应清晰，要符合现行统计方法制度及相关标准规定。

如属改、扩建工程，应分析原有主要生产工艺、用能工艺、主要耗能设备的用能情况及存在问题，以及项目实施后对原用能情况的改善作用。

5. 存在问题及建议

（1）发现项目在节能方面存在的问题；

（2）针对问题，提出相应的应对措施或建设方案调整建议；

（3）计算节能评估提出的措施建议所产生的节能量。

6. 形成评估结论

评估结论一般应包括下列内容：

（1）项目能源消费总量及结构；

（2）项目是否符合国家、地方及行业的节能相关法律法规、政策要求、标准规范；

（3）项目有无采用国家明令禁止和淘汰的落后工艺及设备；

（4）项目能源消费和能效指标水平；

（5）项目对所在地能源消费及节能目标完成情况的影响，项目是否符合所在地节能规划的要求；

（6）项目采取的节能措施及效果评价；

（7）主要问题及补充建议，并对采纳建议后可能产生的节能效果进行测算。

7. 编制评估文件

节能评估文件和节能登记表应全面真实地反映节能评估的全部工作，文字应简洁、准确，论点明确，便于阅读和审查。节能评估报告书应满足《节能评估办法》附件 1 中的具体要求：原始数据、主要计算过程等可编入正文或附录；所参考的主要文献按引用时间次序列出目录；应尽量采用图表和照片等多种方式进行表述。

5.1.4 评估报告书内容及深度要求*

1. 评估依据

相关法律，法规，规划，行业准入条件，产业政策规范，节能技术，产品推荐目录，国家明令淘汰的用能产品、设备、生产工艺等目录，以及相关工程资料和技术合同等。

2. 项目概况

（1）建设单位基本情况。包括：建设单位名称、性质、地址、邮编、法定代表人，项目联系人及联系方式，企业运营总体情况。

（2）项目基本情况。包括：项目名称、建设地点、项目性质、建设规模及内容、项目工艺方案、总平面布置、主要经济技术指标、项目进度计划等。如是改扩建项目，需对原基本情况进行说明。

（3）项目用能概况。包括：主要供用能系统与设备的初步选择，能源消耗种类、数量及能源使用分布情况。如是改扩建项目，需对原用能情况及存在问题进行说明。

3. 能源供应情况分析评估

（1）项目所在地能源供应条件及消费情况。

（2）项目能源消费对当地能源消费的影响。

（3）能耗的品种及总量。

4. 项目（工程）建设方案的节能评估

（1）项目选址、总平面布置对能源消费的影响。

（2）项目工艺流程、技术方案对能源消费的影响。

（3）主要用能工艺和工序及其能耗指标和能效水平。

（4）主要耗能设备及其能耗指标和能效水平。

（5）辅助生产和附属生产设施能耗指标和能效水平。

5. 项目能源消耗及能效水平评估

（1）项目能源消费种类、来源及消费量分析评估。

（2）能源加工转换、利用情况分（可采用能量平衡表）析评估。

（3）能效水平分析评估。包括单位产品（产值）综合能耗、主要工序（艺）单耗、单位面积分品种实物能耗和综合能耗、单位投资能耗等。

6. 节能措施评估

（1）节能措施。

节能措施包括技术措施和管理措施。

节能技术措施。指生产工艺、动力、建筑、给排水、暖通与空调、照明、控制、电气等方面的节能技术措施，包括节能新技术、新工艺、新设备应用、余热余压、可燃气体回收利用、建筑围护结构及保温隔热措施、资源综合利用、新能源可再生能源利用等。

节能管理措施。指节能管理制度和措施、能源管理机构及人员配备、能源统计监测及计量仪器仪表配置等。

（2）单项节能工程。

未纳入建设项目主导工艺流程和拟分期建设的节能项目工程，详细论述工艺流程、设备选型、单项工程节能量计算、单位节能量投资、投资估算及投资回收期等。

（3）节能措施效果评估。

节能措施节能量测算，单位产品（建筑面积）能耗，主要工序（艺）能耗，单位投资能耗指标国际国内对比分析。设计指标是否达到同行业国内先进水平或国际先进水平。

（4）节能措施经济性评估。

节能技术和管理措施的成本及经济效益测算和评估。具体讲就是将投入的不同形式折算为货币计量，投入少，产出多，收回期需多长。节能量要显著，收益要多于投资额。

7. 存在问题及建议

8. 结论

从政策层面、技术装备水平、能耗指标、用能效率、对“十二五”期间所在地完成节能减排目标的影响论述。

9. 附图及附表

包括厂区平面图、车间平面布置图、主要耗能设备一览表、主要能源和耗能工质品种及年需求量表、能量平衡表等。

5.2 企业能源审计*

5.2.1 概述

1. 能源审计的概念

能源审计是指能源审计机构依据国家有关的节能法规和标准，对用能单位能源利用的物理过程和财务过程进行的检验、稽核和分析评价的过程。对用能单位能源利用效率、消耗水平进行监测、检验、诊断和评价，最大限度地挖掘节能潜力，提高能源利用效率。

2. 能源审计的作用

（1）能源审计是政府加强能源管理的重要手段。

政府作为社会公共利益的代表，应当充分履行节能行政管理的职责，组织开展能源审计，有利于政府了解用能单位贯彻国家能源方针、政策、法令、标准的情况与实施的效果。

（2）能源审计是用能单位提高能源利用率的重要途径。

开展能源审计，可以使用能单位及时分析和掌握本单位能源管理水平及能源消耗指标等用能状况，以排查问题，查找用能单位能源利用中的薄弱环节，提出节能技术改造的建议，挖掘节能潜力，寻找节能方向。

3. 能源审计的形式和类型

（1）形式。

根据委托形式，能源审计可分为受节能行政主管部门委托、受用能单位委托和用能单位自身审计三种形式。

（2）类型。

根据对能源审计的不同要求，可将能源审计分为以下三种类型。

1）初步能源审计。指通过对现场和现有历史统计资料的了解，对能源使用情况和生产工艺过程作一般性的调查，所花费的时间较短。其主要工作包括两方面：一是对用能单位能源管理状况的审计，二是对用能单位能源统计、计量数据的审核分析。

2）全面能源审计。指对用能单位用能系统进行的深入、全面的分析与评价。需要全面地采集用能单位的用能数据，必要时还需对主要用能设备进行测试，以补充一些缺少计量的重要数据，进行用能单位的能源实物量平衡，对重点用能设备或系统进行节能分析，寻找可行合理的节能项目，提出节能技术改造方案，并对方案进行经济、技术、环境评价。

3）专项能源审计。指根据政府和用能单位的要求，针对用能单位能源管理、技术和结构的某方面或环节（如热电联产企业指标的审核、资源综合利用项目的能源审计、节能投资审计等）进行能源审计。在初步能源审计的基础上，发现用能单位的某些方面或某系统存在着明显的能源浪费现象，可以进一步对该方面或系统进行封闭性的测试计算和审计分析，查找出具体的浪费原因，提出具体的节能技术改造项目和措施，并对其进行定量的经济技术评价分析。

能源审计类型示意图见图5－1。

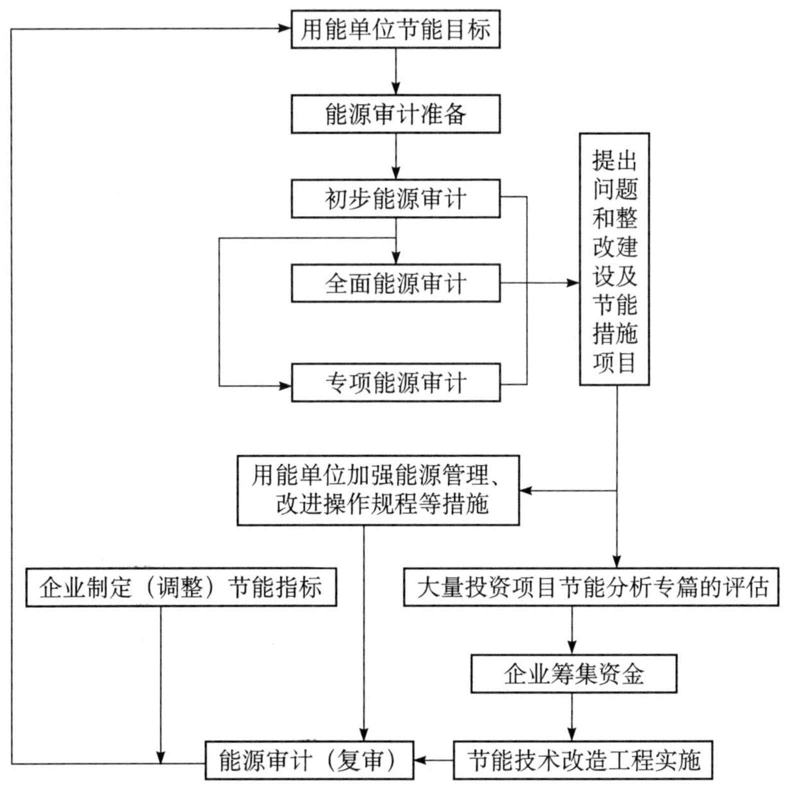

图5－1 能源审计类型示意图

5.2.2 能源审计的方法

在开展能源审计工作时，要查找用能单位各种数据的来源，并追踪数据统计、计量的准确性和合理性，进行能源实物量平衡分析，采取盘存查账、现场调查、测试等手段，检查核实有关数据。只有在数据准确可靠时，才能进行能耗指标的计算分析，进而挖掘节能潜力，提出合理化整改建议和措施。能源审计的方法主要体现在以下方面。

1. 四道环节

在能源审计中，可以将用能单位能源利用的全过程分为购入储存、加工转换、输送分配、最终使用四道环节，如图 5－2 所示。

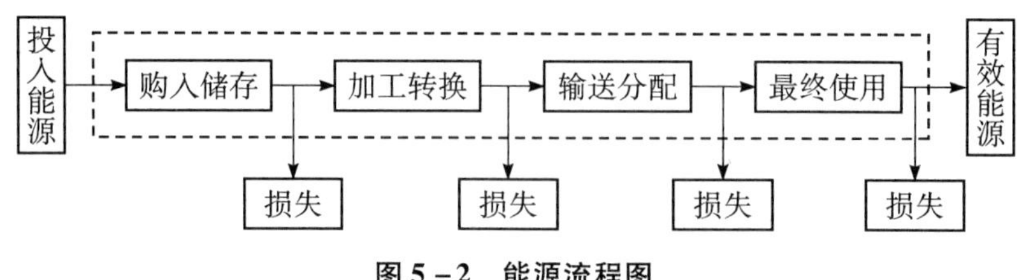

图 5－2 能源流程图

在审计过程中，要特别注意以下两方面：一要了解用能单位内部机构设置和生产工艺流程，熟悉用能单位内部经济责任制（有的用能单位称之为经济效益考核办法或经济活动分析）以及责任制的具体落实情况，只有这样才能摸清用能单位的管理状况（如机构、人员、职能、制度、办法、指标等）和能源流程；二要详细了解用能单位的计量和统计状况，确定计量仪表的准确程度和统计数据的真实程度。

2. 三个层次

分析用能单位能源利用状况，寻找节能潜力，提出节能降耗的整改措施，能源审计引用分析问题的一般方法，即问题在哪里产生、为什么会产生、如何解决。三个层次如图 5－3所示。

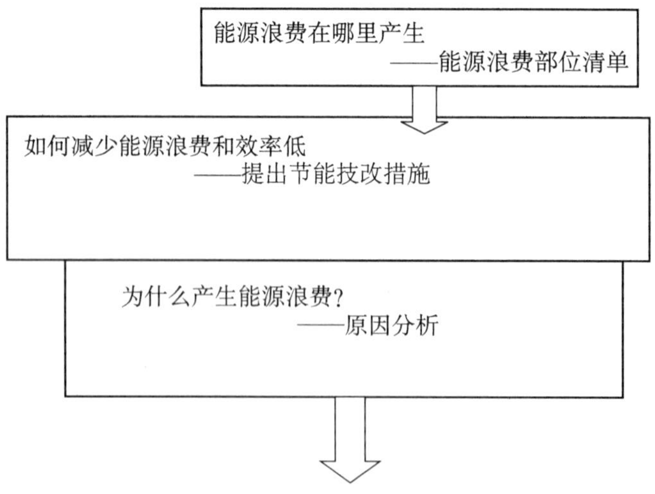

图 5－3 能源审计三个层次图

3. 八个方面

查找问题、分析原因和提出节能整改措施，都要从生产过程入手，抛开生产过程千差万别的个性，概括出其共性，得出如图5－4所示的生产过程框图。

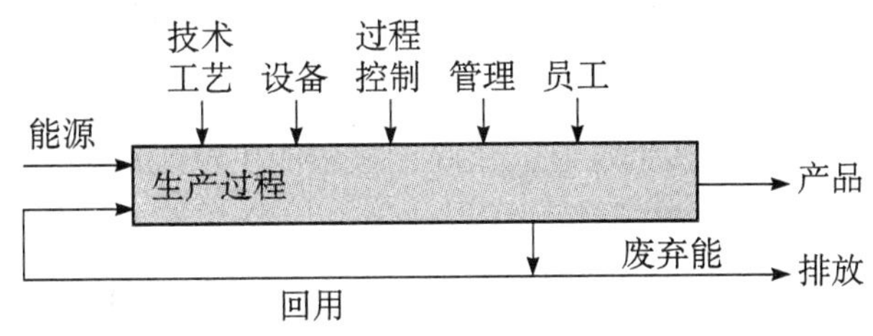

图5－4 生产过程框图

（1）能源。能源本身有质量和种类差别，这在一定程度上决定了生产过程中能源利用的效率，因此，选择与生产相适应的能源是能源审计所要考虑的重要方面。

（2）技术工艺。生产过程的技术工艺水平基本上决定了能源的利用水平，先进技术可以提高能源利用效率，从而减少或避免能源浪费。

（3）设备。设备作为技术工艺的具体体现，对能源转换和能源利用具有重要的作用。设备的配置（用能设备之间、用能设备和公用设施之间）、自身的功能、设备的维护保养、设备的自动化水平、先进程度等均会影响设备的运行效率，从而会产生能源利用效率低和能源浪费。

（4）过程控制。过程控制对生产用能过程十分重要。控制参数是否处于受控状态并达到优化水平（满足技术工艺要求），对能源利用效率有直接影响。

（5）产品。产品本身决定了生产过程：一是产品性能、种类和变化往往要求生产过程作出相应的调整；二是产品在贮存和搬运过程中的破损、流失，或者产品的转化效率低于国内外先进水平，都会影响能源利用效率，导致能耗指标偏高。

（6）管理。目前我国大部分用能单位能源管理水平偏低，这也是导致能源浪费和能源利用效率低的重要原因。具体表现为能源消耗定额的制定和考核不合理、岗位操作过程不够完善或得不到有效的落实、缺乏有效的奖惩制度等。

（7）员工。任何生产过程，无论自动化程度多高，从广义上讲均需要人的参与操作，如果员工的素质不高，缺乏优秀的管理人员、专业技术人员、熟练的操作人员，或激励员工参与节能降耗的措施不到位，都会影响到能源利用效率。

（8）废弃能。能源本身具有的特性和状态都直接关系到它是否可再利用和循环回收。废弃能的循环回收和梯级利用是提高能源利用效率的重要手段。

以上对生产过程八个方面的划分并不是绝对的，在许多情况下存在着相互交叉和渗透的情况。而且上述八个方面各有侧重点，在进行原因分析时，应归结到主要的原因上。

5.2.3 能源审计的内容

1. 用能单位的用能概况和能源流程

按照能源购入贮存、加工转换、输送分配、最终使用四道环节，根据用能单位的生产机构设置，通过与用能单位人员交流和查看相关资料，考察整个系统、各个车间或单元的能源输入量和输出量，并计算其当量值，从而了解用能单位能源的消费状况和能源流向。

2. 用能单位能源管理状况审计

能源管理是用能单位管理的一项重要内容。建立和完善能源管理系统，制定并严格落实各项管理制度，对用能单位节能降耗、提高效益起着重要的作用。

（1）能源管理系统。

为实施能源管理，用能单位应建立健全能源管理系统，包括完善组织机构、落实管理职责、配备计量器具、制定和执行有关文件、开展各项管理活动。

1）用能单位应确定本单位的能源管理方针，在此基础上确定能源管理目标，并考察其合理性。用能单位决策者根据本单位总的经营方针和目标，在执行国家能源政策和有关法律、法规的基础上，充分考虑经济、社会和环境效益，确定能源管理方针和能源管理目标。

2）用能单位应完善能源管理组织机构。为实现能源管理目标，用能单位必须建立、保持和完善能源管理系统，确定能源主管部门，并且配备足够的了解相关节能法律法规政策与标准、具有一定工作经验及相应技能和资格的人员来承担能源管理和技术工作，明确规定其职权范围和领导关系。能源管理人员应经过培训并持证上岗。

3）用能单位应落实管理职责。能源主管部门必须系统地分析本单位能源管理的主要环节及其各项活动的过程，分层次把各项具体工作任务落实到相关部门、人员和岗位，授予履行职责所必要的权限，各部门和人员按照能源主管部门的协调安排，完成各项具体能源管理工作。

4）用能单位应制定完备的能源管理文件并加以贯彻执行。为了规范和协调各项能源管理活动，应该系统地制定各种文件，包括管理文件、技术文件和记录，并严格贯彻执行。管理文件是对能源管理活动的原则、职责权限、办事程序、协调联系方法、原始记录等所作的规定。

5）其他管理活动。对所有文件的制定、批准、发放、修订，以及废止文件作出明确规定，确保文件准确有效。用能单位领导应该定期对能源管理系统进行检查和评价，保证其正常运行，及时发现问题，并予以改进。

（2）能源输入管理。

审计时应考核以下内容：

1）用能单位应合理选择能源供方。选择能源供方不仅要考虑价格、运输等因素，还要对所供能源的数量、质量、品质进行评价，确认供方的能力，选定符合要求和稳定的能源供方。

2）用能单位的能源采购合同应全面规范。采购合同应该明确以下内容：输入能源的数量和计量方法；输入能源的数量、质量、品质要求和检测方法；对数量和质量品质发生异议时的处理规则。

3）用能单位输入能源的计量应全面准确。按合同规定的方法对输入能源进行计量，明确规定相应人员的职责和权限、计量测算方法、记录以及发现问题时报告、裁定、索赔的程序。

4）用能单位输入能源质量的检测应符合要求。根据能源使用要求，合理确定输入能源质量检测的项目和频次，采用国家和行业标准规定的通用方法，检验输入能源的质量。同时明确规定有关人员的职责、抽样规则、判定基准、记录，以及发现不合格时报告、裁定的程序。

5）用能单位贮存管理应合理。制定和执行能源贮存管理文件，规定贮存损失限额，在确保安全的同时，减少贮存损耗。

（3）能源转换管理。

用能单位所用能源需要通过转换时，应重点审计转换设备的运行、维护监测、定期检修等管理措施。

1）有使转换设备保持最佳工况的运行调度规程。根据生产要求、设备状况和运行状况，确定最佳运行方案，各方面相互配合，使转换设备达到和保持最佳工况。

2）制定全面、合理的操作规程并严格执行。对转换设备的操作方法、事故处理、日常维护、原始记录等作出明确规定，严格执行；运行操作人员必须经过相关培训后方可持证上岗。

3）定期测定转换设备的效率并确定其最低限度。

4）制定并执行检修规程和检修验收技术条件。

（4）能源分配和传输管理。

为保障能源安全连续供给，降低损耗，审计时应考核以下内容：用能单位应该制定和执行能源分配和输送管理文件。

1）制定分配和输送管理的文件，内容应明确界定其范围，规定有关岗位和人员的职责和权限，以及管理工作原则与方法。

2）合理布局能源分配输送系统，进行科学调度，优化分配，适时调整，以减少输送损耗。

3）对输配管线经常巡查，测定其损耗，根据运行状况，制定合理损耗指标，安排定期检修维护，始终保持良好工况状态。

（5）能源使用管理。

能源使用管理是用能单位能源管理的主要环节，要通过优化工艺、用能设备经济运行和定限额管理，合理有效地利用能源。审计时应考核以下内容：

1）制定能源计划使用制度，各有关部门使用能源要准确计量，建立台账，定期统计。

2）生产工艺应符合国家产业政策，先进、经济、合理，生产工艺过程充分利用余能，使加工过程能耗量最小，各工序应通过优化参数、加强监测调控、改进产品加工方法来降低能耗。

3）用能设备应为节能型设备，保证用能设备处于最佳工况下运行，严格执行操作规程并加强维护和检修。

4）合理制定能耗定限额标准并将能耗定额层层分解落实到位，对实际用能量进行认真计量、统计和核算，依据变化及时修订能耗定限额指标，并对能耗定额指标完成情况进行考核和奖惩激励机制。

（6）能耗状况分析。

用能单位能源管理部门应定期对能源消耗状况及其费用进行分析评价。各用能车间或工序（单元）对所用主要用能设备的能源消耗状况进行分析。考察用能单位能耗状况采用的方式可包括：查看能耗分析报告，了解能源管理目标或能源消耗定限额指标完成情况、能源消耗及其费用上升或下降的原因、水平评价、改进对策等内容。

（7）节能技术进步管理文件。

用能单位应具有采用新节能技术的管理文件，制定节能新技术的研发和应用文件，对节能新技术和节能技术改造工程项目必须有可行性研究报告、节能评估审查文件以及节能新技术措施实施后的节能效果评价。

（8）能源管理体系的检查与评价。

用能单位应定期对自身能源管理系统进行检查和评价。可以查看用能单位检查评价报告，了解对检查中发现的问题是否进行原因分析，并根据情况调整管理制度和文件。

3. 能源计量和统计状况审核

（1）能源计量审核的范围和要求。

审核能源计量的范围包括用能单位、次级用能单位。通过询问能源计量器具管理人员和查看能源计量器具网络图，审核被审计的用能单位能源计量器具配备的配备率、计量器具的准确度、等级等是否满足《用能单位能源计量器具配备和管理通则》（GB 17167—2006）的要求。

（2）能源统计审计的范围和要求。

对用能单位能源统计审计，应从能量流动过程的购入贮存、加工转换、输送分配和最终使用四个环节进行。审计过程中，可以将每一道环节分为若干用能单元。审核评价统计的内容、方法、采用的单位和符号及报表形式是否符合标准要求并满足用能单位自身能源管理的要求。

4. 主要用能设备效率的计算分析

通过主要用能设备效率的计算，与国家标准、国内外先进水平、设备最佳运行工况进行比较，找出差距，分析原因，提出改进措施。

5. 核算综合能耗指标

对用能单位，综合能耗是指统计报告期内，主要生产系统、辅助生产系统和附属生产系统的各种能耗总和。能源及耗能工质在用能单位内部进行贮存、转换及分配供应（包括外销）中的损耗，应计入综合能耗。用能单位主要生产系统的能耗量应以实测为准。

综合能耗指标包括用能单位综合能耗、单位产值综合能耗、单位增加值综合能耗、产品单位产量综合能耗和产品单位产量可比综合能耗。各种综合能耗指标按《综合能耗计算通则》（GB/T 2589—2008）标准计算。

6. 能量平衡分析

审计时应根据用能单位所提供的统计报告期内能量平衡表或能源消费实物量平衡表（如果用能单位不能提供能量平衡表，应提供能源实物量平衡表），按照能源流程的四道环节，核实能源进入和支出量的平衡关系。在统计资料不足、统计数据需要校核或特殊需要时，应进行实测，并将测试结果折算为统计期内的平均水平。

7. 用能单位能源成本分析

（1）用能单位总能源费用公式。

$$R = \sum_{i=1}^{n} R_i \tag{5-1}$$

式中：

R——用能单位总能源费用，单位为万元/年；

R_i——用能单位消费第 i 种能源的总费用，万元/年；

n——用能单位能源品种数。

通常情况下以年为单位，若审计期不是 1 年，审计机构可根据情况自行确定计算单位。能源审计所使用的能源价格与用能单位财务往来账目的能源价格应一致，在一种能源多种价格的情况下，产品能源成本用加权平均价格计算。

（2）单位产品能源成本。

直接生产过程单位产品能源成本按照单位产品所消耗的各种能源实物量及其单位价格进行计算。单位产品实物能源消耗量可根据用能单位在审计期内生产系统的实物能源消耗量和合格产品产量来计算。

8. 节能量和节能潜力的分析

（1）用能单位节能量计算。

节能量是指在某一统计（报告）期内的能源实际消耗量，与某个选定的时期作为基准相对的能源消耗量进行对比的差值。节能量是一个相对的数量，针对不同的目的和要求，需采用不同的比较标准。一般来说包括以前期单位能源消耗量为基准和以标准能源消耗定额为基准。

在计算节能量时，有以下两种方法：

1）定比法。即将计算年（最终年）与基准年（最初年）直接进行对比，一次性计算节能量。

2）环比法。即将统计期的各年能耗分别与上一年相比，计算出逐年的节能量后，累计计算出总的节能量。

一般评价某一年比几年前的某一年节能能力或节能水平时，用定比法计算节能量；评价某年至某年的节能量时，用环比法累计计算。

《企业节能量计算方法》（GB/T 13234—2009）中规定了企业节能量的计算方法，包括产品节能量、产值总节能量、技术措施节能量、产品结构节能量、单项能源节约能源量。可以根据需要按该标准进行计算。

（2）节能潜力分析。

根据用能单位产品、单位产量综合能耗计算结果，对比国内外同行业先进能耗水平、用能单位历史先进水平、能耗定（限）额指标，全面分析用能单位节能潜力。节能潜力可用简单比较法进行计算分析，按公式（5-2）计算：

$$节能潜力=（产品单位产量综合能耗-先进水平）\times 产品产量 \tag{5-2}$$

9. 提出节能改进建议，并对技术改造项目作出财务和经济评价

能源审计提出的节能改进建议，应包括调整结构、改进管理和技术改造项目三类。技术改造项目应按照相关的经济和财务评价方法进行评价分析，以保证节能技术改造项目的经济合理性、可行性。

通过对以上各项内容的审计，应根据情况对发现的问题提出改进建议，改进建议应在充分与用能单位（如政府委托的要征求政府意见）交换意见的基础上提出。改进建议应从管理水平和员工素质的提高、废弃能的回收利用、能源和原辅材料的改善、技术工艺水平的提高、设备的先进性、过程可控性、产品的数量、质量、安全性等方面入手，通过广泛发动和与同行业进行对比以及咨询行业专家等各种渠道全面地提出。

（1）提出的改进建议应遵循的原则。

1）违反节能各项法律、法规和标准规定的，应明确提出整改要求。

2）技术方面的建议，应根据技术的成熟程度和发展趋势提出意见。

3）各项管理方面的建议，应在与管理人员沟通的基础上提出，可行的应立即实施。

4）对提出的节能技术改造项目应作出初步的财务分析和经济评估，包括静态分析（总投资费用、年净现金流量、投资回收期）和动态分析（净现值、净现值率、内部收益率）。动态分析与静态分析中以动态分析为主（考虑货币的时间价值）。

对用能单位进行能源审计，应从以上几方面进行，但不是所有的用能单位都要完成九项内容的能源审计，要根据能源审计的目的和要求，可以选择性地进行能源审计工作。政府要求的能源审计，如果没有特指，应进行全面的能源审计。

（2）二氧化碳及大气污染物减排量的计算。

节能改进建议的社会和经济效益评价中还应包括二氧化碳、大气污染物减排量计算。

10. 能源审计报告

用能单位能源审计报告是节能工作的直接成果，它具有很强的时效性。因此，用能单位能源审计结束后，一般要求在15个工作日内编写出能源审计报告书，具体包括以下内容：

（1）摘要部分，简要说明用能单位的概况、主要能耗指标和审计结果等内容；

（2）能源审计的依据及有关事项说明；

（3）用能单位概况及主要生产工艺概况；

（4）用能概况、主要用能系统及设备状况说明，工艺流程与能源流程说明及流向图，能源管理状况及评价分析、节能培训持证上岗情况；

（5）能源计量和统计状况及评价；

（6）主要设备运行效率及监测情况，技术装备的产业水平评价，通用用能设备的更新淘汰评价；

（7）能源消耗指标、重点工序（单元）与单位产品能耗指标计算分析与评价；

（8）产值能耗指标与能源成本指标计算分析与评价；

（9）节能量计算与考核指标计算分析和评价；

（10）影响能耗指标变化的重要因素与节能潜力所在分析；

（11）拟实施节能技术改造项目性技术措施节能效果与经济评价；

（12）存在的问题与合理用能的建议；

（13）审计结论。

5.2.4 能源审计的程序

1. 策划与准备

（1）沟通信息。

审计机构审计人员采用现场宣讲、交流、调查等方式，使用能单位充分了解能源审计的必要性及其作用、方法、内容等，审计人员也可对用能单位的用能种类、数量、产品结构、产量、产值等基本情况进行初步了解，为下一步工作打好基础。

（2）签订委托书。

委托书是开展能源审计的依据之一。由节能行政主管部门向能源审计机构下达能源审计委托书，审计机构根据政府委托开展能源审计。用能单位委托能源审计机构审计，签订能源审计委托书，委托书中应表明委托方和受委托方的责任、义务和审核范围等内容。

（3）制定方案。

1）审计期一般为一个年度。

2）根据审计的目的和内容确定能源审计人员人数和工作天数。

3）根据政府部门的要求或用能单位的需要确定工作内容和范围。

4）一般需要用能单位主管负责人（熟悉了解整个用能单位的能源管理和用能状况并

能够负责用能单位内部的协调工作），计量、统计、会计和工艺设备的熟练人员各1名及与审计相关的供应、检验、技术等人员进行配合。

5）要求提供的资料：

用能单位概况，能源管理组织机构图及各机构的职责范围情况；

用能系统概况及能源流向图，各种能源（电力、热力、耗能工质等）系统图及说明；

生产工艺流程图及工艺流程说明，供水、供电、供煤等计量网络图；

各种能源管理制度制定及执行情况说明；

能源计量器具一览表及管理情况，能源计量器具的配置情况说明；

能源统计报表及台账；

各用能系统（水、电、煤、油、汽、气等）说明；

审计期节能监测报告，节能设备的使用情况，用能设备一览表；

用能单位审计期已实施和拟实施节能技术改造措施及其效果分析。

6）与上述资料来源有关的原始资料。

审计机构在制订能源审计方案的时候，要与委托方充分交换意见，力求切合实际。审计方案一经双方确定，能源审计工作应按照方案的要求和规定进行。遇有特殊情况，应在协商的基础上进行修订。

（4）成立能源审计小组。

审计机构要针对用能单位的具体情况和审计的目的与要求成立能源审计小组，并确定审计小组组长和组员。

审计小组组长应由审计机构的审计负责人员担任，应熟悉国家节能法律、法规和政策，掌握节约能源的原则和技术，熟悉并掌握能源审计的内容、方法、程序和相关标准等。

审计小组成员的组成应根据用能单位的实际情况确定，通常需要3名以上经过节能主管部门培训并取得能源审计资格的人员，并具备能源审计相关专业知识和节能管理工作经验。

2. 实施现场审计

（1）召开能源审计动员会。

审计机构进入用能单位，召开由用能单位中层以上人员参加的动员会，发动员工积极配合参与能源审计工作，消除对能源审计的思想顾虑。可以从以下几方面宣传能源审计的作用：提高用能单位的能源管理水平，建立完善的能源管理体系；减少能源消耗，提高能源利用效率，降低成本；促进用能单位技术进步；提高职工素质；树立用能单位形象，扩大用能单位良好的社会影响。

（2）整理、核查、采撷资料。

审计人员根据用能单位的能源消耗原始资料，核查提供资料的真实性和准确性，并根据核查结果对所提供的资料进行相应的修订和补充。

1）能源管理系统的各项制度、职工培训计划以及持证上岗情况。

2）各岗位的能源消耗定额的文件制定和考核结果。

3）计量器具管理制度，计量仪器仪表检定证书、维修及校验记录，设备台账和设备维修记录。

4）燃料、动力账等，电费、水资源费缴纳凭证，购入原煤发票凭证及产成品销售凭证等。

5）动力车间抄表卡、记录簿，各车间用电及各种能源的记录簿等。

6）能源购进、消费台账，化验分析台账及原始记录。

7）进厂能源过磅单，仓库能源实物账、盘存表及有关产成品入库账等。

8）各种能源、产成品出入门登记账簿。

9）重点工艺用能设备及通用用能设备的运行记录。

10）辅助生产系统能源消耗原始记录。

11）各车间、部门统计产品产量（包括制成品、在制品或半成品、次品数量及根据行业规定的折算方法折算成的标准产品等）的原始资料。

（3）现场监测与调查。

在能源审计过程中，为了得到准确的耗能系统或设备的转换效率，为用能单位提供用能设备的能源利用情况，可以进行现场测试。为判断用能单位提供资料和数据的准确性、真实性，审计人员应该进行现场调查，包括各项管理制度的制定和落实情况；各种设备和主要生产工艺流程、计量仪表的配备、安装的位置与工作状态等内容，包括其他有疑问的环节。调查方式可以采取现场勘查、询问和座谈等形式。

3. 召开能源审计总结会

能源审计现场审计结束后，要召开总结会，要求用能单位法人代表或者高层管理者代表和相关部门的负责人到会，由审计机构审计负责人总结能源审计的工作过程和初步成效。

4. 编制和提交能源审计报告

根据国家有关法律法规、标准，依据用能单位提供的真实资料，针对现场审计的实际情况和各种生产、能源消耗、监测的相关数据等资料，编写能源审计报告。审计报告应当文笔流畅、言简意赅，术语表达准确贴切，计算精准，使用法定单位，无讹误错漏之处。能源审计报告编纂完成后，经节能主管部门或用能单位组织专家审核修改，用能单位法人代表确认签字后，报节能主管部门备案。

5.3 节能技术管理

5.3.1 概述

节能技术是指采取先进的技术手段来实现节约能源的目的。具体可理解为：根据用能技术工艺设备、能源品种，分析能耗现状，找出能源的节约空间，然后依此采取对应的技术措施，减少能源消费，以达到节约能源之目的。

5.3.2 节能技术划分*

节能技术根据所需节约能源类型而划分。目前存在且已经得到应用的节能技术有：

（1）节电技术。功率因数补偿技术、闭环控制技术、能量回馈技术、相控调功技术、稳压调流技术、电能质量治理技术、电力需求侧管理。

（2）节煤技术。水煤浆技术、粉煤加压气化技术、节煤助燃剂技术、节煤固硫除尘浓缩液、空腔型煤技术、洁净煤技术。

（3）节油技术。锅炉节油技术、柴油机节油技术、发电机节油技术、汽车节油技术、航空航天节油技术。

（4）节水技术。工业节水技术、农业节水技术、城镇生活节水技术、服务业节水技术。

（5）节气技术。民用节气技术、锅炉节气技术、油田集输系统。

5.3.3 部分节能技术简介

1. 洁净煤技术

洁净煤技术是指煤炭在开发和利用的过程中旨在减少污染与提高利用效率的加工、燃烧、转化及污染控制技术。清洁煤有煤的气化、煤的液化、煤气化联合循环发电、燃煤磁流体发电四种技术。

2. 磁流体发电技术

所谓磁流体，又称之为磁性液体、磁铁流体或磁液，是由强磁性粒子、基液（亦叫作媒体）以及界面活性剂三者混合而成的一种稳定胶状溶液。该液体在静态时，无磁性吸引力，当外加磁场作用时，才表现出磁性。

为了使磁流体有足够的导电率，需要在高速、高温下，加上钾、铯等碱性金属或加入碱性金属惰性气体（如氦、氩等）作为工质，以利用非平衡电离原理提高电离度。前者直接利用燃烧气体穿越磁场的方法叫做开环磁流体发电；后者通过换热气将工质加热后再穿越过磁场称之为“闭环磁流体发电”。

燃煤磁流体发电技术亦称为等离子体发电，也就是磁流体发电典型的具体利用，燃烧煤而得到 2.6×10^{6}℃以上的高温等离子气体，并以高速流过强磁场时气体中的电子受磁力的作用，沿着与磁力线垂直方向流向电极，发出直流电，经直流逆变器变为交流电并入交流电网。

磁流体发电本身的效率仅有20%左右，但由于其排放的烟气温度很高，从磁流体排出气体可送往一般锅炉继续转换为蒸汽，再驱动汽轮机发电，组成高效的联合循环发电，总热效率可达到50%～60%，是目前正在开发的高效发电技术中效率最高的方式。它又可有效脱硫，控制氮氧化物的产生，也是一种低污染的煤气化联合循环发电技术。

在磁流体发电技术中，高温陶瓷不仅关系到2 000～3 000开尔文磁流体温度能否正常工作，且涉及通道的寿命，亦即磁流体发电系统能否正常运行。目前高温陶瓷耐高温的最高值可达到3 090开尔文。

5.4 节约能源与环境保护

节约能源和提高能效是实施环境保护的有效手段。随着社会的不断进步与科学技术的不断发展，现在人们越来越关心我们赖以生存的地球，世界上大部分国家也充分认识到了环境对人类发展的重要性。各国都在积极采取有效的措施改善环境，减少污染。从节约能源的属性可以看出，通过开展节约能源工作，可以合理有效地减少能源的消耗，进而直接降低污染物的排放，同时降低能源成本。因此，除了积极配套污染后治理设施外，多数国家将节约能源与提高能效视为降低污染物排放、进一步改善环境的重要抓手。我国是世界能源消费大国，且能源消费结构以煤为主，煤炭消费量约占全国能源消费总量的70%左右，与其他国家煤炭消费占能源消费总量30%～50%的比重相比，我国能源消费“碳化”严重，按照我国煤炭质量现状，每燃烧1吨标准煤，就能产生二氧化碳2 500千克、二氧化硫8.5千克、氮氧化物7.4千克。因此，通过大力开展节约能源工作，推广应用节约能源技术和产品，将为我国环境保护提供有效的支持。

节约能源和提高能效为缓解能源供应压力提供支持，间接实现环境保护。我国是能源生产和消费大国，但却不是资源大国，多数情况下用“多煤少油缺气”来形容我国的能源储备水平，但按照当前我国的发展速度和能源消费水平来看，即便是储量最多的煤炭，其储采比也小于50年，因此，我国能源形势十分严峻，如何确保能源供给安全，满足人们生活、生产、发展对能源的需求是我国迫在眉睫的焦点话题之一。在此背景下，要从根本上解决能源问题，从长远看是要积极开发新能源及替代能源，而从当前看，节约能源是目前最直接有效的重要措施。“十一五”以来，国家深化“构建资源节约型、环境保护型社会”这一战略目标，积极转变发展思路，紧紧抓住“节约能源”这一有力的抓手，通过采取一系列措施，节约能源工作取得了历史性的成效，5年间累计实现节约标煤6.3亿吨，不但极大地缓解了能源供需矛盾，更为改善环境发挥了不可替代的作用。若进一步考虑通过减少能源消费而减少的生产、加工、运输等过程的污染物排放，节约能源的减排贡献将会进一步得到放大，从而发挥更大的环境保护作用。

节约能源和提高能效为我国积极应对气候变化提供强有力的支撑。温室效应又称“花房效应”，是大气保温效应的俗称。大气能使太阳短波辐射到达地面，但地表向外放出的长波热辐射线却被大气吸收，这样就使地表与低层大气温度增高，因其作用类似于栽培农作物的温室，故名温室效应。温室效应加剧主要是由于现代化工业社会燃烧过多煤炭、石油和天然气，这些燃料燃烧后放出大量的二氧化碳气体进入大气造成的。二氧化碳等气体具有吸热和隔热的功能。它在大气中增多的结果是形成一种无形的玻璃罩，使太阳辐射到地球上的热量无法向外层空间发散，其结果是地球表面变热起来。因此，二氧化碳、甲烷等气体也被称为温室气体。工业革命以来，化石燃料大量燃烧和毁林、土地利用变化等人类活动所排放温室气体导致大气温室气体浓度大幅增加，温室效应逐渐增强，从而引起全球气候变暖，并且受发展中国家以及新兴国家能源消费快速增长的影响，全球气候变暖形势正在进一步加剧。近年来，极端天气的频现、海平面的上升、冰川的融化、农作物减产、物种灭绝等现象不断告诫人类全球气候变暖所带来的巨大危害和影响，部分岛屿国家更是面临着失去家园的风险。因此，全人类必须马上采取措施，共同应对全球气候变化，捍卫人类的家园。二氧化碳、甲烷等温室气体的过量排放是导致全球气候变暖的直接原因，因此，减少、控制温室气体排放是当前全球应对气候变化的最直接的手段。能源消费的快速增长是导致二氧化碳大量排放的主要原因，因此，节约能源和提高能效将是温室气体减排最直接有效的措施之一。

自学指导

学习重点

本章的重点是进行能源管理最重要的两大举措：固定资产投资项目节能评估和审查；既有企业的能源审计。

1. 固定资产投资项目节能评估：

评估的原则；

评估的内容和节能深度要求；

评估中主要耗能工序、工艺及设备的能量平衡计算，节能措施的合理性、经济性分析，节能量的计算。

2. 能源审计报告：

能源审计的概念及作用；

能源审计程序和内容。

3. 节能技术管理。

4. 节约能源与环境保护的关系。

学习难点

本章学习的难点是：节能评估报告的编纂；能源审计报告的编纂。

要想编纂好这两种报告，学员或专业技术人员应具备四方面的能力。一是熟悉能源管理的法律、法规和政策，有较高节能减排政策观念；二是具有流畅的文字表达能力；三是具有一定的热、功、能、电知识和运算能力；四是还应有一定的企业历练，熟悉能耗设备、工艺，有一定的管理能力。大家必须向此方向努力。

复习思考题

一、单项选择题（在备选答案中选择1个最佳答案，并把它的标号写在括号内）

节能评估的核心是（　　）。

A. 减少浪费　　B. 提高能效　　C. 降低成本　　D. 从源头上杜绝能源浪费

二、多项选择题（在备选答案中有2~5个是正确的，将其全部选出并将它们的标号写在括号内，错选或漏选均不给分）

1. 节能评估的原则是（　　）。

A. 真实性　　B. 完整性　　C. 可行性

D. 独立性　　E. 公平性

2. 能源审计的重要环节有（　　）。

A. 购入仓储　　B. 加工转换　　C. 输送分配

D. 最终使用　　E. 结转节余

三. 简答题

1. 试述节能评估报告的九项内容。

2. 试述能源审计报告的基本内容。

四、论述题

开展节能评估、能源审计的作用和意义是什么？

五、简单计算题

某小企业年总耗电量为100万千瓦时，装机容量合计698千瓦，计算负荷系数0.5；需要系数0.6；用电有效率0.9；功率因数0.9。计算该企业使用的变压器合理容量应是多少千伏安？

第6章　能源管理其他机制

学习目标

1. 应知道、识记的内容
- 合同能源管理（EPC，EMC）
- 清洁生产审核
- 电力需求侧管理

2. 应理解、领会的内容
- 节能产品认证
- 能效标识
- 节能服务公司业务内容

3. 应掌握、会应用的内容
- 合同能源管理的意义、特点及作用
- 电力需求侧管理的主要内容及发展趋势

自学时数

10～16学时。

教师导学

能源管理是一套非常庞大而复杂的体系和系统，除能源管理的主要方法机制外，还有许多其他的方法和机制。本章详细阐述了七种其他的能源管理机制。重要的有合同能源管理，这是基于市场机制，以赢利为目的从西方引进的新型节能事物，具有许多优势和巨大潜力。目前，我国通过报备经政府批准的合同能源管理公司已达千余家。电力需求侧管理也是20世纪八九十年代新发展起来的节能机制。需要认真了解和掌握，运用到能源管理实践中去。

本章的重点是：合同能源管理的特点及类型、电力需求侧管理的主要内容。

本章的难点是：合同能源管理项目中节能量的计算和审核。

6.1 节能产品认证

6.1.1 概述

1. 概念与特点

（1）概念。

1）产品认证。《中华人民共和国认证认可条例》（以下简称《认证认可条例》）中明确规定：认证是指由认证机构证明产品、服务、管理体系符合相关技术规范的强制性要求或者标准的合格评定活动。认证机构应当按照认证基本规范、认证规则从事认证活动。产品认证包括强制性认证和自愿性认证，由具备资质的第三方（独立）认证机构实施，由其实施的节能产品认证是自愿性的，属于有形产品的常规认证。

2）节能产品。节能产品是指符合该种产品有关质量、安全和环境标准要求，在社会使用中与同类产品或完成相同功能的产品相比，它的能源使用效率（能效）指标达到相关能效标准规定的1级或节能评价规定。

3）节能产品认证。节能产品认证是依据相关的标准和技术要求，经认证机构确认并通过颁发节能产品认证证书和节能标志，证明某一产品为节能产品的活动。

（2）特点。

1）节能产品认证有国家法律保障和政策的支持。我国《节约能源法》、《清洁生产促进法》等有关节能法律、法规对节能产品认证作出了明确规定，为节能产品认证提供了有力的法律保障。

2）节能产品认证有国家能效标准作为技术依据。《节约能源法》实施后，能效指标从产品标准中分离出来，建立起了与《节约能源法》相配套的独立的能效标准体系。能效标准作为国家强制性标准予以发布和实施，规定了产品的能效限定值、节能评价值及试验方法。

3）节能产品认证是以产品能效指标或效率为核心的特色认证。节能产品认证作为第三方产品质量认证的一种，目前采用“工厂质量保证能力 + 产品实物质量检验 + 获证后监督和抽样检验”的认证模式，是认证模式中最为严格的一种。实施节能产品认证制度的关键，在于有效开展工厂质量保证能力的审查，充分体现节能产品认证特点。

2. 节能产品认证标志

“中国节能产品认证标志”如图6－1所示，由“energy”的第一个字母“e”构成一幅圆形图案，中间包含了一个变形的汉字“节”，寓意为节能。缺口的外圆又构成“CHINA”的第一字母“C”，“节”的上半部简化成一段古长城的形状，与下半部构成一幅烽火台的图案，象征着中国。“节”的下半部又是“能”的汉语拼音的第一字母“N”。整个图案中包含了中英文，以利于与国际接轨。

图 6－1　中国节能产品认证标志

3. 我国节能产品认证工作的现状及成就

我国自 1999 年 3 月开始，首先开展了家用电冰箱节能产品认证，截至 2009 年底，涉及节能产品认证共计 7 大类 50 种产品。节能、节水、可再生能源产品认证已颁发有效认证证书 9 000 多张，涉及企业 1 000 余家，产品型号/系列超过 30 000 个。经过对已开展认证数量较大的 26 种节能产品、6 种节水产品、3 种可再生能源产品进行测算后得出结论：2009 年度，通过相关资源节约认证的获证产品可实现节能量 538 亿千瓦时、节水量 47.6 亿吨、替代能源量 79 亿千瓦时。

6.1.2　认证条件及认证流程

1. 节能产品认证的基本条件

按照《中国节能产品认证管理办法》的有关规定，生产企业及其产品获得节能产品认证的基本条件如下。

（1）中华人民共和国境内企业应持有工商行政主管部门颁发的《企业法人营业执照》，境外企业应持有有关机构的登记注册证明。

（2）生产企业的质量体系符合国家质量管理和质量保证标准及补充要求，或者外国申请人所在国等同采用 ISO 9000 系列标准及补充要求。申请人在申请节能产品认证时，其质量体系应满足《资源节约产品认证工厂质量保证能力要求》（CQC/F 002—2009）的规定。

（3）产品属国家颁布的、可开展节能产品认证的产品目录。

（4）产品符合国家颁布的节能产品认证用标准或技术要求（指申请人按照认证机构确定的产品标准或技术要求组织生产）。

（5）产品应注册（国家规定产品列入行政许可范围的，应首先取得相应产品的行政许可），质量稳定，能正常批量生产，有足够的供货能力，具备售前、售后的优良服务和备品、备件的保证供应，并能提供相应的证明材料。

2. 节能产品认证的流程

（1）认证要求的制定。

认证要求就是在认证业务范围内，根据具体的产品认证制度要求，规定标准和相关要求（如样品检验和检查要求），采取一切必要步骤，评价产品是否符合相关的标准。认证要求包括产品评价标准和认证实施规则。

1）产品标准的技术要求及指标的确定。节能产品认证是对产品的能效特性（如产品的用电量、用水量等）进行评价，是以产品能效标准/技术要求中的节能评价指标作为认证产品的符合性依据。目前的产品能效国家标准中一般包括能效限定值和节能评价值两个指标。能效限定值是产品允许的最大能耗（效）值，是强制性指标；节能评价值是节能型产品所允许的最大能耗（效）值，是实施节能产品认证的主要性能指标。节能评价值体现的是产品优良的能效水平，节能产品认证同时还不同程度地关注产品的其他主要性能，获得节能认证的产品总体质量水平在同类产品中应该属于优质产品。为此，一般以同类产品中20%～30%能够达到的水平作为节能评价指标，并通过指标的不断修订和提高，促进节能新技术的应用，使我国产品能源利用效率总体水平不断提高。

2）制定认证实施规则。对认证业务范围的管理是认证机构的责任，中国认证机构国家认可委员会（简称CNAS）《认证机构产品认证业务范围认可实施指南》中明确规定：认证机构在其产品认证业务范围内应制定具体的产品认证实施规则，用以规范认证的实施过程，内容至少应包括：

①适用范围。明确适用的产品。

②认证模式。明确认证所采用的认证制度类型。

③认证实施的基本要求。包括认证单元划分、认证申请、产品检测依据与要求、工厂条件审查依据与要求、认证结果的评价与批准、获证后的监督管理等。

④认证证书。包括证书的保持、变更、暂停、撤销、注销等。

⑤认证标志。包括标志的样式和使用规定。

⑥收费标准。包括收费项目和收费标准。

目前已开展认证的每类产品在具备了产品能效标准/技术要求的基础上，均制定并公开发布了相应的实施规则，作为节能产品认证的管理依据。

（2）产品认证申请受理。

产品认证申请受理是接受申请、文件审查和下达任务。

文件审查时，应与申请方充分沟通，确保申请方了解认证要求、双方的权利和责任等信息。

节能产品认证的公开文件可通过上网获取，网址为http：//www.cqc.com.cn，同时可进行在线申请。在线申请结束后，申请方应提供以下书面文件资料：

①认证机构自愿性认证申请书；

②申请人、制造商、生产厂营业执照或登记注册证明复印件，境外企业应持有关机构

的登记注册证明；

③工厂检查调查表；

④产品生产许可证或国家强制性产品认证证书（国家规定的产品）；

⑤产品标准（采用国家/行业标准，可不必提供）；

⑥产品说明书和品牌使用声明。

申请材料齐全且符合要求后，认证机构通过网站向申请方发出《送样通知》或提出相关意见，申请方可以随时登陆，查看受理进度。

（3）产品型式试验。

1）产品的基本要求。节能认证的产品检验一般针对与节能有关的性能，如产品能耗等，因此要求申请节能认证的产品应满足相应的质量标准和安全标准要求。对国家有强制性要求的产品，还应获得相关证书，如生产许可证、中国强制性认证证书等。

2）样品要求。申请节能认证的产品型号应为设计定型、批量生产的产品；检验的样品应选择经过出厂检验的合格品。

3）送样检验。实施规则中规定，送样检验的产品/阶段（如初次和扩项），由认证机构指定送样型号和数量，同时指定检验机构；申请方也可在认证机构的签约检验机构中选择检验地点，申请方按送样通知书的要求送样，并对送检样品负责。

4）抽样检验。实施规则中规定，抽样检验的产品/阶段（如监督和复评），由认证中心指定抽样型号和数量，向申请方发出《抽样通知书》和《抽样单》，抽样方案应保证样品的代表性、合理性，指派人员按要求进行抽样和封样。申请方将样品送至指定的检验机构，并对送检样品负责。

5）产品的变更。对已获证产品的受控部件、外观、结构等方面进行变更（增加或替代）时，为确保产品一致性，应按实施规则的要求向认证机构提出申请，检验机构进行样品检验或确认，经认证中心批准。

6）检验机构管理。承担节能认证产品检验的检验机构，按认证机构有关检验机构控制程序进行分包。认证机构确认其符合要求后，经批准即可作为签约检验机构，并公布授权的检验项目。所有的认证产品检验都应由签约检验机构承担。

（4）工厂质量保证能力检查。

初始工厂检查包括以下过程。

1）审核准备。

①工厂检查组组成。工厂检查组由认证机构指派，其成员组成原则为：工厂检查组由不同级别检查员组成，必要时可聘请技术专家；工厂检查组通常由 2～5 人组成，可分组进行现场审核。

②文件审核。现场工厂检查之前，生产厂应提供职责文件，其规定应符合《资源节约产品认证工厂质量保证能力要求》中的相关规定。设计文件、采购文件、检验文件和工艺文件视工厂能够提供资料的情况编制工厂检查计划。根据任务下达情况，结合现场工厂检

查完成文件审查。

③检查计划。根据任务书确定的检查人数与时间，工厂检查组与申请方协商检查人数和审核时间，并按工厂管理职责安排现场检查部门和检查日程。工厂检查计划中应包括：检查目的、范围、依据；检查组成员及分工；日程安排；保密承诺；检查所涉及的部门、场所等。检查计划应由工厂检查组长负责，经审核方确认后实施。每天的现场检查时间应不少于 6 小时。

2）现场工厂检查。

①首次会议。工厂检查组长主持召开首次会议，主要目的在于双方相互沟通。时间可视企业规模确定，一般 15 分钟为宜。参加会议的人员有检查组全体人员、企业领导授权的代表及有关工厂人员。对于小规模企业，不一定拘泥于会议形式，能达到相互沟通的目的即可。

②现场检查。按“工厂现场检查作业指导书”和“检查表”的要求获取检查证据。应注重受检查方产品质量保证能力的审核，记录应真实、明确、简要、清晰，具有追溯性和可重复审核性。对不符合规定要求的，应记录不符合事实，并请陪同人员确认不符合事实。

③沟通。一是内部沟通，现场工厂检查结束后，在分组检查的情况下，检查组长召开检查组会议进行内部沟通，并汇总情况，以达成共识，对工厂产品质量保证能力满足认证要求与否作出判断，明确检查结论，出具《资源节约产品认证工厂检查报告》。有不符合要求的，出具《工厂检查不符合报告》。二是外部沟通。检查组应就检查情况及检查结论与受检查方领导或授权代表交换意见，确认认证范围、检查结论和有关不符合项，共同签署《资源节约产品认证工厂检查报告》和《工厂检查不符合报告》。

④末次会议。工厂检查组长主持召开末次会议，参加会议的人员有检查组全体人员、企业领导授权的代表及有关工厂人员。末次会议的主要目的是通报检查结论，说明注意事项，比如：顺利通过的，向工厂说明获证后的注意事项；有条件通过的，向企业说明纠正措施的整改及整改时限要求；不通过的，要说明理由。

3）对纠正措施的跟踪验证。

对在工厂检查中提出的不符合项，可以用文件、记录和其他资料证实纠正措施的有效性。受检查方应在规定的时间内制定并实施纠正措施，填写《工厂检查不符合报告》的相应栏目，提供证实性文件、记录等。由工厂检查组长或其指定的检查组成员确认纠正措施的有效性。

需要现场验证纠正措施有效性的，工厂检查组应在协商的时间内实施现场验证。现场验证应由工厂检查组长或检查员实施，作好验证记录，得出验证结论。

对不符合项，纠正措施有效性的验证还需在以后的监督/复评审核中继续关注。

4）结果评审。

现场工厂检查结束后，工厂检查组长应在确认不符合项关闭后将《资源节约产品认证工厂检查报告》及相关工厂检查记录和认证资料提交认证机构评审。认证机构相关部门作出评审结论，提交综合评定。至此，工厂审查工作完成。

（5）认证结果评定及批准认证证书。

产品检验和工厂审查完成后，认证机构对申请认证的项目进行综合评定、审查，作出认证决定。对符合认证要求的，批准并签发认证证书。

（6）产品认证证书和认证标志。

我国节能产品认证证书和标志的使用应遵循《认证证书和标志使用管理办法》。

1）认证证书。申请认证的产品检验和工厂产品质量保证能力均满足认证要求时，认证中心将为该产品颁发中国节能产品认证证书。

2）认证标志。经认证机构认证合格的节能产品，自认证证书生效之日起，认证证书的持有者可在认证合格的产品外观、铭牌、包装、说明书及出厂合格证上使用“节”字标志。

①标志使用的申请。持证人必须持“购买标志申请书”或“印刷/压模标志申请书”、认证证书复印件及单位证明或介绍信向认证机构申请使用认证标志和可以提供上述文件的书面或电子文本办理申请。

②标志的使用。持证人在证书有效期内，可在获证产品及其外包装上使用标志。持证人根据获证产品特点，按以下规定选取使用方式：标准规格标志的，必须加施在获证产品本体的显著位置；印制、模压标志的，应加施在获证产品的铭牌或本体的显著位置；在获证产品的本体不能加施标志的，必须将标志加施在产品的最小包装及随附文件中。

③持证人应当遵守以下规定：一是建立标志使用和管理制度，对标志的使用情况如实记录存档；二是保证使用标志的产品符合认证要求；三是只在证书所限定的产品上加贴标志；四是在广告、产品介绍等宣传材料中正确使用认证标志，不得利用认证标志误导、欺诈消费者；五是接受认证机构对标志使用情况的监督检查。

④下列情况之一者，应停止使用认证标志：一是认证机构暂停使用认证证书的产品，在暂停期间，该产品应停止使用认证标志；二是认证机构撤销、注销认证证书的产品；三是认证产品的更改未经确认或企业的质量保证能力发生重大变化未经确认。

（7）年度监督和监督检验。

获得中国节能产品认证证书的企业在证书有效期内，每年应接受认证机构的年度监督，以验证获证企业是否具有持续满足认证要求的能力，以继续保持认证证书的有效性。

1）监督时间。在产品认证证书 3 年有效期内，年度监督的时间间隔应距认证证书颁发日期或上次监督日期不超过 12 个月，年度监督随时抽查。年度监督包括获证产品检验和工厂产品质量保证能力审查。

2）监督实施步骤。

①按照《年度监督计划》的安排，向申请方发出《年度监督通知书》。

②认证中心向相关部门下达监督检查计划。

③组成监督审核组，一般由1~2人组成。监督审核时重点对以下内容进行审核：一是对受检查方质量管理体系符合认证实施规则的保持情况进行检查；二是对认证产品的一致性进行检查；三是对初次认证或上一年度监督审核发现的不合格项或观察项的纠正措施实施情况进行现场核实；四是对扩项产品所用的受控部件和材料与备案清单的一致性进行现场核实；五是对已经获得认证的产品受控部件和材料的变更及使用情况进行检查；六是对认证证书和认证标志的使用情况进行检查。监督检查可以不是全要素审核。

④按实施规则中的有关产品监督检验的规定进行年度监督检验。年度监督产品检验由认证机构委托指定的检验机构完成，检验机构向认证机构提交检验报告。

3）监督结果评定。根据产品检验和工厂审查的评审结果，认证机构组织评定组作出监督评定结论。通过年度监督的申请方，可继续持有有效的认证证书。

（8）复评。

初次获证的证书到期时，申请方有意继续保持认证资格的，应提交《产品认证复审申请书》，应按初次认证的程序进行，申请延长证书的产品应提交有效的检验报告，与有效期内的获证产品一并按年度监督的规定实施产品监督检验。新申请的认证单元按初次认证的规定进行产品检验。工厂审查、综合评定和批准等均按相关程序规定。

（9）认证变更。

认证变更指获得认证证书后，对申请人、制造商、生产厂的名称/地址、商标、产品名称及型号更改等。发生上述情况变更时，申请方应提交变更申请、说明和证明材料，认证机构按相关程序的规定，对变更情况进行审查，经批准后换发新证书。新证书的编号、批准有效日期保持不变，并注明换证日期。

6.2 能效标识

6.2.1 概述

1. 概念与特点

（1）概念。

1）能源效率标识。通常说的能效标识，就和现在普遍认知的“绿色标识”一样，是附在用能产品上的信息标签，主要用来表示产品的能源性能，向消费者提供必要的信息，使消费者很容易得到并清楚获知产品的能源消耗和能效水平状况。

2）能源效率标识在国际上的分类。国际上通常把能源效率标识分为两类：保证标识和信息标识。

保证标识是对那些符合特定标准的产品提供一种“认可标志”，也可称为认证标识或认可标识。我国的节能产品认证标志和美国的“ENERGY STAR（能源之星）”标识属于保证标识。

信息标识在国际上一般分为三种：以欧盟和澳大利亚等国家为代表的等级标识；美国和加拿大为代表的连续标识；菲律宾等少数国家的纯信息标识。

（2）特点。

1）能源效率标识有国家法律保障和政策的支持。我国《节约能源法》、《产品质量法》、《认证认可条例》等有关法律、法规对能源效率标识作出了明确规定，为能源效率标识提供了有力的法律保障。

2004 年 8 月，国家发展改革委、国家质检总局联合发布 17 号令，颁布实施《能源效率标识管理办法》，明确了国家对节能潜力大、使用面广的用能产品实施统一的能源效率标识制度。国家制定并公布《中华人民共和国实行能源效率标识的产品目录》（以下简称目录），确定统一适用的产品能效标准、实施规则、能源效率标识样式和规格。同年 12 月，国家发展改革委、国家质检总局、国家认监委联合下发 2004 年第 71 号公告，公布了实行能源效率标识的第一批产品目录、《中国能源效率标识基本样式》、《家用电冰箱能源效率标识实施规则》、《房间空气调节器能源效率标识实施规则》，从而能源效率标识制度正式启动。截止到 2011 年 3 月，陆续公布 7 批能源效率标识目录，涉及 23 类产品。

2）能源效率标识完全依据国家能效标准组织实施。

目前，目录中开展的实行能源效率标识的产品均依据正式发布实施的国家能效标准，比如《家用电冰箱耗电量限定值及能源效率等级》（GB 12021. 2—2008）、《房间空气调节器能效限定值及能效等级》（GB 12021. 3—2010）等，这些标准是开展国家能源效率标识的主要技术依据。并且，随着产品的进步和用能要求的提高，能效标准的数量在不断增加，不适宜的标准也正在被新标准所替代，比如，2010 年 2 月颁布的《房间空气调节器能效限定值及能效等级》替代 2004 年的标准，并在 2010 年 6 月 1 日实施。

3）能源效率标识与节能产品认证的区别。

①类别不同。能效标识属等级标识，反映出不同类型、不同品牌产品的能效水平的差异，有能效标识的产品便于消费者购买时进行比较。节能产品认证标志属保证标识，属于产品质量认证范畴，表示用能产品达到了规定的能效标准或技术要求，但不能表明达到的程度（具体达到几级能源效率等级并不考虑），类似于美国的能源之星。节能产品认证的产品可以让消费者放心购买。

②性质不同。能效标识属强制性认证，节能产品认证属自愿性认证。

③先进性不同。经过节能产品认证的产品能效水平相对较高，而有能效标识的产品指达到标准要求的所有产品。以电动洗衣机为例，能源效率等级达到 2 级以上才能属于节能产品认证产品，而达到标准规定最低等级 5 级及以上都可以标注能源效率标识。

④标志不同。节能产品认证有统一发行的标志样式，内容完全一致；能源效率标识则是企业按照统一要求自行印制，标识的样式一致，但内容各不相同。

2. 能源效率标识标志

我国的“能源效率标识标志”如图 6 - 2 所示，为蓝白背景的彩色标识，一般粘贴在产品的正面面板。能源效率标识为背部有黏性的、顶部标有“中国能效标识”（CHINAENERGY LABEL）字样的彩色标签，紧跟着下面是产品的生产者名称和规格型号。中间为能效等级和其他性能指标，能效等级为1、2、3、4、5，共5个等级。等级1表示产品达到国际先进水平，最节电，即耗能最低；等级2表示比较节电；等级3表示产品的能源效率为我国市场的平均水平；等级4表示产品能源效率低于市场平均水平；等级5是市场准入指标，低于该等级要求的产品不允许生产和销售。有些产品能效等级分为1、2、3，共3个等级，等级1表示产品达到国际先进水平；等级2表示产品的能源效率为我国市场的平均水平；等级3是市场准入指标。最下面为产品执行的标准代号。例如，电冰箱能效标识分5个等级，其信息内容包括产品的生产者、型号、能源效率等级、24小时耗电量、各间室容积、依据的国家标准号；房间空气调节器能效标识的信息包括产品的生产者、型号、能源效率等级、能效比、输入功率、制冷量、依据的国家标准号。

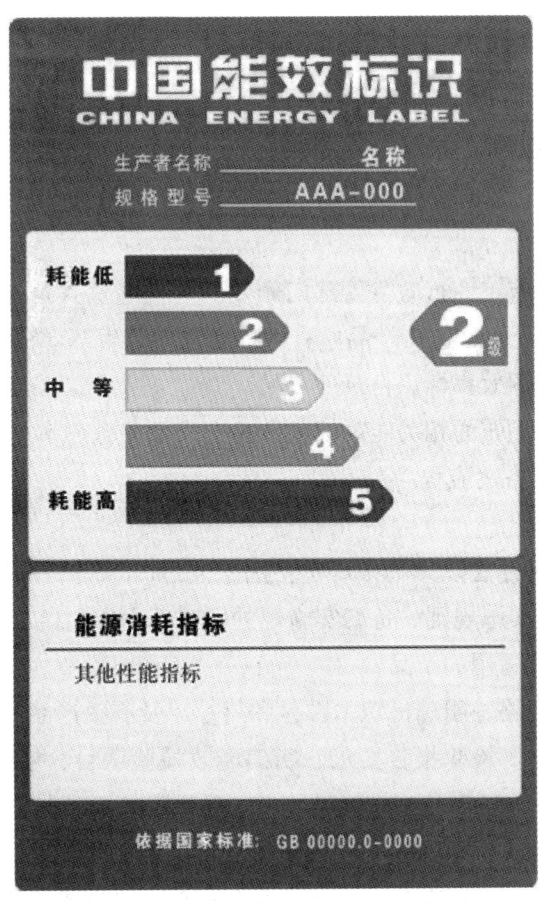

图6-2 能源效率标识标志

3. 我国能源效率标识工作的现状及成就

我国是全球最大的家用电器生产和消费国之一。家用电器拥有量的迅速增长，带来了巨大的能源消耗，同时也加重了对环境的污染。世界各国都通过制定和实施能效标准、推广能效标识制度来提高用能产品的能源效率，促进节能技术进步，进而减少有害物的排放和保护环境。

基于良好的实施成效，能效标识制度得到了我国政府的高度重视。《节约能源法》明确要求“推行强制性能效标识制度”。能效标准与能效标识已被证明是在降低能耗方面成本效益最佳的途径，同时将带来巨大的环境效益，也为消费者提供了积极的回报。

目前已有100多个国家实施了能源效率标识制度，我国是国际上第31个实施能源效率标识制度的国家。我国自2004年8月率先开展了家用电冰箱、房间空气调节器产品实施能源效率标识工作，到目前为止，已经公布了5批目录，涉及家用电器、工业设备、照明器具以及办公设备等领域，共19类产品。由于主要的用能产品都已经有了能效标准和能效标识的规范，随着我国能效标准的不断完善，将会有更多的产品纳入能源效率标识目录中。

6.2.2 基本条件及备案流程

1. 使用能源效率标识的基本条件

按照《能源效率标识管理办法》的有关规定，生产者或进口商及其产品使用能源效率标识的基本条件如下：

（1）境内企业应持有工商行政主管部门颁发的“企业法人营业执照”，境外企业应持有有关机构的登记注册证明，进口产品应有进口商与境外生产者订立的相关合同。

（2）产品属列入能源效率标识目录的产品。

（3）产品符合国家颁布的相关能效标准，并有产品能源效率检测报告。

2. 能源效率标识的备案流程

（1）实施规则的制定。

《能源效率标识管理办法》第七条规定：国家发展改革委、国家质检总局和国家认监委制定《目录》和备案实施规则。备案实施规则内容至少应包括：

1）适用范围。明确适用的产品。

2）标识的样式和规格。明确标识的颜色和尺寸以及有关产品的内容信息等。

3）标识的检验依据和检验报告要求。明确能效检验项目、依据标准和检验报告格式及内容等。

4）标识信息的标注。明确标识中应标注的信息。

5）标识的印制和粘贴。包括标识印制的要求和粘贴的方式、位置等。

6）标识的备案。包括备案申请、受理、登记及年报等内容的时效和内容。

7）标识的公告。包括备案信息、监督检查情况和投诉等。

目前已开展能源效率标识的每类产品均已制定并公开发布了相应的备案实施规则，作为能源效率标识的管理依据。

(2) 产品能效或能耗指标试验。

产品能效或能耗指标试验是确定该产品具备能效或能耗等级的重要依据，是申请能源效率标识备案的主要材料之一。产品能效或能耗指标试验可以通过两条途径来实施。

1) 申请备案方自行检验。如果申请备案方具备相应产品的能效或能耗指标检验能力，并且其实验室已在能效管理中心备案，则申请备案方可自行检验，出具相应的能源效率检测报告。

2) 第三方检测机构检验。第三方检测机构应具备相应产品检验能力并已经在能效管理中心备案，成为备案检验实验室。申请备案方可以委托该第三方检测机构进行产品能效或能耗指标试验，并出具相应的能源效率检测报告。

(3) 备案申请。

1) 备案资料。备案资料需在我国能效标识网（www. energylabel. gov. cn）上提交，并同时将相关资料邮寄至能效管理中心。

2) 网上材料。在 www. energylabel. gov. cn 上注册企业用户，登录后添加产品备案相关信息（实验室备案资料相关信息不需要在网上提交）。

3) 文本材料。应提交的文本材料包括实验室备案和产品备案资料。

如果生产者或进口商利用自身的检测能力进行能源效率检测，需先进行实验室备案。

(4) 备案核查及批准。

能效管理中心负责对申请备案方的网上材料和文本材料进行逐一审查，并应自收到备案材料之日起 10 个工作日内，完成标识信息的核查和备案工作（因生产者或进口商补充材料的时间不计算在内）。

对符合规则要求的，由能效管理中心对标识信息进行登记、存档、编备案号，并在中国能效标识网上公告。

对不符合规则要求的，由能效管理中心通知生产者或进口商及时补充材料或者更换已使用的标识。

(5) 备案变更。

已通过标识备案的产品，由于生产、设计、成本等方面的原因，不变更型号，调整能效标识上的相关信息，可做标识信息变更备案申请。标识备案信息变更时，需提供变更型号的能效检测报告、能效标识样本以及标识信息变更备案申请书。

6.3 合同能源管理*

6.3.1 概述

1. 合同能源管理的定义

合同能源管理是指节能服务公司和用能单位以契约形式约定节能项目节能目标，节能服务公司提供节能项目用能状况诊断、设计、融资、改造、施工、设备安装、调试、运行管理、节能量审核和验证等服务并保证节能量或节能率，用能单位保证以节能效益支付项目投资和合理利润的能源效率改进服务机制。

2. 合同能源管理的意义

20 世纪 70 年代，世界性的能源危机引起发达国家的经济衰退。合同能源管理概念就是在这种背景下发展起来的。基于合同能源管理节能新机制运作的节能服务公司（Energy Service Company，简称之为 ESCo，国内称 EMCo）发展迅速，在美、日及欧洲等一些国家已发展成为一项新兴的节能服务产业。节能服务公司按照合同能源管理节能新机制运作，开展节能项目投融资及服务业务，通过分享节能效益而不断滚动发展，从而解决了项目投融资中存在的市场障碍。通过合同能源管理新机制的产生和新机制运行的节能服务公司不断发展，带动和促进欧洲一些国家及美、日各国节能项目的普遍实施，取得了良好的社会、环境和经济效益。我国目前已经有此类节能服务公司 1 000 余家。

（1）合同能源管理是发达国家普遍推行的、运用市场手段促进节能的服务机制。节能服务公司与用户签订能源管理合同，为用户提供节能诊断、融资、改造等服务，并以节能效益分享方式回收投资和获得合理利润，大大降低用户节能改造的资金和技术风险，充分调动用户节能改造的积极性，是行之有效的节能措施。

（2）节能服务公司在实施节能项目时具有专业节能技术服务、系统管理、资金筹措等多方面的综合优势。节能服务公司的专业化管理，不仅可以有效地减少项目成本，还通过分享节能项目实施后产生的节能效益来获得利润，从而不断发展壮大，并吸引其他节能机构和投资者组建更多的节能服务公司，从而可以在全社会实施更多的节能项目。所以，节能服务公司的发展将推动和促进节能事业的产业化。

（3）加快推行合同能源管理，积极发展节能服务产业，是利用市场机制促进节能减排、减缓温室气体排放的有力措施，是培育战略性新兴产业、形成新的经济增长点的迫切要求，是建设资源节约型和环境友好型社会的客观需要。

3. 合同能源管理的特点

（1）商业性。节能服务公司是市场经济条件下的节能服务商业化实体，在市场竞争中求发展谋生存，以合同能源管理机制实施节能项目实现赢利之目的。它一般不接收客户服务费或咨询费，而是在合同期内分享节能项目收益回报，如若项目失败，则不收益或回报大大减少，甚至于亏损。这是其与传统服务模式最本质的区别。

（2）整合性。节能服务公司不是一般意义上的推销产品、设备或技术，而是通过合同管理机制为客户提供集成化的节能服务和完整的节能解决方案；节能服务公司不是金融机构，但可为项目融资；提供先进、成熟的技术和设备；可保证工程质量。对客户来讲，节能服务公司可为其提供经优选各种资源集成之工程设施及良好服务，实现约定的节能量或节能效益。

（3）多赢性。合同能源管理项目的成功实施，使项目介入各方如服务公司、客户、节能设备制造商、银行、政府等都能从中分享相应收益。在合同期，客户分享部分节能效益，节能公司分享大部效益；合同期结束后，客户获节能服务公司投入的节能设备所有权，设备销售商收回货款，银行收回本息，政府则获得税款，获社会环境效益。正是由于其多赢性，从而使得合同能源管理具有持续发展的巨大潜力和广阔前景。

（4）技术风险趋于零。节能服务公司帮助客户开展的节能项目所采用的技术是成熟的，设备是规范的，并有足够的成功案例，开展项目以节能效益为主，工作以承诺保证不影响生产情况实现节能效益为前提，节能公司承担项目大多数风险，对客户来说，项目的技术风险趋近于零。

（5）客户可以零投入。以合同能源管理开展的项目，客户通过服务公司获部分或全部项目融资，克服了资金障碍。实施项目通常有明显效益，高回报，投资回收期在3年左右，客户以节能费用偿还项目贷款和服务费用，并最终取得自身的良好经济效益。

4. 合同能源管理的类型

（1）节能效益分享型。

即在项目实施期内用户和节能服务公司分享节能效益的合同类型。节能改造工程的投入，按照节能服务公司与用户的约定共同承担或由节能服务公司单独承担。项目建设施工完成后，经双方共同确认节能量，按合同约定比例分享节能效益。项目合同结束后，节能设备所有权无偿移交给用户，以后所产生的节能收益全归用户所有。

（2）节能量保证型。

即用户提供全部或部分项目资金，节能服务公司向用户提供节能服务并承诺保证项目节能量的合同类型。合同规定节能指标及检测和确认节能量（节能率）的方法，项目实施完毕，经双方确认达到承诺的节能量，用户一次性或分次向节能服务公司支付服务费用。如达不到承诺的节能量和节能效果，按照合同约定由节能服务公司承担相应的责任和损失。节能量保证型合同适用于实施周期短、能够快速支付节能效益的节能项目，合同中一般会约定固定的节能量价格。

（3）能源费用托管型。

即用户委托节能服务公司出资进行能源系统的节能技术改造和运行管理，并按照双方约定将该能源系统的能源费用交节能服务公司管理，系统节约的能源费用归节能服务公司的合同类型。项目合同结束后，节能服务公司改造的节能设备无偿移交给用户使用，以后所产生的节能收益全归用户。

（4）节能设备租赁型。

即融资公司投资购买节能服务公司的节能设备和服务，并租赁给用户使用，根据协议定期向用户收取租赁费用。节能服务公司负责对用户的能源系统进行节能技术改造，并在合同期内对节能量进行测量验证，担保节能效果。项目合同结束后，节能设备由融资公司无偿移交给用户使用，以后所产生的节能收益全归用户。

基于上述四种基本类型，可以形成多种复合模式，同样属于合同能源管理项目。

6.3.2 节能服务公司

节能服务公司是指按照合同能源管理为用能单位提供能源效率改进服务的专业化服务公司。

1. 主要类型

（1）资金依托型。

充裕的资金是节能服务公司进入市场的明显优势，节能服务公司的经营特征是以市场需求为导向，利用资金优势整合节能技术和节能产品实施节能项目。这种类型的节能服务公司不拘泥于专一的节能技术和节能产品，具有相当大的机动灵活性，市场跨度大，辐射能力强，能够实施多种行业、多种技术类型的项目，但需要加强在选择节能技术、节能产品和运作节能项目方面的风险控制能力。

（2）技术依托型。

以某种节能技术和节能产品为基础发展起来的，节能技术和节能产品是节能服务公司的核心竞争力，通过节能技术和节能产品的优势开拓市场，逐步完成资本的原始积累，并不断寻求新的融资渠道，获得更大的市场份额。节能服务公司大多拥有自主知识产权，实施节能项目的技术风险可以控制，项目收益较高。节能服务公司目标市场定位明确，有利于在某一特定行业形成竞争力，如果既能保持技术不断创新，又能很好地解决融资障碍，节能服务公司的发展速度将十分迅速。

（3）市场依托型。

节能服务公司拥有特定行业的用户资源优势，以所掌控的用户资源整合相应的节能技术和节能产品来实施节能项目。节能服务公司开发市场的成本较低，由于与用户的深度认知，来自用户端的风险较小，有利于建立长期合作关系，并获得用户对节能项目的直接融资。节能服务公司需要很好地选择技术合作伙伴，有效地控制技术风险。

2. 基本要求

（1）公司专业技术服务能力。

1）具有较高服务技能的专业技术队伍和一定数量的专家队伍。

2）具有能源审计（节能诊断）、项目能效测试及节能潜力分析的能力。

3）具有良好的节能技术服务业绩及科研开发、工程设计、生产安装、调试服务能力的依托（合作单位），对业务发展有较好的规划及前景。

4）拥有一定的节能产品及技术储备。

5）具有技术交流和培训基地。

（2）公司管理及项目管理能力。

1）具有能效测试、节能技术开发、技术咨询及工程承包资质的法人单位。

2）具有比较健全的行政和财务管理，公司应以合同能源管理作为主营业务，其收入应大于公司收入的50%。

3）具有良好的节能技术工程项目管理业绩及一整套相关的管理制度。

4）具有项目调试、运行及维修保养能力。

5）具有节能量检测及确定能力。

（3）公司资金及融资能力。

1）具备一定的资产规模。

2）具备一定的融资能力（如具备 A 级以上的银行资信等级及金融机构合作的能力）等。

3. 培育对象

（1）节能技术服务公司。

主要业务是为用户提供能源审计、项目设计、原材料和设备采购、工程施工、工程验收、节能量检测、系统维护等节能技术服务，以合同能源管理的方式推广整合型的节能设备和技术。

（2）节能产品生产厂商。

以生产节能产品为主，并辅以合同能源管理的方式销售自产产品。

（3）节能产品销售公司。

受节能产品生产厂商的委托，销售成熟的节能产品，在销售过程中采用合同能源管理方式。

4. 业务内容

节能服务公司是一种比较特殊的企业，其特殊性在于它销售的不是某一种具体的产品或技术，而是一系列的节能“服务”，也就是为用户提供节能项目，其实质是节能服务公司向用户销售节能量。节能服务公司的业务活动主要包括以下步骤和服务内容：

（1）能源审计或节能诊断是节能服务公司为用户提供服务的起点，由节能服务公司的专业人员对用户的能源供应、能源管理、能源效率状况进行审计、监测、诊断和评价。因此，需要用户的紧密配合，以尽可能地发掘节能改造的潜力，获得最佳的改造效果。能源审计的主要方法包括产品产量的核定、能源消耗数据的核算、能源价格与成本的核定、企业能源审计结果的分析等。用户通过能源审计，可以掌握本单位能源管理状况及用能水平，确定合同能源管理的能源消耗基线，找出节能障碍和浪费环节，以降低生产成本，提高经济效益。

（2）节能项目设计是根据能源审计或节能诊断的结果和确认的能耗基准，节能服务公司向用户提出如何利用成熟的节能技术、节能产品来提高能源利用效率，并降低能源消耗成本的方案和建议。如果用户有意向接受节能服务公司提出的方案和建议，节能服务公司就为用户进行具体详细的节能项目设计。

（3）节能服务公司与用户协商，就准备实施的节能项目签订节能服务合同。在某些情况下，如果用户不同意与节能服务公司签订节能服务合同，节能服务公司可向用户收取能源审计和节能项目设计等前期费用。

（4）节能服务公司向用户提供节能项目投资或融资服务，节能服务公司用于节能项目的资金可能是公司的自有资金、银行商业贷款或者来自其他融资渠道，以帮助用户克服实施节能项目的融资困难。

（5）由节能服务公司负责节能项目的原材料和设备采购，以及节能项目的施工、安装和调试工作，实行“交钥匙工程”。

（6）节能服务公司为用户培训设备操作人员，提高操作人员的操作技能，负责所安装的设备、系统的保养和维护。

（7）节能服务公司为用户提供节能项目的节能量保证，并与用户共同监测和确认节能项目在项目合同期内的节能效果。

（8）在项目合同期内，节能服务公司拥有与项目有关的投入（包括土建、原材料、设备、技术等）的所有权，并与用户分享项目产生的节能效益。在节能服务公司的项目资金、运行成本、所承担的风险及合理的利润得到补偿之后（合同期结束），设备的所有权将转让给用户。用户最终将获得高能效设备和享受合同期后产生的全部节能效益。

5. 业务流程

（1）初始与用户接触。

节能服务公司与用户进行初步接触，就用户的业务范围、所使用的耗能设备类型、所采用的生产工艺等基本情况进行交流，以确定用户重点关心的能源利用方面等问题；然后向用户介绍节能服务公司的基本情况、业务运作模式及对用户潜在的利益等，向用户重点指出具有节能潜力的项目，解释合同能源管理的有关问题；最后确定节能服务公司可以介入的项目。

（2）初步能源检测与能源审计。

节能服务公司通过用户的安排，对用户进行实地考察与调研，对用户能源消耗的各道环节进行监测，对用户的设备台账进行分析，对用户拥有的用能设备及其运行情况进行检测，对设备数量、额定参数、运行状况及操作方式等进行详细记录，同时重点发现可能具有重大节能潜力的用能环节。

（3）估算节能量。

根据用户提供的能耗台账以及用能设备检测结果，对拟建议的节能项目估算出潜在的节能量。

（4）初步的节能项目建议。

节能服务公司起草并向用户提交一份节能项目建议书，描述所建议的节能项目的概况、节能投资和项目估算的节能量。与用户一起审查节能项目建议书，并回答用户可能提出的关于合同中节能项目的各种问题。

（5）签署意向书。

节能服务公司确定用户是否愿意继续该节能项目的开发工作，并就拟议中的节能服务合同条款向用户作出解释，保证用户完全清楚他们的权利和义务。通常情况下，如果详尽的能耗调研确实证明了项目建议书中估算的节能量，则应要求用户签署一份节能项目意向书，使用户确认该节能项目。

（6）详尽的能耗调研。

节能服务公司对用户的用能设备或生产工艺进行详细的调查，对拟议节能项目的节能量进行更为精确的分析计算。节能服务公司与节能设备供应商取得联系，了解项目中拟采用的节能设备的价格。在确定“基准年”的基础上，确定一条度量该项目节能量的“基准线”。

（7）合同准备。

节能服务公司与用户协商，就拟议中的节能项目实施准备一份节能服务合同。合同内容应包括项目投资额、合同双方的投资比例、规定的项目节能量、节能服务公司和用户双方的责任、节能量的计算方法以及如何测量节能量、节能效益的分享类型等。同时，节能服务公司要准备包括项目工作进度表在内的项目工作计划。

（8）项目被接受。

如果用户对拟定的节能服务合同条款无异议，同意由节能服务公司来实施该节能项目，双方正式签订节能服务合同，合同的开发阶段工作到此结束。节能服务公司应将详尽的能耗调研过程中的费用支出计入该项目的总成本中。

（9）签订合同。

节能服务合同由节能服务公司与用户双方的法人代表签订。节能服务公司和用户双方的律师都应该参与节能服务合同条款的商定和合同文本的准备。

（10）监测。

在某些情况下，需对要改造的用能设备或生产工艺进行必要的监测工作，以建立节能项目的能耗“基准线”。这一监测工作必须在更换现有用能设备之前进行。

（11）工程设计。

节能服务公司组织进行节能项目所需要的工程设计工作。并非所有的节能项目都需要有这一步骤，如照明改造项目无需工程设计。

（12）项目建设与安装。

节能服务公司按照与用户协商一致的工作进度表，建设项目和安装合同中规定的节能设备，确保对工程质量的控制，对所安装的设备运行情况做详细记录。

（13）项目验收。

节能服务公司要确保所有设备按预期目标运行，培训操作人员对新设备进行操作，向用户提交记载所做设备变更的参考资料，并提供有关新设备的详细资料。

（14）节能量监测。

根据合同中规定的监测类型，完成需要进行的节能量监测工作。监测工作要求可能是间隔的，也可能是一次性的，或者是连续性的。确定节能量是否达到合同规定是极其重要的环节之一。

（15）项目维护和培训。

节能服务公司按照合同条款，在项目合同期内，向用户提供所安装设备的维护服务。对节能服务公司而言最为重要的是分享项目产生的节能效益。节能服务公司应与用户保持密切联系，以便对所安装设备可能出现的问题进行快速诊断和处理，同时继续优化和改进所安装设备的运行性能，以提高项目的节能量。节能服务公司还应对用户的技术人员和操作人员进行培训，以便合同期满后设备仍旧能够正常地运行，从而保证能够持续获得节能项目产生的节能效益。

6.3.3 节能量计算方法*

1. 节能量计算

节能量既是用户衡量节能技术能力的标准，也是节能服务公司评价节能项目可盈利性的标准，因此，节能量的计量对节能服务公司与用户都很重要。能耗基准和节能量的确定应参照《企业节能量计算方法》（CB/T 13234—2009）等标准，并得到合同双方的共同确认。

能源系统的各项参数是可以被测量的，节能量则不能被直接测量。在实施节能改造之前，节能量是推算值或估计值。实施节能改造之后，节能量是各种数据的综合统计值，节能量在各个时期都不是恒定不变的，它随气候、使用条件（如面积、人数、设备、产量、时间）、能源价格等因素的变化而改变。节能量是动态的概念，它随使用环境、设备负荷率的变化而有所不同。

2. 节能量计算方法

节能量计算方法可以在节能服务公司与用户的节能项目合约中协商解决，也可以委托第三方权威机构检测与验证。目前，主要有以下四种方法。

（1）设备性能比较法。

即比较节能改造前后新旧设备的性能，结合设备运转时间，简单地评价出节能效果。该方法适合于负荷输出较恒定、种类较单一的场合，如灯具的更换。当然，对于负荷变化大的设备亦有参考价值。

（2）能源消耗比较法。

即节能改造前后，比较相同时间段的能源消耗，评价出节能效果。该方法适合于负荷输出较恒定、种类较繁杂的场合，如星级宾馆、连锁商场，这类企业管理比较规范，全年的能源消耗跟历年比较，变化不大。

（3）产品单耗比较法。

用户的产值、产量等均与能源的消耗量有直接的关系，针对不同类型用户，统计不同类型的产品单耗，比较改造前后的单耗数据，即可得出节能量的大小，结合实际消耗的能源费用，即可计算出节能效益。该方法适合于负荷变化较大、生产品种单一的用能场合。

（4）模拟分析法。

即建立改造前后两套计算机仿真系统，用分析软件计算前后的能源消费量，并结合实际测量数据校正计算结果。该方法可独立计量节能效益，也可作为前述三种方法的补充方案。

6.3.4 合同能源管理在我国发展的现状与推广

1. 合同能源管理的发展情况

我国于20世纪90年代末引进合同能源管理机制，通过示范、引导和推广，节能服务产业迅速发展，专业化的节能服务公司不断增多，服务范围已扩展到工业、建筑、交通、公共机构等多项领域。到2011年，全国节能服务公司达1 000余家，对推动节能改造、减少能源消耗、增加社会就业发挥了重要作用。

合同能源管理机制在我国起步较晚，但各级政府充分认识到其市场化的节能效益及示范作用，进行了全方位的支持和推广。国家先后发布的节能法律、法规、政策支持与鼓励企业实行合同能源管理。《节约能源法》第六十六条规定：国家运用财税、价格等政策，支持推广电力需求侧管理、合同能源管理、节能自愿协议等节能方法。《节能中长期专项规划》（发改环资〔2004〕2505号）规定：推行合同能源管理，克服节能新技术推广的市场障碍，促进节能产业化，为企业实施节能改造提供诊断、设计、融资、改造、运行、管理一条龙服务。国务院《关于加强节能工作的决定》（国发〔2006〕28号）规定：培育节能服务体系。有关部门要抓紧研究制定加快节能服务体系建设的指导意见，促进各级各类节能技术服务机构转换机制、创新模式、拓宽领域，增强服务能力，提高服务水平。

为了适应当前节能减排形势的需要，解决我国合同能源管理模式存在的财税扶持政策少、融资困难以及规模偏小、发展不规范等突出问题，温家宝总理于2010年3月17日主持召开国务院常务会议，研究了加快推行合同能源管理促进节能服务产业发展的政策措施。2010年4月国务院办公厅转发国家发展改革委、财政部、人民银行、税务总局四部门《关于加快推行合同能源管理促进节能服务产业发展意见的通知》（国办发〔2010〕25号）。政策扶持的重点集中在减税领域，在财政、税收、融资渠道、补贴方面进行改革，包括将合同能源管理项目明确纳入服务税范畴，制定税收鼓励政策和细则，鼓励金融机构在优惠利率信贷、产品合作等多渠道对合同能源管理进行扶持，以及节能服务补贴政策。政策推动下的节能服务产业有望迎来新一轮增长高峰。2010年8月，国家质检总局发布了《合同能源管理技术通则》（GB/T 24915—2010）标准，于2011年1月1日实施，这对规范节能服务市场、推行合同能源管理将起到积极作用。

2. 国家推广合同能源管理的措施

（1）完善促进节能服务产业发展的政策措施。

1）加大资金支持力度。将合同能源管理项目纳入中央预算内投资和中央财政节能减排专项资金支持范围，对节能服务公司采用合同能源管理方式实施的节能改造项目，符合相关规定的，给予资金补助或奖励。有条件的地方也要安排一定资金，支持和引导节能服务产业发展。2010 年 6 月《国家发展改革委、财政部关于印发〈合同能源管理项目财政奖励资金管理暂行办法〉的通知》（财建〔2010〕249 号），决定中央财政安排奖励资金，支持推行合同能源管理，在支持对象和范围、支持条件、支持方式和奖励标准等方面作了具体规定。

2）实行税收扶持政策。在加强税收征管的前提下，对节能服务产业采取适当的税收扶持政策。一是对节能服务公司实施合同能源管理项目取得的营业税应税收入，暂免征收营业税，对其无偿转让给用户的因实施合同能源管理项目形成的资产，免征增值税。二是节能服务公司实施合同能源管理项目，符合税法有关规定的，自项目取得第一笔生产经营收入所属纳税年度起，第一年至第三年免征企业所得税，第四年至第六年减半征收企业所得税。三是用户按照能源管理合同实际支付给节能服务公司的合理支出，均可以在计算当期应纳税所得额时扣除，不再区分服务费用和资产价款进行税务处理。四是能源管理合同期满后，节能服务公司转让给用户的因实施合同能源管理项目形成的固定资产，按折旧或摊销期满的资产进行税务处理。

3）完善相关会计制度。各级政府机构采用合同能源管理方式实施节能改造，按照合同支付给节能服务公司的支出视同能源费用进行列支。事业单位采用合同能源管理方式实施节能改造，按照合同支付给节能服务公司的支出计入相关支出。企业采用合同能源管理方式实施节能改造，如购建资产和接受服务，能够合理区分且单独计量的，应当分别予以核算，按照国家统一的会计准则制度处理；如不能合理区分或虽能区分但不能单独计付的，企业实际支付给节能服务公司的支出作为费用列支，能源管理合同期满，企业取得相关资产作为接受捐赠处理，节能服务公司作为赠予处理。

4）进一步改善金融服务。鼓励银行等金融机构根据节能服务公司的融资需求特点，创新信贷产品，拓宽担保品范围，简化申请和审批手续，为节能服务公司提供项目融资、保险等金融服务。节能服务公司实施合同能源管理项目投入的固定资产可按有关规定向银行申请抵押贷款。积极利用国外的优惠贷款和赠款加大对合同能源管理项目的支持。

（2）加强对节能服务产业发展的指导和服务。

1）鼓励支持节能服务公司做大、做强。节能服务公司要加强服务创新，加强人才培养，加强技术研发，加强品牌建设，不断提高综合实力和市场竞争力。鼓励节能服务公司通过兼并、联合、重组等方式，实行规模化、品牌化、网络化经营，形成一批拥有知名品牌、具有较强竞争力的大型服务企业。鼓励大型重点用能单位利用自己的技术优势和管理经验，组建专业化节能服务公司，为本行业其他用能单位提供节能服务。

2）发挥行业组织的服务和自律作用。节能服务行业组织要充分发挥职能作用，大力开展业务培训，加快建设信息交流平台，及时总结推广业绩突出的节能服务公司的成功经验，积极开展节能咨询服务。要制定节能服务行业公约，建立健全行业自律机制，提高行业的整体素质。

3）营造节能服务产业发展的良好环境。地方各级人民政府要将推行合同能源管理、发展节能服务产业纳入重要议事日程，加强领导，精心组织，务求取得实效。政府机构要带头采用合同能源管理方式实施节能改造，发挥模范表率作用。各级节能行政主管部门要采取多种形式，广泛宣传推行合同能源管理的重要意义和明显成效，提高全社会对合同能源管理的认知度和认同感，营造推行合同能源管理的有利氛围。要加强用能计量管理，督促用能单位按规定配备能源计量器具，为节能服务公司实施合同能源管理项目提供基础条件。要组织实施合同能源管理示范项目，发挥引导和带动作用。要加强对节能服务产业发展规律的研究，积极借鉴国外的先进经验和有益做法，协调解决产业发展中的困难和问题，推进产业持续健康发展。

6.4 清洁生产审核

6.4.1 清洁生产概念

所谓清洁生产，是指不断采取改进设计、使用清洁的能源和原料、采用先进的工艺技术与设备、改善管理、综合利用等措施，从源头削减污染，提高资源利用效率，减少或者避免生产、服务和产品使用过程中污染物的产生和排放，以减轻或者消除对人类健康和环境的危害。

6.4.2 清洁生产审核

清洁生产审核是指按照一定程序，对生产和服务过程进行调查和诊断，找出能耗高、物耗高、污染重的原因，提出减少有毒有害物料的使用、产生，降低能耗、物耗以及废物产生的方案，进而选定技术可行、经济核算及符合环境保护的清洁生产方案的过程。生产全过程要求采用无毒、低毒的原材料和无污染、少污染的工艺和设备进行工业生产，而在产品的整个生命周期过程，对于产品要求从产品的原材料选用到使用后的处理和处置不构成和减少对人类健康和环境危害。

1. 目的

节能、降耗、减排、增效、消灭（或减少）产品上的有害物质，减少生产过程中的原料和能源的消耗，降低生产成本，以减少对人类健康环境的危害。

2. 宗旨

为了推进各行业的可持续发展和综合考虑经济与环境的相互协调，以促使经济效益和环境效益的统一。

3. 益处

对于企业，可以真正降低成本，降低企业的原材料消耗和能耗，提高物料和能源的使用效率。对于国家，真正包含的国家的节能减排的中心任务，是我国向世界承诺减少温室气体排放的重要举措。对于地方政府，是完成国家规定的节能减排任务的重要方法和途径。

6.4.3 审核程序

1. 筹划和组织阶段

重点是取得企业高层领导的支持和参与，组建清洁生产审核小组，制定审核工作计划和宣传清洁生产思想。

（1）领导支持。

1）宣讲效益。包括经济效益、环境效益、无形资产、技术进步 。

2）阐明投入。管理人员、技术人员和操作工人必要的时间投入；监测设备和监测费用的必要投入；编制审核报告的费用，以及可能的聘用外部专家的费用。

（2）组建审核小组。

1）成立清洁生产审核领导小组。组长由公司总经理担任，副组长由分管副总经理担任，成员由技术、工艺、环保、管理、财务、生产等部门及生产车间负责人组成。主要职责是确定企业当前清洁生产审核重点；组建并检查审核工作小组的工作情况；对清洁生产实际工作作出必要的决策；对所需费用作出裁决。

2）成立清洁生产审核工作小组。组长由分管副总经理担任，副组长由管理部门、技术部门、生产部门负责人担任，成员由管理、技术、环保、工艺、财务、采购及生产车间的相关人员组成。主要职责是根据领导小组确定的审核重点，制订审核计划，根据计划组织相关部门开展工作。

（3）制订工作计划。

审核小组成立后，要及时编制审核工作计划表，包括各阶段的工作内容、完成时间、责任部门及负责人、考核部门及人员、产出等等。

（4）开展宣传教育 。

1）目的。使企业全体员工了解清洁生产的概念和实施清洁生产的意义和作用，澄清模糊认识，克服可能存在的各种思想障碍，自觉参与清洁生产工作。

2）宣传教育分三个层面，即厂级、部门级、班组级宣传培训。在开展清洁生产初始，以厂级培训为主，一般通过上大课、开培训班等形式进行。部门级培训一般在启动清洁生产审核后，部门根据企业总体推进计划，制订宣传计划，并根据工作开展情况实施。班组级宣传培训主要集中在生产班组进行。

3）宣传的方式。利用企业的各种例会、广播、板报、电视录像、下达文件、组织学习、举办培训班、印发简报、开展群众性征文、提合理化建议活动等形式，进行清洁生产概念和实施清洁生产的意义和作用的宣传教育活动，澄清模糊认识。

4）宣传内容。包括：清洁生产及清洁生产审核的概念；实施清洁生产的意义和作用；清洁生产审核工作的内容与要求；本企业鼓励清洁生产审核的各种措施；本企业各部门已取得的审核效果及具体做法。

5）操作要点。宣传要制订宣传计划；以例会、班组会形式进行宣传的，要有会议记录；对清洁生产的相关知识、清洁生产审核工作进展情况要以简报的形式发至有关领导、科室、车间等等。

2. 预评估阶段

预评估，是从生产全过程出发，对企业现状进行调研和考察，摸清污染现状和产污重点，并通过定性比较或定量分析，确定审核重点。工作重点是评价企业的产污排污状况，确定审核重点，并针对审核重点设置清洁生产目标。

(1) 组织现状调研（企业概况、环保状况、生产状况、管理状况等）。该步骤由生产、环保、管理等部门收集相关资料，进行现状调研。

(2) 进行现场考察（生产过程、污染、能耗重点环节、部位）。该步骤由生产、环保、管理等部门组织相关人员进行现场考察，发现生产中的问题。

(3) 评价产污排污状况（产污和排污现状分析、类比评价）。该步骤由环保、技术等部门对本企业的产污原因进行初步分析并作出评价。

(4) 确定审核重点（应用现状调查结论，分析确定审核重点）。该步骤由审核领导小组根据所获取的信息，列出企业的主要问题，从中选出若干问题或环节作为备选审核重点。

1）备选重点的部门。如生产车间、工段、操作单元、设备、生产线、污染物产生的流程等。

2）备选重点的条件。包括：污染严重的环节或部位；消耗大的环节或部位；环境及公众压力大的环节或问题；严重影响或威胁正常生产、构成生产“瓶颈”的部位；在区域环境质量改善中起重点作用的环节，等等。一般以消耗大或污染较重的环节或部位作为清洁生产审核备选重点，一般为3~5个。

3）确定审核重点的方法。根据各备选重点的废弃物排放量、毒性和消耗等情况，进行对比、分析、论证后，可采用审核小组成员投票的方法，选定审核重点。通常把污染最严重、消耗最大的部位定为第一轮审核重点，同时要综合考虑资金、技术、企业经营目标、年度计划等综合因素。

(5) 设置清洁生产目标（针对审核重点，设置清洁生产目标）。审核重点确定后，由审核领导小组制定明确的清洁生产目标，即审核重点实行清洁生产后要达到的要求。

1）设置目标的类型。

近期目标。指本轮清洁生产审核需达到的目标，包括环保目标和能耗、水耗、物耗、经济效益等方面的目标。

中长期目标。指持续清洁生产，不断进行完善或进行重大技术改造、设备更新后所达到的水平和能力。中长期目标的时间一般为2~3年。

2）设置目标的原则。先进性，可操作性，符合国家产业政策和环保要求，经济效益明显。

3）应考虑的因素。环境管理要求和产业政策要求，企业生产技术水平和设备能力，国内外类似规模的厂家水平，本企业历史最好水平，企业资金状况。

（6）提出和实施无低费方案（贯彻边审核边实施的原则）。无低费方案是指不需或较少投资即可使问题得以解决的方案。该步骤可由管理、生产部门牵头，相关部门配合，通过座谈、咨询、现场察看、发放清洁生产建议表等方式，广泛发动职工针对各自的工作岗位提出无低费方案，具体可围绕以下方面进行：

1）原辅材料和能源方面。不宜订购过多原料，特别是一些会损坏、易失效或难以储存的原料；对原料的进料、仓储、出料进行计量管理，堵塞各种漏洞和损失；对进厂的原料进行检验，对供货进行质量控制。

2）技术工艺方面。增添必要的仪器、仪表和自动检测指示装置，提高生产工艺的自动化水平；对生产工艺进行局部调整；调整辅助剂、添加剂的投入等。

3）设备方面。改进并加强设备定期检查和维护，减少跑冒滴漏；及时修补、完善输热和输气管道的隔热保温。

4）过程控制方面。选择在最佳配料比下进行生产；增加和校准检测计量仪表；改善过程控制及在线监控；调整优化反应的参数，如温度、压力等。

5）产品方面。改进包装及其标志或说明，加强库存管理，包装材料便于回收利用或处理、处置。

6）产生废弃物方面。对液体废弃物采取沉淀、过滤后进行收集的措施；对固体废弃物采取清洗、挑选后回收的措施；对蒸汽采取冷凝回收的措施。

7）管理状况。清洁作业，避免杂乱无章；减少物料流失并及时收集；严格岗位责任制及操作规程。

8）员工素质方面。加强员工技术与环境意识的培训；采用各种形式的精神与物质激励措施。

3. 评估阶段

建立审核重点物料平衡，进行废物产生原因分析。本阶段的工作重点是实测输入输出物流，建立物料平衡，分析废物产生原因。

（1）准备审核重点资料（收集资料，编制工艺、设备流程图）。该步骤由生产、环保、管理等部门收集已确定审核重点的相关资料，力求资料齐全。

（2）实测输入输出物料（实测、汇总数据）。该步骤由生产部门按照审核工作小组提出的要求，实测输入输出物料，依标准采集数据，环保计量部门配合。

实测时间和周期：对周期性（间歇）生产的企业，按正常一个生产周期（即一次配料由投入到产品产出为一个生产周期）进行逐个工序的实测，而且至少实测三个周期。对于连续性生产的企业，应连续（跟班）监测 72 小时。

（3）建立物料平衡（测算与编制物料平衡图）。该步骤由生产部门按照实测的数据编制物料平衡图（物料平衡图、水平衡图）。

（4）分析废物产生原因（针对审核重点分析废物产生原因）。审核工作小组组织环保、生产、技术、工艺等部门分析废弃物产生原因，提出解决办法。

一般从以下方面分析废物产生原因：

1）原辅材料和能源（纯度、储运、投入量、超定额、有毒有害、清洁能源等）；

2）技术工艺（转化率、设备布置、转化步骤、稳定性、需使用对环境有害的物料等）；

3）设备（自动化水平、设备间配置、维护保养、设备功能与工艺匹配等）；

4）过程控制（计量检测分析仪表、工艺参数、控制水平）；

5）产品（储运破漏、转化率、包装）；

6）废弃物（废弃物循环与再利用、物化性状与处理、单位产品废物产生量与国内外先进水平）；

7）管理（管理制度与执行、与满足清洁生产需要）；

8）员工（素质与生产需求、缺乏激励机制）。

（5）提出和实施无低费方案（针对审核重点）。由审核工作小组提出方案，生产部门具体实施。

4. 方案产生和筛选阶段

针对废物产生原因，提出方案并筛选。本阶段的工作目的是通过方案的产生、筛选、研制，为下一阶段的可行性分析提供足够的中/高费清洁生产方案。

（1）产生方案（广泛发动群众征集，全员参与，保质保量）。由审核工作小组组织全员征集，工程技术人员参与，专家组参与、指导。

1）征集方式。召开车间工人、管理人员和厂有关职能部门参加的专题会议，广开言路、集思广益；设立合理化建议箱，收集单位和个人意见。

2）方案基本类型。加强管理；原辅材料改变与能源替代；改进工艺技术；优化生产过程控制；废弃物回收利用和循环使用；员工激励及素质提高；设备维护与更新；产品更新与改进。

（2）分类汇总方案（对所有方案按八个方面列表简述与预估）。由审核工作小组按可行的方案、暂不可行的方案、不可行的方案进行分类汇总。

（3）筛选方案（初步筛选或权重总和计分排序筛选与汇总）。由审核工作小组组织环保、技术、工艺、生产等部门对方案进行筛选，筛选出3~5个中高费方案。

（4）研制方案（进行工程化分析，提供两个以上方案供可研）。由生产、技术、工艺等部门对方案进行研制，供下一阶段作可行性分析。

（5）继续实施无/低费方案（实施经筛定的可行无/低费方案）。

（6）核定并汇总无/低费方案实施效果（阶段性成果汇总分析）。

对已实施的无/低费方案（包括预评估、评估阶段已实施的）进行汇总。汇总的内容包括方案序号、名称、实施时间、投资、运行费、实施要求、实施后可能对生产状况的影响、经济效益和环境效果。

（7）编写清洁生产中期审核报告（阶段性工作成果总结分析）。

5. 可行性分析阶段

对所筛的中高费方案进行可研分析与推荐。本阶段的工作重点是：在结合市场调查和收集一定资料的基础上，进行方案的技术、环境、经济的可行性分析和比较，从中选择和推荐最佳的可行方案。

（1）进行市场调查（涉及产品结构调整、新的产品、原料产生时进行）。组织人员了解市场需求，预测市场动态，向专家咨询，让工艺技术人员进行测算，确定方案。

（2）进行技术评估（工艺路线、技术设备、技术成熟度等）。由技术部门提供查新检索资料，对方案的先进性、实用性、可操作性进行技术评估。

（3）进行环境评估（资源消耗、环境影响及废物综合利用等）。由环保、节能等部门提供相关资料，对方案的废弃物数量、回收利用、可降解性、毒性、有无二次污染等情况进行环境评估。

（4）进行经济评估（现金流量分析和财务动态获利性分析）。由财务部门提供损益表、负债表，对方案的投资偿还期、净现值、净现值率、内部收益率进行经济评估。

（5）推荐可实施方案（确定最佳可行的推荐方案）。组织专家和技术人员按照技术先进实用、经济合理有利、保护环境的要求，对方案进行评审，确定清洁生产方案。

最佳的可行方案是指该项投资方案在技术上先进适用，在经济上合理有利，又能保护环境的最优方案。

6. 方案实施阶段

实施方案，并分析、验证方案的实施效果。本阶段工作重点是：总结前几个审核阶段已实施的清洁生产方案的成果，统筹规划推荐方案的实施。

（1）组织方案实施（统筹规划、筹措资金、实施方案）；

（2）汇总已实施的无/低费方案的成果（经济效益、环境效益）；

（3）验证已实施的中/高费方案的成果（经济效益、环境效益和综合评价）；

（4）分析总结已实施方案对组织的影响（实施成效对比宣传）。

7. 持续清洁生产阶段

制订计划、措施持续推行和编写报告。本阶段的工作重点是：建立推行和管理清洁生产工作的组织机构，建立促进实施清洁生产的管理制度，制订持续清洁生产计划以及编写清洁生产审核报告。

（1）建立和完善清洁生产组织（任务、归属与专人负责）；

（2）建立和完善清洁生产管理制度（管理、激励与资金）；

（3）制订持续清洁生产计划（工作、实施、研发与培训）；

（4）编写清洁生产审核报告（全面工作成果总结分析）。

清洁生产审核首先是对组织现在的和计划进行的产品生产和服务实行预防污染的分析

和评估。在实行预防污染分析和评估的过程中，制订并实施减少能源、资源和原材料使用，消除或减少产品和生产过程中有毒物质的使用，减少各种废弃物排放的数量及其毒性的方案。

6.5 电力需求侧管理*

6.5.1 概述

1. 电力需求侧管理的定义

电力需求侧管理（Power Demand Side Management，PDSM），是指通过提高终端用电效率和用电方式，在完成同样用电功能的同时减少电量消耗和电力需求，达到节约能源和保护环境，实现低成本电力服务所进行的用电管理活动。其主要内容是对终端用户进行负荷管理，使用电负荷平衡化，提高终端能源使用效率及实现综合能源规划等。

需求侧管理和综合资源规划是国际上流行的一种先进的资源管理技术和规划方法。综合资源规划（Integrated Resources Plan，IRP）是将供应方和需求方各种形式的资源作为一个整体进行的资源规划。电力需求侧管理就是来自综合资源规划的基本思路，是综合资源规划方法在电力资源规划上的运用。电力需求侧管理是电力资源规划的主要内容，即除电力供应方作为资源外，把实施电力需求侧管理、提高用电效率、减少电量消耗以及改变用电方式而降低的电力需求也视为一种资源同时参与电力规划。

2. 电力需求侧管理的特点

（1）电力需求侧管理是国家通过政策措施引导用户高峰时少用电、低谷时多用电，提高供电效率、优化用电方式的办法。在完成同样用电功能的情况下减少电量消耗和电力需求，从而缓解缺电压力，降低供电成本和用电成本，使供电和用电双方都得到实惠。

（2）电力需求侧管理改变了过去单纯以增加能源供给来满足日益增加需求的做法，将提高需求方的能源利用率而节约的资源，统一作为一种替代资源。其中，一个重要思想就是主张将资金投入能耗终端的节能（需求侧），其所产生的效益要远高于将资金投资在生产更多能源上的效益。

3. 供应方资源与需求方资源

为便于规划和运营管理，必须划清电力需求侧管理的供需双方的资源。供需双方资源的界定和划分，以用户计费电能表为界限。计费电表以上为供应方，以下为需求方。

（1）供应方的资源。

主要包括三种：

1）各种类型的电厂；

2）外购电；

3）电力系统节约的电力和电量。

（2）需求方的资源。

主要包括七种：

1）提高照明、空调、电动机、电热等设备用电效率所节约的电力和电量；

2）蓄冷、蓄热、蓄电等改变用电方式所节约的电力；

3）能源替代、余能回收、减少和节约的电力和电量；

4）合同约定可中断负荷所节约的电力和电量；

5）建筑物保温等完善用电环境条件所节约的电力和电量；

6）用户改变消费行为，减少用电所节约的电力和电量；

7）自备电厂参与调度后电网减供的电力和电量。

需求方资源类型繁多，情况比较复杂，对电力需求侧管理项目要具体鉴别，通常选择那些规划期内可实施的项目。

4. 电力需求侧管理的发展现状

电力需求侧管理于20世纪70年代初起源于美国，20世纪90年代初引入我国。随着经济增长速度加快，电力需求增长速度也相应加快。我国电力供需市场环境和社会用电特性发生了很大变化，用电的峰谷差明显增大（峰谷差值有时高达49%），电力供需之间矛盾突出。

我国政府十分重视近年来出现的电力供需矛盾。2004年，胡锦涛总书记在华东电网公司考察时要求，要加强电力需求侧管理，合理用电、有序供电，优先保证居民用电和重要用户的用电，确保电网安全运行。2008年，国务院总理温家宝主持召开国务院常务会议，研究部署煤电油运工作，提出重点要做好加强电力需求侧管理工作。

电力需求侧管理是一项通过政策的引导，调动发电企业、电网企业和电力用户的积极性，共同参与，共享受益，最大限度地实现全社会的资源优化配置和环境保护，取得最好的社会效益的系统工程，是合理配置能源资源、节约能源、缓解电力供需紧张形势的有效手段。

我国开展电力需求侧管理工作以来，在政府的政策引导下，在电力企业与用户紧密配合下，积累了许多宝贵的经验，取得了显著的成效。我国电力需求侧管理潜力巨大，据专家预测，通过加强电力需求侧管理，“十一五”期间，我国累计节约约1 500亿千瓦时的电量，相当于节约原煤7 500万吨。从我国近年来的电力持续负荷统计来看，全国95%以上的高峰负荷年累计持续时间只有几十个小时，采用增加调峰发电装机的方法来满足这部分高峰负荷很不经济。如果采用电力需求侧管理的方法削减这部分高峰负荷，可以缓解电力供需紧张的压力。我国十多个省份出台了电力需求侧管理实施细则等文件，成立领导小组，建立指导中心或展示中心；二十多个省份出台或完善峰谷电价，通过季节性电价、尖峰电价、丰枯电价、可中断补偿电价等多种电价政策，调节用电特性，引导用户调整生产运行方式，采用冰蓄冷空调、蓄热式电锅炉等。同时还采取一些激励政策及措施，推广节能灯、变频调速电动机及水泵、高效变压器等节能设备。据不完全统计，全国共计开展了上千个电力需求侧管理项目，投入超过百亿元。部分省份开展了资源潜力调查，编制了本地区电力需求侧管理规划。

6.5.2 管理方法

1. 电力需求侧管理的基本观点

（1）电力需求侧管理改变了传统的资源观念，把节电作为资源，与供电资源置于同等地位参与规划，目的是经济、有效地利用电力资源。

（2）电力需求侧管理改变了传统的规划模式，把综合经济效益置于突出地位，以成本效益为准则，以社会效益为主要评价标准，协调供、需双方的贡献和利益，达到改善社会整体环境的目的。

（3）电力需求侧管理把终端节电的实施作为一个重要的规划领域，把节电的落脚点放置在终端的具体用能技术设备上，关注的是具体的节能节电活动，防止规划与实施脱节的倾向。

2. 电力需求侧管理的主要内容

电力需求侧管理包括以下两个部分。

（1）负荷管理。

通过负荷整形技术改善用户的用电方式，降低电网的最大负荷，取得节约电力、减少电力系统装机容量的效益。节约电力通常还会同时带来节约电量的效益，但它并不强调一定要带来节约电量的效益，而且有些移峰填谷技术还要多耗电量。

（2）能效管理。

通过用户采用先进技术和高效设备，实行科学管理，提高终端用电效率，减少电量消耗，取得节约电量效益和减少污染排放的效益。其中，峰荷期间运行的节电设备还可降低电网最大负荷，同时获得节约电力、减少系统装机容量的效益，但它并不强调一定要带来这方面的效益。

3. 电力需求侧管理的实施环境

（1）政府的作用。

开展电力需求侧管理需要法制和政府的支撑，它是一种社会行为，只有在宏观调控指导下充分发挥市场调节的基础作用，才能获得最佳经济效益。这就需要政府发挥主导作用，在法制和政策等方面采取强有力手段。

政府要将实施电力需求侧管理纳入法治轨道，并建立相应的体制保障。在节电领域实行以激励为主的政策，在财政、税收、价格等方面制定激励性条款。对各方在节电效益的分配上进行协调，并在实施中进行监督指导。

（2）电力公司的作用。

1）电力公司明确地把节电列入工作范围。电力公司一方面要实施电力资源的开发规划，投资于开发销售电力；另一方面要实施电力需求侧管理规划，投资于终端节电效率。

2）鼓励电力公司承担实施需求侧管理规划。凡是电力公司投资于终端节电，应与供电一样以同等利润计入电费。作为对电力公司的激励措施，应允许实施电力需求侧管理的投资回报率略高于投资电力资源开发的回报率。这不会使电价提高，因为节电成本远低于新增供电成本。

3）政策上要允许电力公司以激励手段推动电力需求侧管理规划的实施。

（3）中介机构的作用。

中介机构（如能源管理服务公司）可向用户提供有关电力需求侧管理内容的各种形式的中介服务，协助政府和配合电力公司实施电力需求侧管理计划。

（4）电力用户的作用。

电力用户是终端节能节电的主体，只有用户积极参与，才能提高终端用电效率，削峰填谷，减少发电装机容量，从而既减少了包括发电和输配电在内的电力建设投资，降低了供电成本，又减少了与其相关的燃料开采、运输投资以及环保费用。所以，用户是节电整体增益的贡献者。因此，要根据政府的决策和电力公司的经营策略来达到调动用户节电的积极性、主动性，使其也能从中得益。

4. 电力需求侧管理的实施措施

（1）法律措施是电力需求侧管理健康发展的保障。从世界范围来看，电力需求侧管理开展较好的国家都有严格的法律、法规，如美国先后出台了《国家能源政策法》及《公共事业管理政策法》等法律、法规，制定了大量强制性能效标准，对电力公司与电力用户提出了许多明确、具体的法律要求，为电力需求侧管理的开展提供了强有力的保障。我国近年也出台了一系列政策法规，以推动电力需求侧管理的发展。

（2）经济措施是电力需求侧管理最主要的激励措施。最常用的是通过实施峰谷分时电价、季节性电价、可中断电价等政策，引导用户尽可能在低谷时段用电，合理避开高峰时段用电。此外，我国出台了《节能节水专用设备企业所得税优惠目录》，对用户购置节电设备给予税收优惠等，吸引用户购买高能效的用电设备。

（3）技术措施是实施电力需求侧管理的手段，针对具体对象、生产工艺或生活用电特点，采用技术成熟的先进节电设备来提高终端用电效率，从而节约电量，削减高峰负荷。技术措施又可以分为提高能效与负荷管理两类。如绿色照明、高效电动机、变频调速、无功补偿、节能家电等属于能效技术；负荷管理系统、蓄能空调等属于负荷管理技术。

（4）政府是电力需求侧管理的主导者，采取必要的管理措施，可以保证技术、经济措施的有效实施。尤其是当电力供需形势出现大的波动时，管理措施对平衡电力供需的作用更为突出。如2008年某省人民政府办公厅印发了《加强电力需求侧管理开展节约用电有序用电工作的意见》，通过实施有序用电等管理措施，组织用户轮休、调整作业程序等，稳定了社会正常用电秩序，缓解了电力短缺。

（5）通过知识普及、信息传播、技术示范、宣传培训等措施，大张旗鼓地宣传和树立科学发展观的思路、节能和环保意识、电力需求侧管理的理念，倡导科学用电，提升电力需求侧管理在全社会的认知度，提高用户主动参与电力需求侧管理的积极性，使之成为人人重视并参与的社会行动。

5. 电力需求侧管理的效益分析

（1）社会效益。

提高用电效率，减少电能总量消耗，可节约一次能源，减少污染物排放；降低高峰负荷增长，缓建或少建电厂，减少电力建设投资，平抑电价，对保障我国经济社会可持续发展意义重大。开展电力需求侧管理有助于缓解电力供需矛盾，稳定社会用电秩序，保障社会经济的正常运转。

（2）电力用户效益。

合理减少用户电力消费和电费支出，降低用户的生产经营成本，提高用户能效和产品的竞争力。

（3）供电企业效益。

削减高峰时段电网调峰的压力，改善电网负荷特性，从而提高电力系统的安全稳定与经济性，提高供电的可靠性及服务水平。特别是在电力供需形势紧张的情况下，它可以大大缓解拉闸限电的压力。

（4）发电企业效益。

提高发电设备利用率，缓解发电机组调峰压力，减少发电机组启停频率，降低发电煤耗及生产成本，提高发电企业的竞争力。

电力需求侧管理采取的节电措施，只有在社会、电力公司、用户等各方收益大于成本时，才能被接受和实施。

6.5.3 技术方法

1. 电力需求侧管理中的负荷管理技术

（1）负荷管理的方式。

电力公司负荷管理的重要目标就是通过削峰或移峰填谷使负荷曲线尽可能地变得平坦。电力需求侧管理中的负荷管理主要采用以下三种方式。

1）降压减负荷。在用电紧张时通过调整电网和供电线路电压降低部分负荷，缓解供需矛盾。

2）对用户可控负荷进行周期性控制。为了降低峰谷差，提高负荷率，需要在用电高峰段对用户可控负荷进行周期控制。通过制定控制策略、与用户协商及经济补偿等手段进行有效控制与管理。

3）直接切除用户可控负荷。在用电紧急状态下，为确保电力用户有序用电及供电电网安全运行，需要直接对用户可控负荷进行切除来降低负荷。

（2）优化电力负荷特性的措施。

1）经济措施是优化负荷特性的重要措施，主要通过电价杠杆来调整不同时段的供求关系，在保持综合平均销售电价基本不变的前提下，将销售电价分解为类别电价，并在类别电价的基础上实施分时电价，使用户在时序性、经济性、用电可靠性之间作出选择，以达到优化负荷特性、调整负荷曲线的目的。

2）行政措施是指政府及有关职能部门，在国家法律、法规框架内，以行政力量推动负荷调整和优化用电方式的一种管理活动。主要内容如下：

①组织用户错开上下班时间，以求日负荷均化。如对工业用户实行周轮休制度，以均衡周负荷，降低工作日的高峰负荷水平。

②安排电力大用户、高耗能企业如重点大中型冶金企业、化肥厂、电解类化工企业、水泥厂、机械行业的冶炼设备等，在用电高峰季节和日高峰时段进行设备检修，以腾出负荷空间；下达各地以及企业的错峰、避峰指标。

③降低部分城市过度的高标准、高耗电亮化水平。

④建设和完善电网企业负荷管理系统；根据用电负荷的实际增长情况和气象预报，预计日、周电网供需情况，及时调整并提前通知参与错峰的企业执行错峰方案。

⑤推广应用电蓄冷空调。

3）技术措施是在经济激励及政府的组织推动下，优化负荷特性的主要技术。措施有以下三类：

①电蓄能技术；

②供电企业负荷管理系统及大中型企业能量管理系统；

③广义上还可以包括能源替代、均衡能源消费、可再生能源利用等措施。

（3）负荷整形的方式。

1）削峰。

削峰是在负荷高峰期间减少需求量，即在电网高峰负荷期减少用户的电力需求，避免增设边际成本高于平均成本的装机容量，并且由于平稳了系统负荷，提高了电力系统运行的经济性和可靠性，降低了平均发电成本。削峰的控制手段主要有两个：一是用户终端用电设备直接负荷控制，二是可中断负荷控制。

直接负荷控制是在电网峰荷时段，系统调度人员通过电力信号或电力监控随时控制用户终端用电的一种方法。由于它是随机控制，常常冲击生产秩序和生活节奏，大大降低了用户峰期用电的可靠性，大多数用户不易接受，尤其是那些可靠性要求很高的用户和设备，负荷的突然甩减和停止供电有时会酿成重大事故和带来很大经济损失，即或采用降低直接负荷控制的供电电价也不太受用户欢迎，限制了这种控制方式的应用范围。在电力供应严重短缺、大量外购峰荷电力的电网，失去电力平衡时，往往采用这种方法削减峰荷，然后对用户予以电价补偿。直接负荷控制多用于城乡居民的用电控制，对于其他用户以停电损失最小为原则进行排序控制。

可中断负荷控制是根据供需双方事先的合同约定，在电网峰荷时段系统调度人员向用户发出请求信号，经用户响应后中断部分供电的一种方法。它特别适合可以放宽对供电可靠性苛刻要求的那些“塑性负荷”，主要应用于工业、商业、服务业等，如有工序产品或最终产品存储能力的用户，可通过工序调整改变作业程序来实现避峰；有能量（主要是热能）贮存能力的用户，可利用贮存的能量调节进行避峰；有燃气供应的用户，可以燃气替代电力，避开电网尖峰；那些用电可靠性要求不高的用户，可通过减少或停止部分用电，以避开电网尖峰等。可中断负荷一般选择特定行业的大型用电终端设备形成的耗电密集型负荷，具有在用电时间上可以推迟的特点，如水泥工业碾磨、碎石的电动机，炼钢厂的电弧炉等。

从我国近年来的电力持续负荷统计来看，全国95%以上的高峰负荷年累计持续时间只有几十个小时，采用增加调峰发电装机的方法来满足这部分高峰负荷很不经济。采用电力需求侧管理的方法削减这部分高峰负荷，不但可以降低电网峰荷，还可以降低用户变压器的装置容量，大大缓解电力供需紧张的压力。

2）填谷。

填谷必须抬高低谷负荷，也就是在电网低谷时段增加用户的电力电量需求，它有利于启动系统空闲的发电容量，并使电网负荷趋于平稳，提高了系统运行的经济性。由于它增加了销售电量，减少了单位电量的固定成本，进一步降低了平均发电成本，使电力公司增加了销售收入。填谷尤其适用于电网负荷峰谷差大、低负荷调节能力差又压电困难，或新增电量长期边际成本低于平均电价的电力系统。特别适用于低谷发电能力利用不足情况。

常用的填谷技术措施有：

①增加季节性用户负荷。在电网年负荷低谷时期，增加季节性用户负荷；在丰水期鼓励用户多用水电，以电力替代其他能源。

②增添低谷用电设备。在夏季尖峰的电网可适当增加冬季用电设备，在冬季尖峰的电网可适当增加夏季用电设备。在日负荷低谷时段，投入电气锅炉或蓄热装置采用电气保温，在冬季后夜可投入电暖气或电气采暖空调等进行填谷。

③增加蓄能用电。在电网日负荷低谷时段投入电气蓄能装置进行填谷，如电气蓄热器、电动汽车蓄电瓶和各种可随机安排的充电装置等。

填谷非但对电力公司有益，用户利用廉价的谷期电量可以减少电费开支。但是，由于填谷要部分地改变用户的工作程序和作业习惯，也增加了填谷技术的实施难度。填谷的重点对象是工业、服务业和农业等部门。

3）电力负荷转移。

电力负荷转移是移峰填谷，即把负荷从高峰时段转向非高峰时段。其效益是减少高峰需求量，但不减少总电量消耗。移峰填谷是将电网高峰负荷的用电需求转移到低谷负荷时段，同时起到削峰和填谷的双重作用。它既可减少新增装机容量、充分利用闲置容量，又可平稳系统负荷，降低发电煤耗。移峰填谷一方面增加了谷期用电量，从而增加了电力公司的销售电量；另一方面却减少了峰期用电量，又减少了电力公司的销售电量。在电力严重短缺、峰谷差距大、负荷调节能力有限的电力系统，移峰填谷是改善电网经营管理的一项主要任务。对于拟建电厂，移峰填谷可以减少新增装机容量和电力建设投资。

主要的移峰填谷技术措施有：采用蓄冷、蓄热技术；分时电价（TOU）；能源替代运行；调整作业程序；调整轮休制度；能源管理系统。

此外，通过科学、合理安排企业的生产班次和检修计划，可以将不需要连续运转的设备和工序安排在电网低谷时段生产，将设备检修安排在高峰时段，在不影响企业正常生产的前提下减少高峰用电需求，从而降低企业用电成本。

（4）负荷抬高。

负荷抬高即增加用电负荷，如能源替代运行，即用电能替代其他形式的能源，如电蓄冷中央空调替代燃气热制冷中央空调、热泵技术应用等能源替代项目。

当电网供需形式出现供大于求时，尤其应加强这方面的工作，增加电能使用密度，如电代油、气、煤等，或增加新客户，即增供扩销。

（5）柔性负荷。

柔性负荷即可靠性和服务质量的变动，如高峰时段用户减少一定数量的需求量，将这部分负荷转移到非峰时段消耗，以此来替代以持续供电为基础的服务。必要时，电力公司在同用户达成谅解的前提下，有中断或减少用户部分负荷的选择。其效果是高峰负荷的削减和少许电量消耗的变化。

选择部分用户，达成谅解并以合同的形式确认。即：高峰阶段，该用户同意转移部分负荷（一般至少 100 千瓦）至低谷或非峰时段消耗；在此前提下，电力公司在电价等方面给予优惠，如执行可停电电价或避峰补贴。当用户违背合同条款时，电力公司有权按合同规定强行停掉该用户部分负荷，或该用户同意罚款。

2003 年以来，我国的迎峰度夏工作将柔性负荷定义为避峰负荷或可停电负荷；将电力负荷直接控制定义为削峰；将填谷和负荷转移定义为错峰。

2. 能效管理技术

电力需求侧管理技术方法除了负荷管理，还有以提高用户终端用电效率为目的的能效管理，它主要从两方面着手：一是选用先进技术和高效设备；二是实行科学管理，在满足同样能源服务的同时减少用户的电量消耗。与节约电力不同，节约电量是随机和随意的，可在任何时间进行，它不受时序的约束。

电力需求侧管理致力于建立在提高终端用电效率基础上的直接节电，依靠科技进步实现资源有效利用的前提下节约电量。

终端用电设备有很多种，运行方式千差万别，节电技术措施多种多样。

6.5.4 项目规划和实施

1. 电力需求侧管理项目设计

主要包括以下内容。

（1）收集资料。

1）借鉴国内外经验。收集资料主要包括：具体的电力需求侧管理计划；相关法规章程；相关电力需求侧管理项目的技术参数，例如终端用电效率提高项目的节电率和移荷项目的高峰负荷转移率、蓄冷空调、蓄热电锅炉项目的移荷能力；技术、经济指标，如用户参与率、市场扩散率；激励措施和项目提交机制等。

2）收集用户资料。用户资料主要有：用能现状；负荷资料；负荷结构；需求分析和趋势；终端用电设备技术资料及其用能现状；用户电费账目等。

（2）负荷研究。

通过负荷研究，主要弄清用户的负荷构成、用能水平及其发展趋势，摸清用户的需求量和节约潜力究竟有多大。一般按用户分类别，如“工业用户：钢铁、有色冶金、采掘业、建材、化工等”，进行典型调查、分析和研究。

（3）电力需求侧管理计划目标。

主要依据电网具体情况，确定电力需求侧管理计划目标。以某电网为例，实施电力需求侧管理，规范系统负荷形状，目前其主要任务是缓解大峰谷负荷转移至非峰季节、非峰时段消耗。例如，将推广应用蓄热电锅炉、蓄冷空调项目转移高峰负荷约有 4 万千瓦；实施直按负荷控制，削峰 3 万千瓦等措施为目标。而终端用电效率提高项目和负荷抬高项目，可不作为该电网现阶段规范系统负荷形状的主要目标。

其他电网可能将终端用电效率提高项目和负荷抬高项目作为当前实施电力需求侧管理、规范系统负荷形状的主要目标。因此，要结合电网实际，编制计划、制定目标。

计划目标确定后，就要研究实现此计划目标的具体电力需求侧管理措施项目，如解决电网大峰谷差运行压力。转移高峰负荷、移峰填谷最有效的技术措施是直接负荷控制，执行可停电电价的电力负荷转移项目，执行分时电价项目。

（4）电力需求侧管理项目激励政策。

工业发达国家能效项目一般执行节能设备费折扣，如：补贴蓄冷空调、绿色家电购置费与传统技术相比超支部分；出台分时电价和可停电电价激励政策等。我国也陆续出台了节能设备购置免税激励政策、节能灯财政补贴、家电购置补贴等一系列激励政策。

（5）提交机制。

提交机制，就是电力需求侧管理项目如何实施。在美国等国家，居民高效照明项目提交机制为直接安装方式。高效电动机、节能变压器、风机水泵调速节能等终端用电效率提高项目，其提交机制为向该电力需求侧管理项目参与用户提供节能型设备购置费超支部分折扣（补贴），用户实施。

2. 电力需求侧管理项目规划编制

在完成以上各项工作后，主要就是进行电力需求侧管理项目规划编制，如对蓄冷空调项目按照计划计算年度需量节约、电量节约和费用开支。计算以上三项主要指标时，要用到单台节能设备节电率（效率），蓄冷空调系统转移负荷能力，执行可停电电价、分时电价客户参与率等技术、经济指标。单台设备节能率可以查资料，如热泵技术节能率按300%计。蓄冷空调移荷能力，不同系统，按用户要求，百分比指标不同。我国推广蓄冷空调、热泵技术已有成功的经验和案例可供参考。在实践中，执行可停电电价、分时电价客户参与率等技术经济指标要参考发达国家经验，总结符合我国实际的指标。

关于费用计算，我国现阶段尚未执行电力需求侧管理项目所需设备购置超支部分折扣政策，但是国家出台了节能设备购置税收优惠政策。分时电价所需的分时电表购置费需列入。可停电电价国内尚未执行，但在2003—2006年迎峰度夏工作中，江苏、河北、福建等省避峰（可停电）负荷项目执行“补贴1元/避峰1千瓦时”的激励政策，这部分资金需要列入计划费用计算。电力系统建设、扩容、升级、改造资金也要列入费用计算。电蓄冷（热）技术应用，各省份已有不同优惠政策（如执行非普峰谷电价、电力需求侧管理专项资金补贴等），可按实际情况列支。另外，还有项目实施人工劳务费等。

3. 电力需求侧管理项目风险评估

（1）引起项目风险的不确定因素。

1）技术上的不确定性。有许多因素决定着技术上的不确定性，其中，无法获取详细而准确的技术资料、数据以及这些技术资料、数据在特定条件下将发生什么变化，将是不可知的。例如高效电动机项目，设计电力需求侧管理计划时，为计算节约量，一般取节能型电动机和在用高耗能电动机标牌效率之差来计算。但是，电动机的实际使用效率是负荷率的函数，是随着负荷变化而变化的。同一型号的电动机，实际使用中的负荷情况视工艺要求是千差万别的，给节约量计算带来不确定性。

2）经济不确定性。经济不确定性是由于用户对参与电力需求侧管理实施经济吸引力等因素缺乏理解引起的。例如节能设备购置费折扣，作为一种激励政策和项目提交机制，对不同行业、同行业不同用户的吸引力不同，且折扣本身很难做到公平、合理。这种折扣激励对用户吸引力的大小，决定用户参与电力需求侧管理实施的积极性。同一折扣额度，某些客户认为很有吸引力，而有些用户经过权衡，则认为吸引力不大。

3）市场不确定性。市场不确定性源于响应电力需求侧管理实施的用户范围。电力需求侧管理项目的技术影响、经济潜力，对于用户参与是有吸引力的。但是，仅仅让用户知道电力需求侧管理的技术影响、经济潜力，对于准确估计用户参与范围，往往是不充分的。因为用户理解并参与电力需求侧管理往往需要时间。就项目提交机制而言，也只能给用户提供有限的资料，并不是所有用户都会关心、研究。

（2）降低风险的决策技术。

1）敏感性分析。即某个关键点发生变化时，如何对资源响应作出评价。在作敏感性分析时，要逐一改变选定的假设条件，对资源响应作出评估。为此，要对变量的影响排序，找出对资源决策最重要的变量。

2）前景分析。就是最大化多种假设条件间相互作用的影响，并针对每种前景，评价资源计划的执行效果。对确定的一组前景，应包括以下属性：可管理性、合理性、代表性等。为了探索有代表性一组可能前景下的结果，每种前景应是某一不同未来。每种前景应包括有关未来的全部明显变化的假设。每种前景范围内，所作假设必须是前后一致的。

3）概率分析。一是如果关键假设依概率分布时，评估资源计划的响应；二是计算产出范围，诸如需量节约、电量节约和各种可能性；三是找出估算各种前景的相关概率。

4）决策分析。在决策分析中，通常使用影响图和决策树描述决策过程。决策树分析的优点是：形象地表示出不确定因素和产出之间的因果关系，并给出每种不确定因素的各种可能性，然后再逐一排除，是一种直觉表示法。

如果对不确定因素没有进行上述分析而作出错误决策，并导致错误的电力需求侧管理计划被选中，造成的初步影响有：需量节约单位容量成本比供方能力建设边际容量成本还高、搁浅投资、招至资源开发成本扩大、无力服务用户（达不到需量节约目标，影响电力供需平衡）、无法协调电力公司服务和用户的关系。最终导致错误结果，影响规划期需量、电量节约目标任务的完成。

4. 项目工程实施和实施后效果评估

（1）电力需求侧管理项目工程实施的方式。

1）直接安装方式。主要就是电力公司直接组织实施，进行具体电力需求侧管理项目施工。如美国的居民高效照明项目，大多电力公司执行的就是这种施工方式，其一切费用均在电力需求侧管理费用中开支。其好处是易于管理，工程进度和质量容易得到保证。

2）折扣方式。这种方式多集中在终端用电效率提高项目，如高效电动机项目、工业高效照明项目、蓄冷空调项目等。这类项目待参与用户选定之后，向他们提供高效设备、器具购置费的超支部分折扣。用户承担与传统设备相同的那一部分购置费和施工。

3）委托方式。随着实施电力需求侧管理工作的深入开展，出现了专门承担电力需求侧管理项目施工的节能服务公司。某些电力需求侧管理项目，可以委托节能服务公司进行。

（2）效果评估。

1）实施效果评估。对电力需求侧管理项目实施效果的评估，主要通过检测、统计、模型来实现。如电力需求侧管理照明节电项目可对实施的节电效果、经济效果、环境效果进行评估。

2）项目总结。项目总结是电力需求侧管理项目的最后程序。可由国内外专家和政府节能主管组成验收小组，对项目进行验收。验收的主要内容：一是审议总结报告；二是查验文档资料；三是抽验用户现场；四是形成验收报告。

电力需求侧管理在我国虽然还处于探索和示范阶段，但通过一些有影响力的示范项目的成功运作，电力需求侧管理项目的实施、推广应用有着十分广阔的前景。

自学指导

学习难点

本章的学习难点有两方面：一是合同能源管理；二是电力需求侧的管理。前者是世界第一次能源危机后，在西方社会形成和产生的节能新机制，在我国经过世界银行引荐介入后，国家发展改革委颁行了多项优惠激励政策，已经非常成熟并蓬勃发展起来。目前我国已有核准的正式合同能源管理公司1 000余家。电力需求侧管理亦是新兴行业，真正运行好需要多学科、多方面的知识和专业方可胜任，掌握难度较大，需加倍努力刻苦学习。

复习思考题

一、单项选择题（在备选答案中选择1个最佳答案，并把它的标号写在括号内）

1. 在电力系统中，表示视在功率的单位是（　　）。

A. KVA　　B. KW　　C. Kvar　　D. KWh

2. 在热功系统中，J与Kcal换算关系是（　　）。

A. 4. 1868　　B. 4. 1810　　C. 4. 1840　　D. 4. 1825

二、多项选择题（在备选答案中有2~5个是正确的，将其全部选出并将它们的标号写在括号内，错选或漏选均不给分）

1. 如下符号中表示电力的有（　　）。

A. Kg　　B. KW　　C. Kvar

D. KVA　　E. Kj

2. 如下符号之中，表示热和电的有（　　）。

A. KW　　B. KWh　　C. KJ

D. GJ　　E. MJ

三、简答题

1. 企业用电设备无功补偿基本方式有几种？补偿量的计算方法有几种？各是什么方法？

2. 企业用电系统产生谐波主要原因有哪些？

3. 治理谐波的主要办法是什么？

四、论述题

1. 合同能源管理（即EPC或EMC）的特点是什么？有什么优势？它的运作基于什么机制？

2. 什么是削峰填谷？实行分时电价有什么优点？

3. 国家推广合同能源管理的激励措施有哪些？

4. 电力需求侧管理有哪些作用？

第 7 章　能源管理体系与特点

学习目标

1. 应知道、识记的内容

能源管理体系是建立并实现能源方针、目标的一系列相互关联要素的有机组合，包含组织机构、职责、惯例、程序过程和资源等。

体系建立的具体步骤共包括几个方面，即从统一思想、领导决策开始，直到管理的评审。

我国能源管理的内容共包括七个方面，即：（1）计量管理；（2）统计管理；（3）消耗定额管理；（4）能源消耗定（限）额的考核；（5）节能培训管理；（6）节能规划管理；（7）节能项目管理。

节能标准：（1）通用节能标准；（2）合理用能标准；（3）合理用电标准；（4）建筑节能标准。

节能规划内容：（1）总论；（2）规划目标；（3）实施步骤；（4）节能措施；（5）保障措施。

节能项目管理：（1）管理的目的；（2）管理的内容及阶段；（3）节能量及财务评价；（4）节能项目的环境评价；（5）节能项目的社会效益分析；（6）节能项目的融资。

2. 应理解、领会的主要内容

重点用能单位的能源管理特点有：（1）消耗能源的品种多，数量大，节能机构健全，专业化管理；（2）工艺过程复杂——选用先进工艺技术装备；（3）设备繁杂多样——全方位管理。

3. 应该掌握、应用的主要内容

- 重点耗能设备的管控方式
- 用能设备的工业锅炉的经济运行
- 热电联产的经济运行
- 三相异步电机的经济运行
- 风机的经济运行
- 空压机形态的经济运行

- 水泵的经济运行
- 电力变压器的经济运行
- 空调的经济运行
- 淘汰落后产能的目标任务及实施原则

自学时数

10 ~ 16 学时。

教师导学

本章比较详细且系统地阐述了我国能源管理体系的模式（即 PDCA）及国家标准《能源管理体系　要求》（GB/T 23331—2009）。该标准是规范组织的能源管理，其核心是降低能源消耗，提高能源的利用率。它借鉴了质量管理体系、环境管理体系的成功模式，结合了能源管理领域特点和特殊要求，利用系统和全程管理的理念，采用了国际通行的 PDCA 模式，将管理与节能相融合。

本章的重点是：重点用能单位工艺设备管理及控制。

本章的难点是：评审能源管理制度和现状。节能措施的分类：管理节能措施；技术节能措施；结构节能措施；节能项目的管理措施。

7.1　能源管理体系

7.1.1　概述

1. 能源管理体系管理的模式

能源管理体系管理的模式中文为策划、实施、核查、改进；英文为 Plan，Do，Check，Act，即 P D C A。2009 年 4 月，我国颁布了国家标准《能源管理体系　要求》（GB/T 23331—2009），并于 2009 年 11 月 1 日正式实施。该标准是规范组织的能源管理，旨在降低能源消耗、提高能源利用效率的管理标准。它借鉴了质量管理体系、环境管理体系的成功模式，结合了能源管理领域的特点和特殊要求，运用系统管理和全过程的理念，采用国际通行的 PDCA 的模式，将管理和节能技术相融合，通过指导组织确定有效的能源管理体系要素和过程，帮助组织实现能源方针和目标，提高组织能源管理效率和水平。

图 7 - 1 为国家标准能源管理体系模式示意图。

PDCA 模式在能源管理体系中的含义如下：P—策划，建立所需的目标和管理过程，以实现组织的能源方针所期望的结果；D—实施，对过程予以实施；C—检查，根据法律法规、能源方针、目标和指标的要求，对过程进行监视和测量，并报告其结果；A—处置，对总结检查的结果进行处理，对成功的经验加以肯定并适当推广，对失败的教训加以总结，将未解决的问题放到下一个PDCA循环里，以保证能够持续改进能源管理绩效。

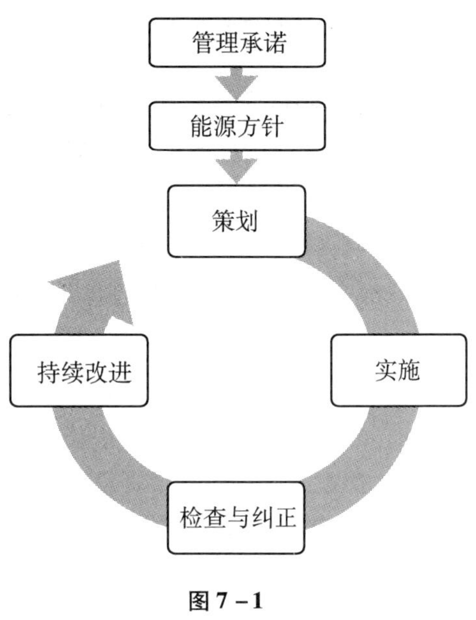

图7－1

2. 能源管理体系

（1）体系建立。

能源管理体系是建立并实现能源方针、目标的一系列相互关联要素的有机组合，包括组织结构、职责、惯例、程序、过程和资源等。能源管理体系根据组织能源利用特点，运用过程方法、系统工程原理和PDCA管理模式，对能源利用全过程进行系统地识别，划分为可控制的过程单元；针对这些过程单元及其相互作用，策划一系列相互关联的管理控制活动，形成一个有机整体；将策划结果文件化，规范并确保各项能源管理活动和利用过程有效实施运行，使组织能源管理形成自我约束、自我完善、自我改进的运行机制，以实现组织能源方针、目标。

（2）体系建立的步骤。

能源管理体系的建立一般应包括如下步骤：

1）统一思想，领导决策；

2）组建领导小组和工作小组；

3）宣传培训；

4）制订工作计划；

5）初始能源评审；

6）识别评价能源因素；

7）建立能源方针、目标和指标；

8）职责分配与资源管理；

9）编制能源管理体系文件；

10）能源管理体系的运行、监视和测量；

11）内审；

12）管理评审。

7.1.2 初始能源评审

1. 初始能源评审前期准备

（1）确定初始能源评审的范围。

最高管理者须对其能源管理体系的范围进行界定，即最高管理者应当确定企业实施能源管理体系的边界。能源管理体系的范围一经确定，企业在这个范围内的所有活动、产品和服务都应当包括在能源管理体系之中。

（2）组织精干力量，成立评审组。

评审组的骨干力量应包括体系建立工作小组成员，评审组成员还应满足以下要求：

1）最高管理者任命评审组长并授权其负责初始能源评审的全部过程；

2）评审组成员应具备必要的节能法律法规知识和专业技术知识，具备识别、分析和评价相关数据或信息的能力；

3）具备相关的评审技巧和能力。

2. 评价法律法规和其他要求

（1）法律法规和其他要求的范围。

不同的行业所适用的法律法规各不相同，即便是同一行业，由于各个企业选用不同的工艺、设备和原材料等，其所适用的法律法规也不完全一样。企业在获取、识别、落实及评价法律法规和其他要求时，可参考以下分类进行：

1）相关法律；

2）行政法规；

3）地方性法规；

4）行政规章；

5）政府及节能行政主管部门的其他要求；

6）节能标准。

（2）获取法律法规和其他要求的程序。

1）收集和获取。

节能法律法规和其他要求的获取，首先要求企业根据内部机构职责划分收集的类别，其次规定收集的方式和方法。

2）识别和评价。

识别出适用于企业的节能法律法规和其他要求的具体条款，并评价目前企业的能源管理绩效和能源因素与法律法规、其他要求的适用性。

3）传递和更新。

传递法律法规和其他要求的目的，是确保对能源利用可能具有影响的工作人员知晓法律法规和其他要求，并严格落实。当法律法规和其他要求及企业的活动、产品、服务发生变化时，应按规定的程序重新进行识别和评价。

3. 评审能源管理制度和现状

（1）评价能源管理制度。

评价能源管理制度包括：

1）文件与标准要求的符合性；

2）文件和文件之间的系统性；

3）文件的可操作性；

4）文件的适宜性。

（2）评审能源管理现状。

1）评审企业的能源方针、能源目标指标。

评审人员在评审时：一是审查能源方针的内容是否符合法律法规及其他要求的规定，是否符合企业总的经营管理方针的内容要求；二是审查能源方针的内容是否能为企业的能源目标和指标的建立提供框架和依据；三是审查能源目标和指标是否为定量的，且制定的能源指标能否保证能源目标的实现，一般采用查看能源方针和目标指标文件、询问相关人员等方式，来判断这些方针和目标是否被贯彻执行。

2）评审组织机构。

评审组在评审组织机构时应仔细收集并查看职责分配文件、组织机构图、职能分配表，在以下几个方面作出判断。

①是否适应能源管理体系标准的需求。目前的机构和职责是否完善，能源管理职责是否融入企业的整体职责，体系要求的所有职责是否细化并分解到各有关的职能和层次。

②是否设置了能源管理体系运行的主管部门。是否指定了能源管理负责人，并在此基础上设置了作为能源管理负责人的主要助手和体系的专职部门。

③能源管理体系的组织结构关系是否得到了落实和开展。即各职能部门（包括主管部门和相关部门）的能源管理功能和所涉及的能源管理体系要求的规定是否明确，体系中各管理要素职能分配是否规定了监督部门。

④各部门、各岗位人员的职责是否明确。即企业内各部门、各岗位人员的作用、职责和权限是否有明确的界定，他们能否明确自己的职责和义务；企业内部各部门、各层次间的汇报和交流的方式、岗位能力要求等。

3）评审能源利用管理过程。

对于一般企业来讲，应根据实际情况将能源利用过程划分为若干过程，在此基础上进一步细化，将每个过程划分成可控制的若干用能子过程或单元，制定各用能单元、主要耗能设备和工序的能源指标。能源目标、指标应该按规定的程序逐级下达，明确规定完成各项指标的责任部门、单位和责任人，落实有关人员的职责，按规定的方法对各用能单元、主要耗能设备和工序的实际用能量进行计量、统计和核算，并及时报告；企业应对指标完成情况进行考核和奖惩，当能源管理绩效达不到目标、指标时，应该查明原因，采取纠正措施，企业根据生产条件变化和指标完成情况及时修订能源指标。

4）评审能源计量状况。

评审能源计量状况时，在查看能源计量网络图、计量器具档案、计量的各项管理制度和原始记录的基础上，通过现场核查、询问相关人员等方式，评审能源计量范围、计量器具的配置和管理是否符合相关要求。

5）评审能源统计状况。

对企业能源消耗的统计状况进行评审，应从能量流动过程的购入贮存、加工转换、输送分配和最终使用四个环节进行。审核评价统计的内容、方法、采用的单位和符号及报表形式是否符合标准要求并满足企业自身能源管理的要求。

6）评审节能技术进步。

在评审企业节能技术进步时应审查：企业是否建立了节能技术进步机制。包括：是否规范了节能先进技术的追踪和研发的办法、渠道，并对企业的基本建设和技术改造工程项目进行可行性研究，确保符合国家有关节能法律法规和其他要求规定。应重点查看企业是否制定节能技术进步方面的管理文件。对采用的新技术，看是否有可行性研究报告，内容是否包含节能效果、经济评估、技术评估等；是否制订实施计划，落实责任；节能技术措施实施后是否进行效果评价和保持，根据情况修订有关技术文件和能源指标，保持节能效果。

7）检查与评价能源管理系统。

企业应建立、保持和不断改进能源管理体系，保证能源管理体系科学化、系统化、规范化、制度化运行。应重点查看企业是否定期对自身能源管理系统进行检查和评价；查看检查评价报告，了解对检查中发现的问题是否进行原因分析，并根据情况调整管理制度和文件。

4. 评审能源利用现状

通过能源利用现状评审，可以使企业及时分析、掌握本单位能源管理水平及用能状况，排查问题和薄弱环节，挖掘节能潜力，寻找节能方向，从而实现“节能、降耗、增效”的目的。评审小组在评价能源利用现状时可采取统计计算为主、现场测试为辅的方式进行，应从能源利用过程、主要用能设备、能源消耗指标、能源成本四个方面对能源利用现状进行全面分析，查找能源利用异常和造成能源浪费的过程和环节。

（1）能量平衡分析。

评审小组应利用前面评审过程中取得的相关数据和各项统计数据编制能量平衡表或能源消费实物量平衡表。平衡表采用统计计算的方法，按照能源流程的四个环节，以各种能源单项平衡为基础，研究能源进入和支出量的平衡关系。在统计资料不足或统计数据需要校核及特殊需要时，应进行实测。应将测试结果折算为统计期的平均水平。通过对能量平衡分析，审查各过程损失的数量及原因，挖掘节能潜力。

（2）主要用能设备效率的计算分析。

评审时主要查看各项统计资料，通过询问统计人员和设备管理人员，审核设备供入能量、有效能量、损失能量的统计计算数据，核实设备效率计算的准确性。连续工作的设备效率是指其稳定工况下的效率，间歇工作的设备效率为其正常工作时的效率。核算主要设备热效率时，应核对统计期设备供给能量、有效能量、损失能量的数量和单位，并核实其正确性和完整性。通过主要设备效率的计算，与国家、地方及行业标准进行比较，找出差距，分析原因，提出改进措施。

（3）核算能耗指标。

综合能耗指标主要包括企业的综合能耗、单位产品综合能耗、单位产品直接综合能耗、单位产品间接综合能耗四项指标。企业通过计算分析综合能耗指标，寻找差距，挖掘节能潜力。

（4）能源成本分析。

评审小组应根据企业消耗能源的种类、数量、热值和价格，计算能源成本。通过对企业的能源成本分析，可以直观地反映能源消耗的成本与经济效益的对比关系，提高节能降耗意识，并通过能源替代等措施节约能源、降低能源成本、提高效益。

对能源利用现状的评审推荐采用能源审计的方法，对主要用能设备效率、能耗指标、能量平衡、能源成本等方面进行分析，并与企业获取的法律法规和其他要求中关于能源消耗指标的规定进行比较，找出不符合能源效率和能源指标的过程和环节，并提出整改意见。

7.1.3 能源管理体系的建立

1. 识别和评价能源的主要因素

（1）确定基准，建立标杆。

1）建立指标框架。

指标框架是按一定的目的、意义系统地结合在一起的一系列有内在联系并互相补充的统计指标，用以说明总体特征所形成的体系。能源管理方面的指标框架是建立在能源系统流程的基础上，通过对能源利用全过程中的一系列统计指标的有机结合，全面、系统地反映出能源利用流程的内在联系、数量关系以及总体特征和发展规律。它是企业内部用于量化各过程和环节的前提保障，也是企业制定能源目标、指标的基础。

①指标框架建立的原则。

科学性。指标框架结构的取舍、各指标计算公式的推导等都要有科学的依据，只有坚持科学性的原则，获取的信息才具有可靠性和客观性，评价的结果才具有可信性。

全面性。确定的指标框架应该能够全面反映企业的能源利用状况和总体能效水平，能够涵盖主要的用能工序、环节以及各主要用能设备，能够有助于企业从各个方面了解自身的能源利用状况，同时便于找到与标杆企业间在能源利用方面的主要差距及产生原因，有助于识别影响能效水平的能源因素，为制订有效的、可行的、全面的节能改进方案奠定基础。

独立性。同层次指标应相对独立，减少指标间的交叉、影响和重复现象。确定指标时，应尽量避免各指标所涵盖范围的重叠，降低指标间的相关性，描述一项特定的内容和对象，应尽量选择最能反映该项内容或对象特点、又不受其他指标影响的相对独立的单一范围。

通用性。确定的指标应为业界所熟悉，是行业内通用的、常用的、易于获取的数据。在制定指标时，可以参照节能标准中规定的各项指标，基准值的计算也应遵循行业统一和通用的标准、方法和口径，这样既便于行业内各企业间的比对分析，提高可比性，又便于最终的能源管理绩效考核，而且利于上级相关部门的考核与评价。

代表性。不宜设定过多的指标，应选择最具有代表性的指标组成指标框架。所谓有代表性的指标，就是指能够反映企业整体或某一环节能源利用效率的主要方面，或者是影响能源利用效率的重要因素。

②指标框架建立的步骤。

选择确定指标。指标应包括三个层次：一是能够反映企业整体能源利用状况和能效水平、能够涵盖全部生产流程的指标，多用综合能耗、单位产值综合能耗、单位产品综合能耗、单位产品可比能耗等指标。二是能够反映主要工艺流程、环节或设备能效水平的指标，多用工序能耗、主体设备的能源利用效率等指标。此类指标是第一类指标的进一步细化，通过对此类设备的分析或对比，能够发现在具体工序和环节上的差距。三是重要工序、设备等的关键性工业参数指标，如锅炉的压力、温度和烟气成分，电动机的运行电压和电流等。此类指标不是能效指标，但与某一具体工序甚至全厂的能效水平密切相关，是影响能效水平的重要因素，也是产生能效水平差距的具体原因和直观表现，开展第一、第二类指标的差异分析，往往要从此类指标具体入手。

明确统计口径和计算方法。在选择确定指标框架的基础上，应对某一指标的定义、统计口径和范围作出规定，可行时应分析制定出对能源利用的影响程度，最好沿用行业约定俗成的规定，符合国家统计原则和行业通用标准，能被行业所接受。当然，对存有争议或歧见、规模或界限不明晰的地方，需要进行明确界定和统一规定。

量化不可比因素。在确定指标框架时，应识别各种不可比因素并将其量化，剔除这些不可比因素后得到一个可比性较高的指标框架。

2）确定基准。

确定基准就是企业通过利用能源审计、能源统计或节能诊断等工具，按照确定指标的原则，对企业的用能状况进行检查、分析和计算，并将所得的结果填入基准指标框架中，形成基准系统。企业在确定基准时，一般采用企业近几年来的平均统计水平，它应该是企业的真实情况，避免出现夸张或缩减的扭曲现象。

能源基准是指企业为建立能源目标、指标和评价能源管理绩效，而确定的某一历史时期能源消耗、能源利用水平，它是建立能源目标的基础。企业可采用初始能源评审分析企业能源利用水平，并考虑生产和财务信息等历史数据（一般情况下应是一年的数据）以及发展趋势和异常情况等因素的影响，从而确定合理的能源基准。同时，若企业的能源因素发生变化，能源基准也应重新进行调整确定。

3）建立标杆。

能源标杆是指企业参照同类可比活动可得的最佳能源利用水平和最佳节能实践。选择、确定能源标杆，可以研究、借鉴其他单位先进的能源管理经验和节能技术，从而促成本单位能源利用和管理水平的提高。企业可将自身的能源绩效与获取的最佳绩效进行对比，寻找差距，或将自身能源利用过程与类似、优秀的能源利用过程进行比较，寻找最优、最有价值流程。同时，由于各生产行业特点及企业实际生产状况不同，可将整体或局部最佳利用水平的历史数据确定为标杆。

一般情况下，标杆法除要求测量标杆企业的能耗指标外，还要发现优秀企业是如何取得这些成就的，利用这些信息作为制定企业能源目标、战略和行动计划的基础。

标杆的建立一般遵循如下顺序：

①确定在哪一方面需要获得标杆。能源消耗统计的类型有很多，比如有产品单耗、工序单耗、设备能耗等，因此标杆的类型也很多，这就需要企业明确自身在哪些方面需要获得标杆。一般情况下，企业应当按照已经确定的指标框架去寻找标杆。

②通过数据获得标杆。标杆建立的一个主要任务就是确定数据来源，主要可以通过以下手段获得：商业期刊或者图书馆的资料库；学术研讨会和工业界的交流会；行业协会的有关数据；因特网查询或者理论计算等。不仅要获得一定数量的信息，而且要对这些数据和信息的质量给予充分注意。

③通过标杆和基准的对比分析，找出差距，并分析这种差距存在的原因。这是制定标杆的意义所在，只有通过与标杆对比，寻找出自己与节能管理先进企业之间的差距，并分析这些差距存在的原因，才能找出解决这些问题的手段和方法。

④将消除差距的各种措施贯彻到能源管理中去，并指导能源目标、指标的制定。标杆的建立可以指导能源目标、指标的制定，并且可以将解决问题的手段和方法形成企业的各种管理制度或者技术文件，通过将这些管理制度或者技术文件贯彻到企业的管理行为中去，能有效地促进企业能效水平的提高。

（2）识别和评价能源因素。

初始能源评审的主要目的是为识别和评价能源因素提供基础依据。所谓识别能源因素，是针对初始能源评审所发现的问题，进行全面、系统、深入的分析，识别出影响能源消耗和能源利用效率的原因和条件；所谓评价能源因素，是根据已识别的能源因素对企业内的能源管理和能源利用效率具有或可能具有的影响程度，评价出重要能源因素。

评价人员可根据能源利用全过程的识别结果，从能源消耗的种类和工艺流程或机构设置的部门职能两种途径进行能源因素的识别，并全面汇总已识别出的能源因素，形成能源因素清单。对能源因素清单中所列的能源因素进行逐一评价，评价出重要能源因素，按其重要程度进行排序，以确定需要优先控制的重要能源因素。在评价重要能源因素时，应重点考虑以下方面：能源因素是否产生了能源浪费或出现了用能违规行为；产生能源浪费或出现用能违规行为的频次及造成的影响；产生能源浪费或出现用能违规行为的最终原因是什么；改变重要能源因素的技术难度；采取措施减少能源影响所需的资金。

1）识别和评价能源因素的范围。

企业在识别能源因素时，需考虑能源购入至最终的产品提供整个过程。从初始评审就要求从能源利用的全过程着手进行，并将这些过程细化为可控制的最小过程单元，通过现场查询、统计计算及现场测试等手段，查找出这些过程和单元存在的问题。而本阶段就是要对这些问题进行精细化、系统化分析，发现影响能源利用效率的原因和条件，以便提出具体的、有针对性的改进措施，从而不断提高能源管理绩效。

2）能源因素识别工具。

对于不同企业和不同领域，可以灵活采用不同的识别工具。常用的能源因素识别工具有能源审计、物料平衡、能量平衡和能源监测。

3）能源因素分析方法。

企业在实施能源核查的过程中，首先要收集完整的能源消耗资料，再运用统计分析的技巧找出问题发生的原因，针对原因寻求解决的方法并防止异常情况的再发生，以达到节约能源的目标。常用的分析方法有以下几种：

①专家判断法；

②面谈交流法；

③过程观察法；

④是/非判断法；

⑤打分评判法；

⑥能效对标法；

⑦因果关联分析法；

⑧单位投资额耗能强度判断法。

企业可以通过以上一种或多种方法，将识别和评价出的能源因素和重要能源因素进行分类汇总，并根据企业的资金、技术等方面的能力，排出其需要控制的先后次序，为下一步制订改进方案打好基础。

2. 建立能源方针、目标和指标

（1）建立能源方针。

能源方针是由企业最高管理者正式发布的降低能源消耗、提高能源利用效率的宗旨和方向。它确定了企业节能降耗的行动纲领，以及应履行的节约能源的责任，为评价能源管理体系的所有活动提供依据，并为能源目标、指标的制定与评审提供依据。

1）制定能源方针时应重点考虑的事项。

①适应于本单位的发展战略、经营管理方针。能源方针应符合企业总体的发展战略需求，是执行企业发展战略的具体体现。同时，能源方针还应与企业的质量、环境、职业健

康安全等其他方针相协调。

②能够为制定和评价能源目标和指标提供依据。能源方针是评价能源管理体系有效性的基础，也是企业建立和评审能源目标和指标的依据。这种关系表现在：企业所制定的能源目标应在内容上与能源方针相吻合，是对能源方针实施情况的具体体现；而能源方针又是通过评审能源目标和指标的实现情况来实现的。

③体现遵守法律法规、标准及其他要求。对法律法规、标准和其他要求的遵守是企业生存和发展的基本要求，企业为贯彻落实这些要求，树立良好的社会形象，所制定的能源方针应包含对能源管理遵法性的承诺。

④表明提高能源利用效率的目的。企业应在技术上可行、经济上合理的条件下，最大限度地使用新技术、新工艺和新材料，优化生产过程，优先使用新能源和可再生能源。

除此之外，企业还可以考虑本单位的性质、能源利用和管理的特点、核心价值观和信念、相关方的要求及与他们的信息交流、资源条件和持续改进等内容。企业制定的能源方针还应便于被公众所获取，从而保证对能源方针落实情况的有效监督。同时，为适应不断变化的外部条件和环境，企业还应对能源方针的适宜性进行评审，必要时予以修订。

2）建立能源方针的步骤。

①收集相关信息。收集相关信息是建立能源方针的准备工作。企业收集的信息一般包括：

国家、省市等的总体规划和政策方针；

企业总的经营方针、理念和目标；

初始能源评审的内容，包括能源利用和能源管理状况、适用的法律法规等；

企业内部的节能意识；

目前的能源管理绩效；

监测设施配备和运行情况；

员工的意见和建议汇总等。

②充分讨论。根据收集的信息，可以以会议的形式在管理层进行充分讨论，最后达成共识，在企业内部确定能源方针。

③签署发布。最高管理者对确定的能源方针进行评审，如无异议，则应由最高管理者最终签署发布。

（2）制定能源目标、指标。

企业根据已制定的能源方针，依据能源基准，对比能源标杆，综合分析当前自身的资源状况和节能潜力，确定能源目标。一般情况下，对于每一个目标，应细化、建立一个或多个可测量的指标，使其形成能源指标体系。为了实现能源目标、指标，可以建立绩效参数用于证实实现目标的进程。对能源目标和指标进行定期审核，必要时修订和更新能源目标、指标。

制定能源目标、指标主要有两种方式：自下而上和自上而下。

1）自下而上法。

在采用自下而上的方式制定能源目标、指标时，所遵循的顺序是先寻找问题，查找能源因素，然后挖掘节能潜力，判断自己能够达到的程度，最后将确定达到的程度定为能源目标、指标。

在各个车间或工序中汇总前期已经确定的基准，形成各职能和层次上的基准系统，以此作为制定能源目标、指标的基础。进而汇总各车间或工序查找出的能源因素和重要能源因素，确定各职能和层次上的节能潜力，即在初始能源评审工作的基础上，寻找出企业在现有资源状况下可以挖掘的节能潜力，并与已确定的基准进行汇总计算，形成各个车间或者工序的指标，然后将指标汇总，形成企业总的目标。这种建立方式比较科学，而且贴近企业的实际，在能源管理绩效方面会有很大的成绩，使企业能够最大限度地完成制定的能源目标、指标。但是这种方式的基础性工作量较大，还会使有的员工因对目标的实现缺乏把握，有意降低目标。对这种现象，作为其上一级管理部门，要进行纠正并认真分析，从而使目标趋于合理。

2）自上而下法。

自上而下是指企业根据自己的设施设备状况、工艺状况以及现行的管理状况，由管理层大体上制定一个可行的能源目标，根据各车间或工序的不同，将能源目标分解成各个层次上的指标。

3. 职责分担与资源管理

（1）职责分担。

最高管理者不可能去实施能源管理的所有工作，需要通过任命能源管理负责人（即管理者代表）、设置能源管理主管部门、明确各职责间的关系和沟通方式、建立信息沟通机制，为能源管理体系的有效运行提供管理保障。也就是说，在职责与沟通方面，最高管理者通过任命能源管理负责人、建立有效的信息沟通机制促进本单位内能源管理工作的开展，以保证能源管理体系的有效运行。

1）组织机构和职责的基本内容。

①分工合理。能源管理体系同其他为某种需要而建立的管理体系一样，均包含若干相互关联的管理要素，这些管理要素都要借助于一定的职能部门，并通过合理的分工，才能有效地实施这些管理要素的基本要求，才能使这些管理要素构成一个能自我约束、自我调节、自我完善的运行机制，才能形成一个完整的管理体系。

②协作配合。能源管理体系标准中所规定的管理要素不是孤立的，是相互联系、相互约束、相辅相成的关系。任何管理要素都包含有预防、控制及监督等多种功能。管理要素的实施需要由多个相关部门互相配合，既有实施部门，又有监督部门；既有管理要素的主管部门，又有配合实施的相关部门。

③责任明确。按能源管理体系标准要素的要求，确定了主管部门和相关部门，分别赋

予不同的管理职能，进一步明确定位，将岗位职责落实到人，使其尽职尽责。

④赋予权限。能源管理体系标准中管理要素的要求除了合理分工、加强协作、确定岗位职责外，还需针对不同部门、不同岗位的分工赋予相应的权限，以便监督检查，激发全体员工的敬业精神。

⑤考核奖惩。为提升和调动员工节能降耗的积极性、主动性及节能操作技能，客观评价员工的工作表现和能力，激励员工发挥团队精神、挖掘节能潜力，管理者应当根据企业实际情况制定考核奖惩制度，对各岗位职责的履行情况进行考核。

2）明确组织机构和职责的基本要求。

①调整和明确企业原有管理机构和职责，以适应能源管理体系标准的需要。按照能源管理体系标准要求，调整企业各职能部门的管理功能，使其相互协调，切实建立起一套工作高效、部门精简、职责明确的管理机构。

②设置能源管理体系运行的综合管理部门。设置能源管理体系运行的综合管理部门，其主要职责是负责能源管理体系的建立、运行和监督管理，不断发现能源管理体系运行中的问题，提出改进意见并及时调整、改进。

③明确企业各个岗位人员的职责。企业内各个岗位人员的作用、职责和权限都应被界定。企业的最高管理者应承担企业在能源管理方面的最终职责，还要在管理层任命一名具有充分职权、意识和能力的管理者作为确保能源管理体系正确实施和运行的能源管理负责人。

④落实和完善能源管理的组织结构关系。为使各能源管理部门和人员熟悉其在能源管理中所涉及的管理范围和管理职责，应明确各职能部门的能源管理功能所涉及的管理要素；明确能源管理体系中各管理要素的主管部门及相关部门；指明各职能部门在实施相关管理要素中的主要职责和权限；在能源管理体系的管理要素“职责分配”中应包含有监督机制，即在企业管理机构设置时，除考虑实施各管理要素过程中的自检、自查，还应保证设置相关的监督部门。

⑤文件要求。根据能源管理体系标准，企业的机构与职责要形成文件。企业应结合自身的特点及管理惯例编制机构与职能文件。通常，企业编制的能源管理手册、程序文件、作业文件都会涵盖形成文件的职责和权限。

（2）资源管理。

为保证能源管理体系有效运行，企业需要提供适宜的资源支持，包括人力资源、设施、设备和资金。其中，人力资源是能源管理体系有效运行的必备要素，设施、设备是能源管理体系运行的保障，资金则是能源管理体系各项活动顺利开展的基本前提。

1）人力资源管理。

优质的人力资源是提高企业核心竞争力和工作绩效的必要支持，也是保证能源管理体系有效运行的重要条件。能源管理体系中的人力资源管理主要包括节能意识、岗位能力评价和培训三个方面的内容。

2）设施设备管理。

能源管理体系中的设施设备主要是指基础设施、能源计量器具和用能设施设备，对其采购、使用、配置、维修和保养的管理水平将直接影响能源利用效率。

3）资金管理。

企业应当考虑将能源管理和利用过程有关的数据转化为资金方面的信息，以便提供可测量的资金需求，并督促能源管理体系运行有充足的资金保证。应当包括确定资金需求分析、资金管理等活动。

4. 编制体系文件

编制能源管理体系文件是一个企业建立健全能源管理体系的重要组成部分，是保持和持续改进能源管理体系不可缺少的依据。能源管理手册和程序文件是用来描述和实施一个企业能源管理体系的主要文件，它们明确规定了该企业能源管理体系的要求和实施方法。能源管理体系文件既全面系统地反映一个企业能源管理的特点，又是企业运行其能源管理体系的规范性依据。

（1）编制体系文件的方法。

编制能源管理体系文件的方法大致可分为以下三种。

1）自上而下依次展开的编写方法。

按照能源方针、能源管理手册、程序文件、作业指导书、记录的顺序进行编写。采用该方法编写文件的特点是：有利于上一级别文件与下一级别文件的衔接，上一级文件包含下一级文件的内容概要，而下一级文件是上一级文件内容的展开和具体化，一级支持一级，层次分明而且接口严密；由于各级别文件之间存在一种隐含的逻辑关系，无法跳跃，因此程序文件的编写需等到手册编制完成才能开始，而作业指导书又要等到编完程序文件后，再对其内容和要求加以细化，这样一步接着一步，编写周期一般需要几个月时间。编写时间较长，必然会造成对文件的反复修改，因为前面曾经规定的内容到后面有时会容易遗忘，为了保证体系文件的一致性，就需要反复加以对照、补充和修改。

2）自下而上的编写方法。

按照记录、作业指导书、程序文件、能源管理手册的顺序进行编写。采用该方法编写文件的特点是：适用于原来管理基础比较好的企业。企业原来的能源管理工作比较顺畅，整个管理机制比较健全，管理水平较高，人员素质也相对较高，基础性管理文件也比较全面。在这种情况下，企业可以从最下一层体系文件开始入手。应编制体系文件总体设计方案，避免出现混乱。正因为企业的管理基础比较好，企业在编写文件时往往会信手拈来，可写的东西和原始素材很多，于是就想到哪里写到哪里，最后导致缺乏系统性和一致性。企业对此应引起足够的重视。

3）从程序文件起步，向两边扩展的编写方法。

首先编写程序文件，再编写能源管理手册、作业指导书和记录等文件。采用该方法编写文件的特点是：此方法的实质是从分析过程和活动，确定活动要求和控制方法开始的，因而更贴近能源管理体系各要素所要求的过程方法的原则，更符合企业的实际运作情况，使标准要求和企业的实践能够紧密结合，这样编制出的体系文件更具有可操作性，可以大大缩短文件编写的时间。一般来说，程序文件规定了能源管理活动的原理和对策，具有较强的指导意义。确定了程序文件的框架和数量，能够基本保证过程已被确认并无遗漏，为能源利用效率的提高奠定了可靠的基础。因此，这样的编写方法既可以避免反复修改，减少重复劳动量，又可有效地缩短编写周期。

（2）能源管理体系文件的编制要点。

1）能源管理手册的编写要点。

①在对体系要素进行描述时，应突出其在能源管理体系中的地位、作用和相互关系，以便通过手册这一文件形式，将能源管理体系诸要素连接成为一个有机整体。

②描述要素主要从目的和效果两个层次入手，要抓住要素中的重点环节予以描述，不要避重就轻，应体现手册对体系的总结和概括作用。

③对各体系要素职责的描述应与“职责和沟通”中的各部门职责一致，不应出现矛盾。

④要素描述应重点突出，避免篇幅过长，可采用引用相关文件和程序，而不重复其细节的手法。对于手册中无程序要求的要素，比如能源方针，应尽量在手册中描述清楚；而对于有要求制定程序的，可简要描述，详见程序。

⑤使用统一的能源管理体系标准术语和专用的术语定义，同时保证语言描述通俗易懂。

⑥充分依据能源管理体系的标准，尽量贴近企业的实际情况，使手册成为这两方面的有机结合。

2）程序文件的编写要点。

①充分利用现有程序。首先应整理和分析企业现有的管理制度和操作规范。因为企业原有的各项标准和规章中有很多是长期以来经验的总结，是行之有效的惯例和做法，这些都是制定程序文件的可选素材，应该本着吸收和接纳的态度充分加以应用。

②全面策划，通盘考虑，把握程序文件之间的相关性。编写程序文件时，应对程序文件的数量、每个程序文件的详略程度、篇幅及其内容进行全面的策划，应在能够保证实现控制的前提下，使程序文件数量越少越好，对每个程序的描述越精炼越好。文件重在程序化，阐明要素运行的职责和方法即可，同时还要提出明确的运行标准，应力求简洁明了，容易判断和理解，不应追求过于繁琐的文件形式；应保证每个程序之间有必要的衔接，避免相同的内容在不同程序之间有较大重复。

③注意可操作性、可评价性和可检查性。程序文件在编制过程中应广泛征集各方面的意见和建议，尤其是现场操作者的意见，应避免纸上谈兵、说一套做一套，或所编写的内容与实际情况不相符合。对于关系重大的程序，必要时应经过实践检验，通过实际考核并评价其是否符合实际、是否可行和有效，然后再正式审批和实施。

3）节能改进方案的编写要点。

节能改进方案是具体介绍采取何种方式达到预期的节能效果的体系文件。主要内容是全面、系统地阐述采取的主要方法和分析节能量。

①方案概况。简述方案的内容和方案的目标、规模，简述改进方案的主要意义；所在地能源供应状况分析；对企业需要解决的问题、需要进一步落实的工作，提出相关建议。

②工艺技术评价。详细介绍采用的工艺技术，包括具体改进规模、工艺路线、设备选型及耗能指标、所需资金等。对选择的主要工艺设备，应进行能效说明，与原设备或可比设备进行指标比较，量化节能效果。对有能效标准的设备，应说明其能效标志等级。要分析采取的工艺技术与以前的工艺技术相比所具有的优势，以及改进后的节能效果。

③经济效益分析。方案总投资估算，列出投资估算表。明确投资的资金来源和落实情况，包括外部投资和组织自筹资金。提出资金使用计划，结合系统运行方案，对系统建成后的年运行经费进行估算。

④节能量分析。对方案所涉及的能源消耗种类和数量进行分析，包括用水、电、气等各种能源消耗情况，并提出耗能指标。对节能措施和节能效果进行分析，提出节能措施和解决方案，并说明和测算节能效果。

⑤实施进度及职责分工。详细叙述方案实施的过程，包括所需责任部门和人员的职责与执行日期。提出改造期和实施各阶段的划分。描述实施进程安排，必要时绘制实施进度表。改造期是针对所采取的措施或技术的复杂程度、企业规模和人员能力，采取的步骤及实施的时间。

⑥方案实施监督。为确保方案的有效实施，应明确规定监督部门，应考虑安排与该项措施的实施无直接管理责任或经济利益关系的部门和人员进行，以确保公正性，一般可由能源管理办公室负责节能改进方案的监督。监督验证的内容包括监测评价主要指标、内部监测所使用的指标清单、明确内部监测的内容及报告的频次等。要明示需要获取验证哪些证据，才能证实该措施已完成。

7.1.4 能源管理体系的实施

1. 发布体系文件

企业在发布体系文件时应严格执行文件控制的规定，保证各部门、各岗位获取与之相关的体系文件。企业内部发布实施的文件一般为受控文件，发放时要加盖印章，同时要做好必要的领取记录，以便于追溯。体系文件发放要制定文件发放范围表，明确不同级别体系文件的发放部门和份数。各部门在领取文件后应做好必要的控制，未经文件发放部门许可，使用者不得私自复制文件，更不准外借。若有丢失或毁损，应陈述原因，申请重领，新文件的分发号仍顺延原文件分发号。

2. 学习和培训体系文件

能源管理体系文件的执行情况直接取决于各级人员的能力和意识，所以对文件的学习和理解是能源管理体系得以实施的前提和基础。此时培训的重点宜放在如何理解和执行与本部门有关的文件上，并结合各岗位的实际情况适当增加节能技术和法律法规知识的培训。通过培训，使各岗位人员对本岗位涉及的职责和要求有全面深入的了解，使之能够主动、有效地参与能源管理活动。

（1）培训范围、方式及内容。

1）培训范围。

为保证能源管理体系的有效运行，需要安排相应的培训，来全面提高人员的能力。培训的范围应包括决策层、管理层、执行层以及内审员。培训的对象要涉及新员工、转岗员工、需要改善能源管理绩效的员工、后备人才等。

2）培训方式。

企业可以根据自身的情况，采用适合的培训方式对员工进行培训。培训方式可以分为企业内部培训、聘请外部专家培训和员工自我培训等。

企业通过对培训目的和对象的正确分析，结合自身所处的行业、阶段和发展战略，从而选择最适合的培训方式。建议规模较大的企业最好采用条块结合的方式，一是各部门组织本部门人员的培训，二是各归口管理部门组织好相关人员培训。总之，企业的能源管理体系培训应以实效为根本，一方面要建立培训系统规划，做到“事前控制”，另一方面在培训过程中要增强互动，激发个人的学习兴趣和欲望，通过创造一种良好、积极的学习氛围，结合企业实际进行正确引导，使员工不断提高自己的知识、技能，培养节能意识，并迅速将其转化为行动。

3）培训内容。

企业根据各层次应掌握和执行的体系文件需要，确定培训内容。培训内容主要包括：

①企业的能源方针和能源目标及本部门分解的能源指标。

②明确能源管理手册中规定的与本部门及岗位有关的能源职责和权限；对照体系要素职能分配表，了解相关部门和本岗位的职能及相互的关系，以保证能准确及时地沟通配合。

③与本部门相关的程序文件，包括如何完善和执行与本岗位相关的支持性文件、记录，比如设备说明书、仪器操作规程。准确理解程序文件规定的工作程序和应达到的要求，发现不适用及时反馈。管理层主要培训程序文件，执行层主要培训作业指导书，掌握要求、要领并按要求做好记录。

④适用的法律法规及其他要求，包括不同层次和岗位应遵守的法律法规、节能规范和标准等的要求。需要注意的是，对内审员的培训更加严格，要使其熟知能源管理体系标准的要求和原理，熟知所有能源管理体系文件的内容。

（2）评价培训效果。

培训只是手段，而提高员工节能意识和履行职责的能力才是真正目的，为此，企业相关职能部门要定期对培训效果进行评价，以便及时发现问题，分析原因，实施改进。培训效果的评价方式由企业自己确定，一般采取能力考核、获取证书、业绩评定等方式，对培训成效进行检查，针对不同职能和层次的培训内容来评价培训效果。企业要根据每次培训的需要形成必要的培训记录，还应根据员工每次培训评价的结果，形成员工培训经历登记表。

3. 全过程控制

全过程控制是企业能源管理体系实施的核心要素，是实现企业的能源方针、目标和指标的重要途径。为保证全过程控制的有力执行，要重点协调好以下几方面的工作：执行并完善体系文件；信息与沟通；监视和测量；应急准备和响应；不符合、纠正和预防措施。

（1）执行并完善体系文件。

1）执行体系文件。

能源管理体系文件对各部门和岗位具有指导和规范作用，是体系实施最有利的工具。能源管理体系文件在适用范围、职责权限、接口关系、控制要求、检查考核、实施效果（证据）等方面都作出了明确规定，所以在执行体系文件过程中，要遵守“写到一定要做到”的原则，这是能源管理体系实施的基本要求。

2）完善体系文件。

在执行体系文件的过程中，应在充分理解和掌握能源管理体系要求的前提下，全面结合企业能源管理和能源利用的发展变化，不断完善能源管理体系文件。只有这样，能源利用的全过程才能通过能源管理体系的实施得到有效控制。

企业在严格执行体系文件过程中，对文件中存在的问题或因偏离能源管理体系而出现的问题要及时采取纠正措施，不断改进和完善体系文件，使其逐步上升为企业的节能基础标准、节能管理标准、节能技术标准和节能工作标准。

（2）信息与沟通。

管理活动是以信息为媒介来实现的，是通过信息的沟通与传递来进行的。信息沟通传递必有发信方和收信方，发信方或收信方为了某种目的而使信息从发信方向收信方传递就是信息沟通，或简称沟通。企业在实施能源管理体系的过程中应建立能源管理信息沟通系统，要求能够反映能源利用和管理过程中各类信息的全面性、正确性、可靠性、及时性，以及信息处理的有效性。企业的管理过程其实就是信息流动的过程，影响企业能源管理的因素非常多，而信息的沟通是能源管理过程中不可缺少的一种重要依据，是企业能源管理体系运行的保障。

（3）监视和测量。

由于能源利用具有流动性和不可追溯性的特点，企业在能源管理体系实施过程中，难免会出现这样或那样的问题，所以要对体系的运行情况采取实时监视和测量，及时发现问题，采取措施，进行有效控制，保证能源目标、指标的实现。本阶段的监视和测量是指日常的监视和测量，属于企业内部运行过程的自查，对保证能源管理体系的有效实施有着举足轻重的作用。其中，监视包括监督、检查、即时监控等，而测量则是对过程的运行指标和参数进行记录、统计分析，确定过程的运行状态，进而完善控制措施。体系的监视和测量可从以下几个方面入手。

1）通过对能源利用过程的计量和统计来达到监视和测量的目的。完备的计量器具可为组织提供能源转换设备、用能设备、能源输送管线的效率、能源损耗量及有关运行的各种能源消耗参数。企业将获取的数据与企业制定的参数对比，可以明确地分析出能源消耗情况，若发现参数有异常现象，应立即查明原因进行改进。

企业还必须根据搜集的监视和测量信息建立能源统计台账，明确各个职能部门的统计职能及责任，由各岗位收集数据，形成统计报表。各部门对集中起来的诸多数据进行排列组合、对比，生成新的有用的统计信息，达到监视和测量的目的。

2）各职能、各层次、各部门进行能量平衡测试，以达到监视和测量的目的。通过绘制过程的能流图或者制定能量平衡表，可以直观形象地说明能源利用中的各种情况。该方法主要是通过对过程的能源使用情况进行统计或测试，并对能源的输入和使用之间进行平衡分析，从而找到能源流失的部位，以检查能源因素的受控状况，或者识别新的能源因素。

3）定期对设备设施进行测试，也可以达到监视和测量的目的。该方法主要是针对那些需要专业测试仪器才能进行监测的部位或环节，企业要按规定的时间间隔对这些部位或环节进行测试或试验，以判断其经济运行状况，并保持相关记录。

4）日常的观察也可达到监视和测量的目的。可以观察各岗位操作人员是否严格按要求操作，是否有能力完成本岗位的任务。

5）审核记录是一种监视和测量的方法。各部门审核每个岗位（场所）是否按照体系文件的规定进行有效的控制，通过定期审核各岗位的记录来达到监视和测量的目的。因为一系列表格或单据可对企业能源消耗量等方面提供最直接、最真实的信息。

6）企业也可以聘请外部专家定期对企业自身的能源利用状况进行监视和测量，还可以采取能源审计和节能监测的方法，组织内部人员对企业的能源利用过程进行监视和测量。

（4）纠正和预防。

在能源管理体系实施过程中出现的问题，我们称之为不符合，不符合是指未满足要求。对能源利用过程中发现不符合，要及时分析其产生的原因，能当场解决的问题要立即采取措施予以解决，不能解决的应当立即停止错误操作，及时分析原因，寻找解决措施。

1）分析不符合。

在能源管理体系运行过程中，不符合分为体系性不符合、实施性不符合、效果性不符合三种类型。在体系的实施过程中应从这三个方面综合分析，查找原因。

①体系性不符合是指能源管理体系文件没有完全达到能源管理体系标准的要求或相关法律法规及其他要求。

②实施性不符合是指能源管理体系实施未按文件规定执行。

③效果性不符合是指能源管理体系运行效果未达到计划的能源目标、指标。

2）处理不符合。

不符合一经确定，则应通过全面调查确定其原因，以便在发生问题的部位或环节上采取纠正措施。制定处理不符合的计划时，企业应当考虑解决问题的方法、纠正当前状况（或恢复正常运行）所需作出的变更等。所采取的措施及其时间安排应适合于企业的性质、规模和能源利用状况。

职能部门或整改部门要对整改效果进行跟踪确认，对纠正措施进行跟踪验证，包括措施是否如期完成、完成后效果如何、实施过程记录是否完整等。

（5）应急准备和响应。

在能源利用过程中，可能会发生异常或事故，而且用能系统、设施、设备事故的发生往往伴随着能源的浪费，因此应对潜在事故或紧急情况准备应急预案，并及时响应。

1）制定应急预案。

识别能源管理过程中潜在的紧急情况和事故，并制定应急预案。企业应汇总分析曾经发生过的事故，搜集整理同行业、同类企业、同类系统曾经发生过的事故，通过专家论证、评审等方法，识别出潜在事故，并制定应急预案。

制定应急预案时，应预测紧急情况、事故类型及其规模，明确处理紧急情况的程序、方法和职责，并对应急预案涉及的相关人员进行培训，可行时模拟紧急情况和事故，验证应急预案。

2）应急响应。

对实际发生的紧急情况和事故作出响应，并预防或减少随之产生的能源浪费。在发生紧急情况和事故时，按照应急预案作出响应。事故发生后，要分析事故发生的原因和责任，并评价应急预案的有效性，对其进行修订。

3）修订应急预案。

企业应定期评审应急预案，必要时对其进行修订，以保证应急预案的有效性。

7.1.5 能源管理体系的检查改进

1. 内审

（1）内审前期策划。

能源管理体系内审的前期策划工作一般包括确定内审范围、组建内审小组和收集并审阅相关文件。

1）确定内审的范围。

能源管理体系内审的范围是指在规定的时间内，明确对哪些能源管理过程、部门和能源利用活动进行审核。

2）组建内审小组。

进行能源管理体系内审前，能源管理负责人应组建内审小组，并任命内审组长。同时，根据审核的目的、范围、能源管理和利用活动的复杂程度、受审核部门的数量等因素决定审核小组成员数量。为确保内审人员的能力能够满足要求，企业应对内审人员进行培训，必要时可聘请外部专家对其进行培训。

3）收集并审阅相关文件。

能源管理体系内审时的文件工作，重点是收集与被审核部门的能源管理活动相关的程序文件、作业指导书、重要能源因素清单和节能改进方案等文件，了解被审核部门能源管理和利用活动的要求，以便制定现场审核计划。

（2）现场审核准备。

编制现场内审计划是能源管理体系内审得以有效实施的重要保证。内审组长应编制内审计划，报能源管理负责人批准。

1）现场审核计划的内容。

现场内审计划一般包括：此次内审的目的、内审准则和引用文件；审核的范围；被审核各部门接受审核活动的具体时间和地点及内审人员；现场审核活动的时间期限，包括首末次会议及中间讨论会的具体时间等内容。

2）编制现场审核计划的思路。

在编制现场内审计划时，应当考虑全面，可以按照能源流转的过程和能源因素控制的顺序这两种思路来考虑。

①按能源流转的过程：从能源的采购仓储开始，进而加工转换、输送分配直至最终使用，沿着能源在本企业的流转过程有序进行。例如，某个热电企业所消耗的能源主要是煤炭，可以从选取煤炭供应商、签订煤炭采购合同、煤炭进厂的计量、化验、贮存，直到煤炭的配比、使用、蒸汽的梯级利用、余热的回收、蒸汽和电力的外送等能源流程考虑。从能源因素的识别到目标指标、节能改进方案、运行控制、测量监控、纠正、改进等。

②按能源因素控制的顺序：可从能源管理和利用过程中的能源因素追查到能源记录，到员工的操作水平、设备管理等。如上述热电企业，从锅炉的热效率较低这一能源因素，可以通过锅炉的运行日志追查到锅炉的运行控制参数、员工的操作水平、煤炭质量、锅炉本身等对其产生的影响。

3）实施现场审核的方法。

在确定实施内审思路之后，可采用按部门开展审核或按能源管理体系要求标准条款两种方法实施审核。

按部门进行审核就是要审核到此部门涉及的每一个相关的过程，也往往是按能源管理和利用过程的具体的实施顺序安排部门进行。

按标准的条款进行审核，就是要审核到每一个与条款有关的部门，例如，文件和资料控制要素的审核，可能要走访技术部、企管办、资料室等。通常，对一个比较小又相对独立的部门进行审核时，按此方法比较有效，能够比较好地把握该部门的整个体系实施的效果。

通常情况下，企业采用上述一种或两种审核方法同时进行，这需要对内审员进行系统的培训和实践活动。

（3）实施现场审核。

现场审核一般包括通知被审核部门、召开首次会议、信息收集与验证、形成并评审审核发现、准备审核结论、举行末次会议等几个过程。

1）通知被审核部门。

在实施现场内审之前，能源管理部门应提前7天左右通知受审核部门，可以以下发审核通知的方式通知各部门，以便提前做好准备，提高内审的效率。

2）召开首次会议。

在实施现场内审前，由能源管理负责人组织召开首次会议。会议的主要目的是由内审组长向被审核部门介绍此次审核的目的和做法。具体为：介绍内审组成员；重申内审的范围、目的和意义；简要介绍实施审核所采用的方法和程序；在审核组和被审核部门之间建立正式关系；确认审核组所需要的资源和设施已经齐备；澄清审核计划中不明确的内容。

3）信息收集与验证。

①信息收集。现场内审中应收集与审核目的、范围和依据有关的信息。可采用面谈、现场观察和核对，查阅相关文件和记录，对实际能源管理和利用活动及结果的验证，对能源消耗数据的统计、汇总、分析，查看外部机构的能源利用测试报告等方式收集信息。

②信息验证。内审人员应对收集到的信息对照审核依据进行验证，包括能源管理控制类信息和能源管理绩效类信息的验证。

能源管理控制类信息的验证方法可包括：将现场观察的活动与操作规程、相关体系文件的规定进行对照；将所抽查的记录内容与相关体系文件规定和适用的法律、法规及其他要求进行对照；通过对活动的观察，证实面谈或记录、文件的有效性和真实性等，还可采用其他适用的证实方法，如某一活动涉及的不同职能部门实施信息的一致性验证等。

能源管理绩效类信息的验证可采用节能检测、能源审计、能量平衡、统计分析等工具，依据综合能耗计算分析、节能量计算分析等方法进行验证、评价。

4）形成并评审审核发现。

记录验证的信息，并作出判断，形成审核发现。审核员按审核任务的分工，汇总、整理审核活动的审核情况的证据，比照审核准则，提出审核发现。审核组长汇总审核员提出的审核发现，并组织内审小组对审核发现进行评审，特别是对不同审核员对相同审核项目的审核发现进行分析和评审，以便对体系评价有共同的认识。如果评审审核发现中存在疑点和分歧，最终由审核组长作出决定，必要时可进行补充或跟踪审核。内审中任何不符合审核准则要求的事项，均可确定为不符合。通过评审，确定不符合项，包括支持它们的客观证据及对应的审核准则。

5）准备审核结论。

能源管理体系内审小组根据内审准则，对内审中收集到的信息进行评价。将符合内审准则的信息，作为被审核部门符合能源管理体系要求及有效运行的证据；不符合内审准则的信息，要求被审核部门负责人制定纠正措施。

6）举行末次会议。

现场审核的上述工作完成后，可以召开末次会议，以结束现场审核。末次会议应由审核组长主持，能源管理负责人、内审小组全体成员、各部门负责人参加会议。会议的目的是向企业的能源管理负责人说明内审的结果，使其清楚地了解能源管理体系的运行状况。末次会议应有记录并保存归档。

（4）编制、批准和分发内审报告。

审核报告是说明审核结果的正式文件，应由审核组长亲自编写。审核报告的内容通常包括：审核目的；审核范围；审核成员及其分工；受审部门名称；现场审核活动实施的日期、时间及地点；审核所依据的文件；内审发现的不符合及其纠正措施和预防措施；审核结论；等等。内审报告可用文字表述，也可用表格表示。

（5）纠正措施和预防措施。

内审报告经批准并分发后，内审即告结束。与内审相关的文件和记录，如审核记录、检查表、不符合报告、会议记录等，要予以保存。内审结束后，针对内审中发现的不符合，要认真分析产生的原因，采取纠正和预防措施，并对采取的纠正措施进行效果验证。

2. 管理评审

（1）管理评审的目的与策划。

1）管理评审的目的。

①确保能源管理体系持续的适宜性。企业所处的内外部环境的不断变化，客观上要求企业的能源管理体系也要不断变化。这种变化有可能导致能源方针、能源目标的变更，在这种情况下，企业应通过管理评审，及时调整或改进能源管理体系，实现能源管理体系持续地与内外部环境的变化相适应、相匹配。

②确保能源管理体系持续的充分性。通过管理评审，可发现原有的能源管理体系存在诸多未曾考虑周全的活动。例如，发现原有的能源管理体系在识别能源因素方面可能存在不充分的情况，存在没有被识别的能源因素，可以对已识别的重要能源因素采取更加有效的控制措施，或对已识别但当时没有采取控制措施，现在采取控制措施等，从而保证能源管理体系的充分性。

③确保能源管理体系持续的有效性。通过管理评审，企业最高管理者可以将能源管理绩效、内审的结果、政府和节能主管部门对能源利用情况的满意程度等信息与企业设定的能源方针、能源目标和职责、节能改进方案等预定安排进行对比，来评价企业能源管理体系的有效性，并采取措施，确保能源管理体系的持续有效性。

2）策划管理评审。

最高管理者应亲自或指定某一职能部门编制能源管理评审计划。管理评审计划应规定开展管理评审的时间、目的、内容，并对管理评审输入信息的有关部门提出要求，要求其针对能源管理体系运行某一专题开展调查、搜查证据、监督计量及统计方面的工作，为管理评审的输入做好准备。管理评审计划经最高管理者签批后，提前通知参加管理评审的有关部门及人员。

（2）管理评审报告。

管理评审通常以召开管理评审会议的方式进行，由各相关部门的责任人准备管理评审输入的有关资料在会议上进行报告，由最高管理者进行评审。管理评审会议由最高管理者主持，企业管理层以及有关部门负责人和有关人员参加并签到。按照会议安排，进行有关专题的汇报、建议的提出，并展开讨论和评审。最高管理者针对管理评审提出的问题、建议，组织讨论，做出解决问题的决议或措施，作为管理评审会议的决议。应有专人进行记录，记录人应收集评审人员的发言资料存档。

管理评审的输出应包括对体系的适宜性、充分性和有效性的评价，制定切实可行措施，进而完善能源管理体系。

管理评审应形成管理评审报告，报告中通常应包括：能源方针、目标的实现情况；需要进行有效性改进的方面，包括管理职责、资源管理、过程控制、监视测量的分析和改进等；企业建立的能源管理体系的符合性、适应性和有效性的改进；资源需求，例如人力资源、设施、设备等的需求内容。

管理评审的报告是重要的文件，可由能源管理负责人组织编写，最高管理者签发，应发放至与能源管理体系有关的部门与人员，文件发放时应进行记录。管理评审作出的决定和措施，应明确部门进行跟踪验证，其实施结果作为下次管理评审的借鉴和标准存档备查，能源管理体系亦借鉴 ISO 9000 和 ISO 14000 的理念和思想，强调规范各种能源管理制度和措施，注重识别和利用适宜的节能技术和方法，以最佳能源管理实践和经验，达到节能减排目的。

7.2 能源管理内容

能源管理主要内容包括计量管理、统计管理、消耗定额管理、标准化、节能培训管理、节能规划和节能项目管理等几个方面。

7.2.1 计量管理

能源计量是指在能源流转过程中，对各个环节的数量、质量、性能参数、相关的特征指标参数等进行检测、度量和计算。

能源计量范围包括：

（1）输入用能单位、主要次级用能单位和主要用能设备的能源及耗能工质等；

（2）输出用能单位、主要次级用能单位和主要用能设备的能源及耗能工质；

（3）用能单位、主要次级用能单位和主要用能设备使用（消耗）的能源及耗能工质；

（4）用能单位、主要次级用能单位和主要用能设备自产的能源及耗能工质；

（5）用能单位、主要次级用能单位和主要用能设备可回收利用的余热、余压、余能等能源。

7.2.2 统计管理

能源统计是运用综合能源系统经济指标体系和特有的计量形式，采用科学的统计分析方法，研究能源的勘探、开发、生产、加工、转换、输送、最终使用等各个环节的流程、内部规律性和能源系统流程的平衡状况等数量依存关系的专门统计科学。

能源统计的研究对象是由能源统计实践所决定的，可概括为以下几方面。

（1）能源加工、转换、输送、贮存、流转、使用等各个环节运动过程以及相关联系的数量表现及其规律，揭示能源内部运行规律。

（2）研究能源利用状况，挖掘节能潜力，促使合理有效地使用能源。

（3）研究能源综合平衡状况及其规律，反映能源资源的形成及能源使用方向，揭示能源供需之间的矛盾。

（4）研究如何搜集、整理和分析能源系统数量关系的方法论。

7.2.3 消耗定额管理

1. 概述

能源消耗定额包括单位能源消耗定额和用能总量定额两种。根据用能单位特点，可采用产品产量、产值、增加值等为核算单元。用能总量定额是指对能源消耗量与产品产量及工作量关系不大的用能单位（如宾馆、饭店、商店、医院、机关、学校等）所规定的能源消耗总量。根据能源消耗定额管理的需要和用能单位的实际情况，能源消耗定额可采取单项能源消耗定额、工艺耗能定额、综合能源消耗定额、可比能源消耗定额、用能总量定额等不同种类。

（1）能源消耗定额管理的内容。

能源消耗定额管理的内容有：

1）建立能源消耗定额管理体系；

2）适时修订能源消耗定额；

3）采取有效的技术措施，保证能源消耗定额的实现；

4）考核和分析能源消耗定额完成情况，总结经验，提出改进措施。

（2）能源消耗定额管理的作用。

能源消耗定额管理的作用是：

1）编制能源供应计划的重要依据；

2）科学地组织能源供应管理的重要基础；

3）监督和促进用能单位内部开展节能减排的有力工具；

4）用能单位提升经济效益和开展节能奖惩的关键依据。

（3）能源消耗定额的种类和核算范围。

能源消耗定额可以划分为各种不同形式和内容的消耗定额。下面介绍几种常用的能源消耗定额。

1）单项能源消耗定额。

指生产某种产品消耗一种能源的定额，即某种能源消耗量与某种产品产量（净产值）之比。

2）综合能耗定额。

指生产某种产品消耗各种能源总量的定额，即生产某种产品的耗能总量与产品产量之比。

3）工艺能源消耗定额。

它由能源的有效消耗和工艺性损耗两部分构成。其具体内容包括如下：

①产品生产或作业的基本工艺过程和辅助工艺过程所需的能源消耗；

②保持工艺设备热量所需的能源消耗；

③工艺设备临时停工检修和冷却停放后再加热和启动所需的能源消耗；

④设备运转时，技术上不可避免的能源损失所导致的能源消耗。

工艺耗能定额是工艺设备技术水平的反映，是用能单位考核车间（班组）的重要指标之一。

4）生产能源消耗定额。

由工艺能耗部分与一部分非工艺能耗和损耗构成。其具体内容包括如下：

①工艺能源消耗定额所包含的内容；

②辅助生产所需要的能源消耗（如采暖、通风、照明、供水、运输、机修等耗能）；

③在能源转换设备、用能单位（车间）热力和电力系统中，技术上不可避免的能源损失。

生产能源消耗定额是核算生产过程中能源需要量的依据，是用能单位生产技术水平和管理水平的综合反映，它不仅取决于工艺装备的技术水平，而且取决于生产作业率、设备负荷率、产品合格率等因素综合作用。

5）能源供应定额。

能源进入生产过程以前，在运输、装卸、贮存过程中会有损耗，所以在生产定额基础上还应考虑能源在以上过程中的损耗。因此，由供能部门下达的供应指标要高于生产定额，这个供应指标称为能源供应定额。供应定额是用能单位组织能源资源、制订计划、安排生产的依据。

能源消耗定额名目繁多，内容各不相同，可根据工艺、生产和管理的具体要求，适宜分类和选用。

2. 能源消耗定（限）额的制定

（1）能源消耗定（限）额制定的原则。

1）“定质”与“定量”相统一的原则。

“定质”是确定所需要能源的品种、规格和质量要求；“定量”是确定能源消耗的数量。

2）先进性和合理性相统一的原则。

能源消耗定（限）额必须反映生产过程中的技术水平和生产组织管理水平。用能单位应按照本单位能源消耗的历史最高水平和现行的生产工艺状况，核定能源消耗定（限）额。

3）“快、准、全、好”的原则。

“快”指制定的能源消耗定额迅速及时，走在生产之前，具有前瞻性，对生产起指导和促进作用。

“准”指依靠长期的定（限）额资料积累和经常了解分析生产情况，使能源消耗定（限）额准确无误。

“全”指用能单位各生产环节、生产车间各生产工序、各类产品均应制定完整的能源消耗定（限）额。

“好”指能源消耗定（限）额指标既具有先进性，又切实可行，对能源消耗尚未达到行业平均水平的，其定（限）额要从严掌握，以利于调动一切积极因素又不失实。

4）全面参与制定的原则。

能源消耗定（限）额由用能单位节能主管部门组织，会同生产技术部门、设备管理部门等共同制定。能源消耗定（限）额草案制定后，经职工讨论和有关部门审核，用能单位领导部门审查批准后方可执行。

（2）能源消耗定（限）额制定的依据。

能源消耗定（限）额制定的依据主要有：

1）国家和地方有关能源消定（耗限）额标准；

2）近三年能源消耗计量统计资料和历史最高水平资料；

3）近三年技术经济指标；

4）年度生产计划、技术经济指标；

5）所消耗的能源的品种、品质、规格；

6）生产技术及工艺的发展趋势，实施节能技术改造的情况；

7）国内外同类产品单位能耗先进水平。

（3）能源消耗定额制定方法。

制定能源消耗定额的主要方法有技术计算法、实际测定法和统计分析法三种。

3. 能源消耗定（限）额的执行与考核

（1）能源消耗定（限）额的执行。

为了有效地贯彻执行能源消耗定（限）额，必须做到以下几点：

1）经批准下达的能源消耗定（限）额，用能单位各部门都要贯彻执行，分配、组织供应和成本核算等部门都要按能源消耗定（限）额执行。

2）能源供应部门按照核定的能源消耗定（限）额和生产任务核实供应，消耗定（限）额管理档案；凡属能源计划并要建立能源消耗定（限）额的指标。

3）能源供应部门和生产部门应密切配合，建立健全能源消耗定（限）额供给制度、能源消耗定（限）额分级管理和奖惩制度。

4）做好能源消耗的原始记录和统计分析工作，从能源购进、转换、分配到最终消耗，各环节都应有健全的原始记录，记载能源在不同阶段、不同环节的使用和消耗情况。

5）能源消耗定（限）额的执行必须与加强车间（班组）核算、开展劳动竞赛、实行节能奖励等措施相结合。

（2）能源消耗定额的检查分析。

在贯彻执行进程中，必须经常监督检查和分析、了解能源消耗定（限）额在实际生产过程中的执行情况及取得的效果，同时检查能源消耗定（限）额在执行过程中的缺点和不足，找出问题，及时采取措施，改进能源消耗定（限）额，使之愈做愈好。

检查采取统计分析和实际核查相结合的办法，力求符合实际和更加全面，以便及时发现能源消耗定额存在的问题。

在检查能源消耗定（限）额的基础上进行分析，揭露矛盾，找出节约和浪费的原因，从而采取有效措施，推动设计和工艺方面的改进，积极采用节能新技术、新工艺、新材料，使生产水平不断提高，定额消耗不断降低。

（3）能源消耗定（限）额的修订。

由于影响能源消耗定（限）额的各种因素是不断变化的，因此能源定（限）额必须定期修改或临时修改，一般单项定（限）额每年修改一次，遇到下述情况时，可做必要的临时修改：

1）在能源消耗定（限）额执行过程中，发现能源消耗定（限）额脱离实际或计算错误时；

2）产品结构、用能设备和生产工艺有重大改变时；

3）提高生产或改进操作时；

4）能源品种、规格、质量等发生重大变化时。

在一定时期内，影响生产某产品能源消耗的主要因素具有相对稳定性。由于能源消耗规律的作用，要求能源消耗定（限）额具有相对稳定性。因此，能源消耗定（限）额一经审查批准生效后，不宜经常改动，仅做定期（如一年）修订，以便于长期贯彻执行。

(4) 能源消耗定（限）额的考核。

1）考核的目的与意义。

①通过生产实践的检验，考核制定的能源消耗定（限）额是否合理。

②通过能源消耗定限额校核，与用能单位历史最高水平比，与国内外先进水平比，找出差距，力争赶上国内外先进水平。

③通过能源消耗定（限）额考核，积累完整的历史资料，为指导生产和有效地进行能源管理提供科学的依据。

④通过能源消耗定（限）额考核，促进能源消耗定（限）额管理工作进一步完善。

2）考核方式。

由于能源消耗定（限）额的管理采取分级管理制，所以能源消耗定额的考核应与能源消耗定额的制定审批、贯彻执行相一致，进行分级考核，即由厂部对车间考核，车间对班组考核，或按工艺流程实行“一条龙”考核。

3）考核内容。

能源消耗定（限）额考核的内容和深度大体上分以下三级：

①考核到单项产品的单项能耗；

②考核到单项产品的综合能耗；

③考核到单项工艺的单项能耗和综合能耗。

7.2.4 能源标准化与节能标准

1. 概述

(1) 基本知识。

1）标准化定义。

为了在一定的范围内获得最佳秩序，对现实问题或潜在问题制定共同使用和重复使用的条款的活动。上述活动主要包括制定、发布及实施标准的过程。

2）标准的定义。

为了在一定的范围内获得最佳秩序，经协商一致制定并由公认机构批准，共同使用和重复使用的一种规范性文件。

按《中华人民共和国标准化法》（简称《标准化法》）规定，国家标准分为强制性标准和推荐性标准两种，标准代号分别为：GB—强制性国家标准；GB/T—推荐性国家标准。

①强制性标准。指国家标准、行业标准、地方标准中保障人体健康、人身及财产安全的标准和法律、行政法规规定强制执行的标准。

②推荐性标准。指国家、行业、地方标准中除强制性标准以外的其他标准。推荐性标准在下列情况下必须执行：

法律法规引用的推荐性标准，在法律法规规定的范围内必须执行；

强制性标准引用的推荐性标准，在强制性标准适用的范围内必须执行；

用能单位使用的推荐性标准，作为组织生产依据的，应严格按照标准要求执行，节能方面推荐性标准在用能单位内必须执行，所以节能推荐性标准在用能单位内应是强制性执行的；

经济合同中引用推荐性标准，在合同约定范围内必须执行；

在产品或其包装上标注的推荐性标准，则产品必须符合；

获得认证并标识认证标志销售的产品，必须符合认证标准。

（2）能源标准化的概念和作用。

1）能源标准化的概念。

以能源为对象的标准化活动，叫做能源标准化。通过能源标准化，能源管理由定性管理逐渐向定量管理转变，由行政管理向科学管理转变，使能源管理逐步走向制度化、科学化。

2）能源标准化的作用。

能源标准化工作的长期实践证明，它是实行科学和定量化管理的技术依据，在能源管理中起到十分重要的作用，主要体现在如下几个方面：

①是实现能源科学管理的有效手段；

②是合理开发、有效利用能源的技术准则；

③是评价能源利用水平的基础依据；

④是用能设备进行能效分析的重要指导；

⑤是提高能源产品质量的可靠保证；

⑥是促进节能减排的必由之路；

⑦是能源立法的科学基础；

⑧是能源国际交流和贸易的必备条件。

（3）能源标准化的内容。

1）能源标准化的基本任务。

对能源从开发到利用的各个环节制定需要的能源标准，组织实施能源标准和对能源标准的实施进行监督，以达到能源的合理开发、有效利用，以提高经济效益、市场竞争力为目的。

2）能源标准的类别。

能源标准的类别主要有：

①能源的术语和图形符号。

②能源监测、检验、计算方法。

③能源产品和节能材料的质量、性能要求。

④用能产品的能源要求。

⑤产品的能源消耗定（限）额。

⑥用能设备及其系统经济运行。

⑦能源产品和节能产品认证。

⑧能源开发、利用、管理的其他节能技术要求。

⑨用能单位能源管理及体系。

3）能源标准的等级和制定。

能源标准的等级与其他类别的标准相同，分为能源国家标准、行业标准、地方标准和企业标准。

能源国家标准是在全国范围内统一的标准，由国务院标准化行政主管部门制定。

能源行业标准是没有国家标准而又需要在某个行业范围内统一的标准，由有关行业协会制定。

能源地方标准是没有国家和行业标准而又需要在省、自治区、直辖市范围内统一的标准，或者制定严于国家和行业标准的标准。能源地方标准由省、自治区、直辖市标准化行政主管部门制定，并报国务院标准化行政主管部门备案。

企业能源标准是用能单位生产、储运、加工转换和使用各个环节进行能源考核与管理的规定，由用能单位自行制定。

4）能源标准实施监督。

县级以上人民政府节能行政主管部门根据需要设置能源监督检验机构或授权具有检验能力的单位，承担能源标准的实施和监督工作。承担能源标准实施和监督任务的节能法制与能源机构和检验人员，必须经过省、自治区、直辖市标准化行政主管部门的认证认可。

（4）能源标准体系。

依据层次清晰、划分明确、协调统一的原则，可将各类能源标准纳入能源标准体系中。能源标准体系属于一个动态发展的体系，根据国家经济发展的变化，每隔一段时间修订一次，将不断改进和完善，以保证能源标准体系的科学性和完整性。

2. 能源标准化

（1）用能单位能源标准化基础。

1）用能单位能源标准的概念。

用能单位能源标准是自身生产、储运、加工转换和使用各个有关环节进行能源考核与管理的规定。可以从用能单位能源技术标准和能源管理标准两方面开展标准化工作，实现用能单位节能降耗。

用能单位能源标准化是用能单位节能的一项重要措施和手段，是用能单位能源管理工作的重要组成部分，它对科学使用能源、提高能源利用率、提高经济效益具有十分重要的作用。

2）用能单位能源标准的分类。

根据能源消耗的种类可分为合理用热、合理用电、合理用油、合理用气（天然气和煤气）及耗能工质等方面的标准；按照用能单位能源的纵向流程又可分为购入仓储、加工转换、输送分配、最终消费等四方面的能源标准；按照能源标准主要功能的属性又可分为能源技术、能源管理的标准。能源管理标准中很重要的一部分是能源经济性标准。

3）用能单位能源标准的制定。

①用能单位能源标准制定的流程。用能单位能源标准是用能单位组织生产、经营活动的必要依据，制定能源标准时必须坚持科学的态度、严谨的作风。

A. 组织标准制定组和制定工作方案。根据标准制定的内容和要求组建工作组，编制工作方案，明确分工，落实规划。

B. 组织调查研究。标准制定组必须进行广泛、深入的调查研究，收集数据，分析国内外同类用能单位状况、动态、发展趋势以及相应的国内外先进标准，作为制定标准的必要借鉴依据和参考标杆。

C. 制定标准草案。在进行广泛调查研究和必要的测试验证后，标准制定组要采用所获得的资料、数据进行统计分析和综合研究，形成标准的草案征求意见稿。拟订标准草案的过程中，可编写《标准编制说明》。编写标准草案时应参照《标准化法》、《标准化工作导则和标准编写的基本规定》和国家有关能源法律法规，以保证标准的合法性、统一性、科学性。

D. 组织专业人员评审标准草案。标准草案由相关环节的专业人员负责评审，首先注意标准草案的技术内容、编写方法、具体格式等是否符合规定；其次是对标准的技术内容和经济依据是否适应当前科学技术水平和发展方向等方面进行全面的讨论和审查，以确保标准的先进性与合理性；最后看是否符合国家法律法规的要求，与相关标准能否相协调。

E. 标准的审批、发布和实施。企业能源标准是对生产、储运和使用各个有关环节进行能源考核与管理的规定，不涉及国家标准、地方标准和行业标准的，由用能单位标准化办公室或标准化委员会到当地标准行政主管部门备案后，进行统一编号审批发布。企业能源标准一旦发布，立即组织宣传贯彻，按规定实施。

②制定能源标准时应注意的几个问题：

能源标准制定的合法性。用能单位制定能源标准时，必须按照《标准化法》的规定，在国家有关能源的方针、政策指导下，充分体现国家能源政策，以节约能源、提高经济效益为宗旨，用系统工程理论和方法进行能源标准的制定工作。

掌握好制定能源标准的时机。制定标准的对象同任何事物一样，都有一个产生、发展和消亡的过程。

能源标准制定的先进性。标准是一种科学的规定，标准中要充分吸收和创造性地运用国内外先进的管理和实践经验，要以先进的科学技术和经验为基础，要以大量的科学分析和试验验证工作为前提，适应国家经济发展的要求。

能源标准制定的实用性。制定能源标准要充分考虑使用要求，在现行的能源技术、管理基础上，以实现节能为目的，使用上安全、可靠，操作上方便、可行。

（2）用能单位能源技术标准化。

1）用能单位工艺能源标准化。

用能单位在实际工作中注意对实践经验的总结，逐渐完善工艺流程能耗最小的操作标准，标准中既要考虑能耗因素，还要重视质量、安全、环境等因素。对于有备用生产线情况的用能单位，包括由于生产任务量不足所引起的备用，一是可按产品的生产量及质量要求，选择能耗量最小的生产线进行生产；二是在同等条件下优先选用先进的节能生产工艺参数，在产品达到同一质量要求的前提下，应优先使用能耗最小的工艺参数。

2）用能设备运行标准化。

①一般情况下，用能单位都有一定规模的变电所、水泵房、风机房、锅炉房等，通过对变压器、水泵、风机、锅炉进行全面分析，通常会发现某些高效率的设备处在备用状态，而一些低效率的设备却在运行状态。通过调整能耗参数差异大的设备使用和备用，编制设备与工艺管理规程、用能设备能源使用标准等，促使用能设备运行达到合理化。

②设备在最佳运行状态的技术经济指标保证下，力争设备运行技术经济指标标准化。通常讲的各种类型用能设备的效率，往往是指在某些固定技术经济指标条件下额定运行状态的效率。用能单位可以根据各种不同用能设备的特性及实际情况，寻找效率最高的运行条件，使用能设备达到最佳运行状态。

③应用科学的方法形成用能单位用能设备管理决策。一是利用用能设备现代化管理观念。随着科学技术的进步和社会工业化进程的推进，大量新兴的科学技术成果被广泛应用于设备管理工作。用能单位运用运筹思想和系统观点等现代化管理思想在使用设备、维修设备和更换设备等工作中找到最佳切合点。二是运用用能设备管理中的科学化理论和现代化经验。

（3）用能单位能源管理标准化。

1）能源管理标准化的概念。

能源管理标准化是指用能单位在能源管理实践中积累起来的丰富经验，加以条理化、科学化，对用能单位能源管理的再实践加以指导，从组织管理和经济管理两方面逐渐实现能源管理的定量化、系统化和制度化。

2）用能单位能源工作和岗位标准化。

用能单位能源管理标准化的内容之一就是用能单位能源工作和岗位标准化，可以从制定部门工作标准和岗位标准两方面进行。

3）用能单位能源经济标准化。

从经济方面看，应做到以最少的人力、物力、财力和自然资源而能发挥最大的能源利用效益。

3. 节能标准简介

（1）通用节能标准。

通用节能标准是指在企业节能工作中被广泛应用，指导用能企业合理使用能源的一类标准。它主要包括术语、单位符号、能源统计与分析方法、能源计量器具配备、节能效益计算等节能基础类标准，以及对工业企业节能具有标杆作用的限额类标准。目前，我国企业节能工作中存在一定程度的盲目性，一是企业不能将国家、行业、地方节能目标及政策与企业自身节能技术管理有效地结合起来；二是尚未形成一个系统的、符合各级政府节能政策要求的企业节能管理体系。一些企业由于企业节能标准缺失造成了节能工作无序的状况。

为确保节能目标的实现，落实《节约能源法》，发挥标准在企业节能工作中的作用，国家质量监督检验检疫总局和国家标准化管理委员会于 2008 年 8 月 28 日发布了《企业节能标准体系编制通则》（GB/T 22336—2008），该标准规定了企业节能标准体系的编制原则和要求、层次结构、编制格式。在企业节能标准体系中，节能标准、节能标准体系结构图和节能标准明细构成了企业节能标准体系的三大要素。

该标准的宗旨是指导工业用能企业建立节能标准体系，适用于工业企业，其他用能单位可参照执行。

（2）合理用热标准。

《评价企业合理用热技术导则》（GB/T 3486—1993）是指导企业合理用热的综合性标准，它于 1994 年 2 月 1 日开始实施。该标准规定了评价企业合理用热技术原理的原则，是指导用热企业制定合理用热制度、加强节能管理的重要依据。以此标准为基础，我国陆续制定和修订了《节能监测技术通则》（GB 15316—1994）、《燃煤工业锅炉节能监测》（GB/T 15317—2009）、《工业锅炉经济运行》（GB/T 17954—2007）等配套标准。这一系列标准的实施，有力地促进了企业热能利用水平的提高，推动了企业节能工作的深入开展。

《评价企业合理用热技术导则》是对企业合理用热的基本要求，其他配套标准根据所要达到的目的和所要起的作用，规定了不同的适用范围和具体要求。企业应当按照国家和有关部门的要求，根据不同的工作需要，采用相应的标准。同时，鼓励企业采用要求更为严格、针对性更强的标准，加强企业对热能的管理与合理使用。

（3）合理用电标准。

《评价企业合理用电技术导则》（GB 3485—1983）是 1983 年 2 月 4 日发布并于 1984 年 1 月 1 日实施的，它的发布和实施为企业合理用电发挥了重要作用，有力地促进了节能工作的深入开展。国家陆续制定并颁布了《产品电耗定额和管理导则》、《企业设备电能平衡通则》、《工矿企业电力变压器经济运行导则》、《交流电气传动风机（泵类、压缩机）系统经济运行和计算方法》、《节电措施经济效益计算与评价方法》、《三相异步电动机经济运行》等配套标准，为我国合理用电建立了较为完善的标准体系。

现行的《评价企业合理用电技术导则》（GB/T 3485—1998）是在GB 3485—1983的基础上修订的。该标准是用来评价企业合理用电的推荐性国家标准。用能单位可按照该标准的规定对本单位的用电合理性进行评价。

（4）建筑节能标准。

1996年7月以来，国家相继颁布实施了各气候区的居住建筑节能设计标准，1996年颁布了《民用建筑节能设计标准（采暖居住建筑部分）》，2001年颁布了《夏热冬冷地区居住建筑节能设计标准》，2005年颁布了《公共建筑节能设计标准》（GB 50189—2005）等。一些地区还依据国家的要求，在建筑节能技术标准图集编制等方面开展了大量工作，取得了成效。建筑节能设计标准是建设节能建筑的基本技术依据，是实现建筑节能目标的基本要求，其中强制性条文规定了主要节能措施、热工性能指标、能耗指标限值，考虑了经济和社会效益等方面的要求，是必须严格执行的。

7.2.5 节能培训管理

1. 节能培训计划

（1）总体思路。

用能单位应组织员工参加国家规定的各类节能培训，同时根据其所处行业特点和单位实际状况，制订符合自身的节能培训计划。节能培训计划的制订，旨在使节能培训工作规范化和制度化。

（2）培训计划制订过程。

1）制订节能培训计划应遵循的原则。

①超前性。节能培训计划应具有超前性，在每年度初用能单位人力资源部门根据节能目标和节能培训需求，制订适合自身特点的节能培训计划。

②有效性。节能培训计划必须针对用能单位的节能培训需求和节能岗位能力要求，具体地规定节能培训的培养目标和内容范围。

③系统性。培训计划的制订应根据节能行政主管部门要求和自身需求，使员工接受系统的节能知识学习，掌握必需的节能基础知识、专业知识。

④统一性与灵活性。用能单位应根据国家法规规定的要求参加各类节能培训。同时，用能单位根据自身需求，在节能培训课程设置、教学安排、培训方式等方面应有一定的灵活性。

2）节能培训计划制订的过程。

①节能培训需求调查。用能单位人力资源部在12月初向各岗位发出次年度培训需求调查表，每年12月中旬前各岗位根据节能工作的需要，填写培训需求调查表，并交回人力资源部。

②节能培训计划制订。用能单位人力资源部根据节能行政主管部门的统一要求、自身发展需要及各岗位节能培训需求，于每年12月底前制订出下一年的年度节能培训计划，

由人力资源部核准，经分管领导批准后执行。

③计划外节能培训的报批。节能培训计划外的节能培训属岗位内部培训，由岗位负责人核准，报人力资源部备案后方可实施。涉及两个以上岗位需参加外部培训的，需填写计划外培训申请表，经分管领导批准后执行。

（3）节能培训目标。

节能培训目标主要有：提高员工节能意识和节能操作技能；将节能理念融入用能单位的文化之中；建立分层次、分类别、多渠道、多形式的节能培训格局；达到自愿、自觉和自主地开展节能工作的目的。

2. 组织实施

（1）节能培训资源建设与管理。

1）节能培训师资。

节能培训师资分为内部培训师资和外部培训师资两种，由用能单位人力资源部门根据培训计划统一选聘确定。

①内部节能培训师资。充分利用用能单位内部人力资源，以身传教，把节能管理和技术理论与实际节能情况相结合，有效地提升学习与培训效果。

②外聘培训教师。为广泛引进与吸收国内外的先进节能技术和节能管理知识，加强与国内外用能单位、科研院所、专业培训机构的相互交流与合作，根据需要，可从国内外聘请优秀的教师、专家学者进行授课。

2）节能培训教材。

培训教材包括内部教材和外部教材。教材的载体可以是书面文字、电子文档、录音、录像等形式，教材由人力资源管理机构统一管理。节能培训应当优先使用优秀节能培训教材。

①内部培训教材。内部节能培训教材通过以下渠道建设：用能单位节能工作过程中的经验分享与教训总结；用能单位本年度重大节能事件（成功或失败）案例；人力资源管理机构组织开发教材。

②外部培训教材。用能单位聘请外部机构和专家学者进行培训，教材由他们提供，人力资源管理机构统一归档管理。员工参加外出培训的，应在培训结束一周内将教材的原件或复印件交人力资源管理机构存档。

（2）节能培训管理。

1）节能培训档案管理。

人力资源部建立员工节能培训档案，记录员工所接受的培训课程、考评成绩等。建立档案的目的，首先是通过建立科学的评价指标来判断培训效果，其次是将其作为员工评优、晋升和加薪等的重要依据。

2）节能培训考勤与纪律。

①培训考勤。所有参加培训的员工均应合理安排工作及私人事务，确保准时出勤；不

得迟到、早退、旷课；员工培训时，须在培训记录表上签到，作为考核的依据。员工因故不能参加培训的，须履行请假手续。

②课堂纪律。上课时，手机调到无声或振动状态，任何人都不得在培训教室接听电话；不得开小会、干私事、看与上课无关的书报杂志；应尊重培训教师；严守课堂纪律。

③外训要求。参加外训的员工应服从培训机构统一管理，树立良好形象；虚心求教，认真学习，不允许无故缺课或有其他不遵守培训纪律的现象；外训所获得的技术、资料等相关信息，应在单位进行宣传、推广和应用。

3. 对象与方法

(1) 节能培训对象。

用能单位的所有员工。

(2) 节能培训方法。

节能培训应根据培训的对象、学习的目标、所需的时间、所需的经费、学员的数量和特点，选择适合的培训方式。主要包括：

1) 课堂讲授。

这是最为常用的培训方法，其主要形式是讲座和讨论。

2) 参观学习。

用能单位组织员工外出考察，向先进用能单位学习，取长补短。

3) 案例研究。

指以开发技能为主的培训方法。

4) 自我指导学习法。

指让学员全面承担自己学习责任的方法。

5) 计算机培训。

包括计算机辅助指导和计算机管理指导。

6) 网上学习。

①互联网培训。它是指通过公开的因特网或内部局域网进行展示培训教学内容的一种培训方法。

②远程学习。它是指通过电视（接收）会议、电话会议、电子文件会议（同一份共享的文件）等形式，教师在中心地点对许多在地域上较为分散的学员进行培训的一种方法。学员同时进行学习，可以与不同地域的教师和其他受训者进行双向沟通。

4. 节能培训内容

节能培训的内容主要有：国家节能减排法律、法规、规划；节能体系标准；节能技术应用；节能管理新机制。

5. 效果评估

(1) 节能培训考核。

这是检验节能培训教学效果、保证节能培训教学质量的重要手段，目的在于指导和督促参训学员系统复习和巩固所学的知识与技能，检验理解程度与运用能力。

（2）节能培训效果评估。

①员工对课程的满意度的评估。

②员工对课程吸收度或理解度的评估。

③员工培训后应用在工作上情况评估。

（3）节能培训效益优化。

1）对培训绩效实行量化管理。

在进行培训评估之前，将培训前后发生的一系列数据收集齐备，通过培训数据反映培训绩效。培训数据按照能否用数字衡量的标准分为硬数据和软数据两类。软数据可以归纳为工作习惯、氛围、新技能、发展、满意度和主动性；硬数据包括培训成本、培训时间等。

2）建立员工自主学习机制。

建立员工自主学习机制有两方面的含义：一是员工的学习是主动的，而不是被动的；二是员工的学习是自由的，员工的学习愿望应得到最大限度的满足。另外，学习成果必须全员分享。参加外部培训的员工回来后，应将培训内容与每一位员工分享。

3）提供培训成果转化的工作环境。

用能单位在培训方面的高投入能否带来较好的投资回报率，不仅取决于员工的个人意识，还取决于员工所处的工作环境是否有利于培训成果的转化。

7.2.6 节能规划

1. 概述

（1）节能规划的内涵。

用能单位节能规划是用能单位总体发展规划中的单项规划，是为完成某个时期内节能目标而编制的。主要包括用能单位概况、指导思想、目标、节能措施以及实现用能单位节能目标的保障措施和步骤等内容。

（2）节能规划的目的。

节能规划的目的是使用能单位节能工作能够深入持久地稳步开展。

（3）节能规划的意义。

用能单位节能规划是节能管理的重要组成部分，它决定了节能工作的目标、时间、任务、措施和步骤，在综合分析的基础上力争在节能管理的各个环节合理利用能源，以最小能源消耗，获得最大的经济效益和社会效益。

2. 编制流程和方法

（1）编制流程。

用能单位节能规划的编制流程见图 7－2。

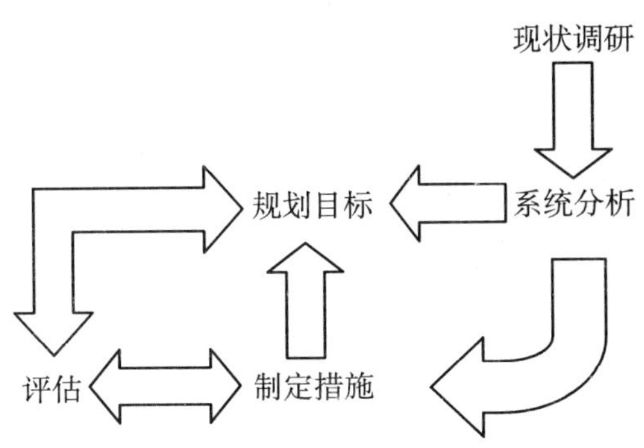

图7－2 用能单位节能规划的编制步骤

（2）编制方法。

1）现状调研。

用能单位应采用现场调查研究、测试、统计分析和会议研讨等方式，掌握节能工作的现状，包括好的方面和存在的问题。

2）系统分析。

用能单位应充分考虑工艺结构、产品结构、产品产量、工艺装备水平、能源结构、经济约束、环境约束和政策约束等因素。

3）制定规划目标。

目标的提出有多种途径，大致分为两类：一类是各级政府提出的节能目标，如国家产业政策提出的明确要求、国家标准规定的具体指标和行业准入条件规定的指标等；一类是用能单位从自身出发提出的意愿，如用能单位发展规划要求达到的目标和用能单位承担社会责任提升形象要求等。

4）确定节能措施。

通过系统分析，从管理节能、结构节能、技术节能等方面制定节能措施，突出在规划期内的主要任务和重点任务，提高能源利用效率，降低能耗，实现规划目标。

5）评估措施。

在管理节能、结构节能和技术节能三个方面提出的节能措施应进行三个方面的评估。

①技术评估，包括技术的先进性、可行性、适应性和经济性；

②环境评估，包括是否符合环保要求、污染物排放是否达标、能否减少环境负荷等；

③投资效益评估，包括节能效益、经济效益和社会效益计算，要剔除重复计算的因素，阐明项目对指标影响的贡献率。

3. 节能规划内容

（1）总论。

总论部分主要包括编制依据、用能单位概况、用能单位同期发展规划中与节能规划相关的内容、用能单位能源利用情况和需要说明的其他相关资料等五个方面的内容，并确定规划的基准年度。

1）编制依据。主要包括国家节能法律法规、产业政策、标准及有关要求和用能单位同期发展规划。

2）用能单位概况。

3）用能单位能源利用情况。包括能源消耗结构、主要能耗指标完成情况、能源消耗基本评价和节能工作的相关情况等。

4）用能单位同期发展规划中与节能规划相关的内容。包括规划的生产规模与产品方案、工艺流程与物料平衡、装备改造方案及新技术应用力度等。

5）需要说明的其他相关资料。包括产业背景材料、用能单位背景材料、规划编制范围以及用能单位的优势与面临的机遇等。

（2）规划目标。

规划目标部分包括规划指导思想、基本原则、规划目标和综合指标等内容。

1）指导思想。

①体现国家层面要求，包括树立和落实科学发展观，走新型工业化道路，坚持能源开发与节约并重、把节约放在首位的方针，以节约能源为核心，立足用能单位长远发展等。

②指出以提高能源利用效率为重点。

③描述建立节约型经营模式，建设节约型用能单位等，主要指标达到国内（省内）先进水平。

④规划采取的主要手段包括提高节能管理水平，节能纳入生产经营管理等；依靠技术进步，加速淘汰和改造落后工艺装备；以工艺现代化和设备大型化为手段，调整产品和工艺装备结构，促进生产技术经济指标改进和能源结构的优化等。

2）基本原则。

基本原则是贯穿于整个规划过程的原则，体现用能单位发展战略、用能单位文化及用能单位节能降耗工作的特点，包括：提高质量，降低成本，增强竞争力的原则；发展循环经济，实现可持续发展的原则；优化能源结构，合理利用能源的原则；节约为本，全员参与的原则；依靠科技，优化结构的原则；最低消耗，最大效益的原则等。

3）规划目标。

主要包括综合指标和分年度目标。综合指标包括单位产品综合能耗、万元产值能耗、万元增加值能耗、主要二次能源利用率（生产工艺中有二次能源转换环节的用能单位）、能源转换率及设备热效率等。分年度目标包括按介质划分的能源利用效率和按工序划分的工序单耗以及能源转换率等。

（3）节能措施。

1）节能措施分类。

①管理节能措施。每个管理节能措施应有必要性、目的、要点、使用规范及达到效果方面的内容。主要包括：建立健全能源管理体系；实施严格的监督检查和考核制度；加强宣传和培训；提高自动控制水平和操作水平；建立节能激励机制；其他相关管理节能措

施等。

②结构节能措施。各个结构节能措施应有必要性，技术可行性，优化工艺结构、产品结构或能源消费结构方面的具体内容及经济效益和社会效益分析。作为节能项目应按其特点进行分析评价，重点项目应达到项目建议的深度。主要包括：提高技术装备水平；设备大型化；优化流程、原料结构和能源结构；调整产品结构；其他相关结构节能措施等。

③技术节能措施。每项技术节能措施应有必要性、技术可行性、具体内容及经济效益和社会效益的分析。作为节能项目应从技术层面按其特点进行分析和评价，重点项目应达到建议书的深度。主要包括：新能源替代传统能源；能源系统优化；二次能源利用；提高炉窑热效率；余热回收；余热余能发电；其他相关技术节能措施等。

2）措施汇总。

对节能措施进行概括、分类。节能规划中主要任务和重点工程应与用能单位节能方面存在的问题相对应。做到目标与当前的指标和各主要任务和重点工程节能效果测算值之差应一致。

（4）实施步骤。

节能规划应根据用能单位的资金、发展规划中安排节能规划各项措施的实施时间，列出简明时间表，明确实施时间。尽量细化规划实施步骤和计划，保障规划的可执行性，明确优先实施的措施及重点工作等。掌握的原则是：优先实施投资少、回收期短、技术成熟效果显著的项目；优先实施系统优化的项目；优先实施政府强制要求的项目；投资大、回收期长、技术不够成熟的项目和技术风险大的项目适时实施。

（5）保障措施。

为实施用能单位节能规划建立保障体系，内容包括成立领导小组、建立例会制度、制定考核办法、明确工作程序等。

4. 节能规划的审核

（1）审核要求和程序。

1）各省、自治区、直辖市节能主管部门要根据相关要求，在规定的时间内完成对企业节能规划的审核工作。

2）各省、自治区、直辖市节能主管部门可以组织专家组开展审核工作，并以规范的专家组工作规则开展审核。

3）在审核过程中，各省、自治区、直辖市节能主管部门要组织专家组对企业编制节能规划的情况进行实地抽查，每次抽查的比例不低于审核企业总数的10%。节能规划实地抽查可与能源审计实地抽查合并进行。

4）如企业节能规划未通过审核，各省、自治区、直辖市节能主管部门应将详细的问题描述和修改意见尽快通知企业，以便于企业在规定时间内能够再次提交修改后的节能规划。

（2）审核内容。

1）企业节能规划应建立定量的节能规划目标，其中五年目标不应低于企业所签订的节能目标责任书的承诺目标。规划目标中应包含企业主要产品单位能耗等具体指标的定量说明。

2）规划应有切实可行的组织措施、管理措施、技术革新措施以及投资计划，应对目标的实现可能、实现途径进行论证。

3）企业节能规划必须涵盖以下内容。未能涵盖的，应视为规划不完整，建议进行修改。

①企业概况；

②企业能源利用和节能概况；

③存在的问题及与国内外先进水平的差距；

④规划指导思想；

⑤规划目标（节能目标不应低于企业所签订节能目标责任书的节能量）；

⑥规划的主要任务；

⑦规划的重点工程措施（重点工程要满足节能规划目标的实现）；

⑧规划的保障措施；

⑨规划的实施计划。

4）企业节能规划应有企业法人代表签字确认，以确保规划内容的真实可靠。

7.2.7 节能项目管理

1. 概述

节能项目管理是运用一系列现代项目管理的工具与技术，用来组织、计划与管理节能项目的工作。通过项目建设单位的努力，运用系统方法对节能项目及其资源进行计划、组织、协调和控制，以实现节能项目的节能目标。

（1）节能项目管理的目的。

在宏观上讲是项目建设单位对节能效益的追求。在微观上讲是项目建设单位在规定的范围、时间、成本和质量要求下完成一次性的事业。

（2）节能项目管理的内容及阶段。

1）内容。

节能项目管理的目标是通过项目管理工作实现的。为了实现节能项目目标，必须对项目全过程的各个方面进行管理，有如下内容：

①节能项目目标设计、项目定义及可行性研究。

②节能项目的系统分析。包括项目的外部系统分析、项目结构分析等。

③节能项目的计划管理。包括项目的实施方案及总体计划、工期计划、成本（投资）计划、资源计划以及它们的优化。

④节能项目的组织管理。包括项目组织机构设置、人员组成、各方面工作与职责的分配、项目业务工作条例的制定等。

⑤节能项目的信息管理。包括项目信息系统的建立、文档管理等。

⑥节能项目的实施控制。包括进度控制、成本（投资）控制、质量控制、风险控制、变更管理等。

⑦项目后期工作。包括：项目验收、移交、运行准备；项目后评估，即对项目进行总结，研究节能目标实现的程度、存在的问题等。

2）节能项目管理的阶段。

①投资前期。投资前期指从投资意向形成开始到节能项目评估决策为止，分为下列四个阶段：

投资机会选择。即选定节能项目，并对节能项目内容进行粗略描述和概括，目的是找准项目方向。

完成节能项目建议书。节能项目建议书是投资机会研究的具体化，它以书面形式申述节能项目建设的理由和依据。

进行节能项目可行性研究。它是节能项目决策的依据。可行性研究是投资前的关键环节，要对节能项目进行科学、客观、详细的研究论证，提出可行性研究报告和决策的依据。可行性研究中需要进行节能项目财务分析、节能项目环境评价、节能项目社会效益评价等工作。

节能项目评估与决策。节能项目评估是对可行性研究报告的真实性评价，是节能项目决策的最后依据。

②建设期。建设期指从节能项目设计到项目竣工验收与交付使用这一时期。这一时期的主要任务是通过节能项目的投资建设，使之成为现实。包括下列阶段：

节能项目设计。节能项目一般也要下达设计任务书，根据设计任务书进行初步设计和施工图设计。初步设计是项目可行性研究的继续和深化，施工图设计是建设施工的依据。

制定建设计划。一般来说，节能项目根据建设周期长短分时间段实施，因此，根据需要可以分年度、季度和月份为单位制订建设计划。

施工准备与施工。施工准备的主要内容有：设备和建筑材料的订货与采购，根据施工图纸、施工组织设计和施工图预算，组织建设工程的招标等工作。施工是把项目设计图纸变成实物的关键环节，为保证施工顺利进行和施工质量，在正式开工之前要认真审查施工的准备工作和施工条件，然后提出开工报告，经主管部门批准，才能动工。

竣工验收与交付使用。工程施工结束后要进行竣工验收，竣工验收的目的是为了保证节能项目建成后能达到设计要求的各项技术经济指标。竣工验收一般是先进行单项工程交工验收，然后进行全部工程整体验收。验收合格后，办理相关交付使用。

③节能项目运行期。节能项目交付使用之后，便进入运行时期。这一时期包括下列工作：

节能项目后评价。项目后评价是经过一段时间的运行之后，对节能项目的立项决策、设计、竣工、验收、运行过程进行总结评价，以便总结经验，解决遗留问题，提高节能项目的决策水平和投资效果。

节能目标验证。项目能否按计划实现节能量，能否归还贷款、收回投资并达到节能的目的，是节能项目建设的根本出发点。

2. 节能项目节能量和财务评价

（1）节能量评价。

不同类别的节能项目，其节能量的评价是不一样的，分别有产品节能量、产值节能量、技术措施节能量、产品结构节能量和单项能源节能量。根据具体情况进行选择，计算按《企业节能量计算方法》（GB/T 13234—2009）标准执行。

（2）财务评价。

1）资金等值计算法。

资金等值计算指在考虑时间因素的情况下，不同时间点发生的绝对值不等的资金可能具有相等的价值。在理想的资本市场条件下，利率折算成与之等价的另一时刻的资金。

2）现金流量。

现金流量指项目通过一定经济活动而产生的现金流入、现金流出及其总量情况的总称，即项目一定时期的现金和现金等价物的流入和流出的数量。

3）单利计算。

折现率是指将未来有限期内预期收益折算成现值的比率。

现值（也称在用价值）是指对未来现金流量以恰当的折现率进行折现后的价值。

终值（也称将来值或本利和）是指现在一定量的资金在未来某一时点上的价值。

单利指每个计息周期均按其原始本金来计算利息的方式。单利只有本金计息，而所得的利息部分则不计利息，其总的本利和到期末一次兑现，单利终值按公式 7 - 1 计算：

$$F = P \times (1 + i \cdot n) \tag{7-1}$$

式中：

F——终值，单位为元；

P——现值，单位为元；

i——利率；

n——计息期数。

单利现值：现值的计算与终值的计算是互逆的，单利现值按公式 7 - 2 计算：

$$P = \frac{F}{1 + i \cdot n} \tag{7-2}$$

4）复利计算。

复利指任何一个计息周期的利息，均按上一期末的本利和总额来进行计息，即通常所说的“利滚利”，它充分体现了资金的时间价值。复利终值公式和复利现值按公式 7 - 3 和

7-4 计算：

$$F = P \times (1+i)^n \quad (7-3)$$

在上式中，$(1+i)^n$ 称为“复利终值系数”，用符号（F/P，i，n）表示。这样公式 7-3 就可以写为：F=P（F/P，i，n）。

$$P = \frac{F}{(1+i)^n} \quad (7-4)$$

$\frac{1}{(1+i)^n}$称为“复利现值系数”，用符号（P/F，i，n）表示。这样公式7-4 就可以写为 P=F（P/F，i，n）。

5）投资指标。

节能投资包括项目本身新增加的投资（用于建筑方面的投资、用于购置设备方面的投资、用于安装方面的投资、用于管理方面的投资等）、旧设备报废的损失和因改造引起的停产损失。

6）成本节约指标。

在节能项目的计算中，只需要计算采用节能措施后的成本节约部分，即计算采用节能措施实施前后成本的差额。

7）盈利指标。

节能项目实施后新增加的盈利额，即为项目实施前后盈利的差额。

8）静态计算法。

①投资回收年限法。投资回收年限法主要考虑节能方案在投资和收益两方面的因素，如果有多个项目可供选择，显然投资回收年限最小的那个项目应该是首选。一般经验指出，如果简单计算的回收年限小于设计使用年限的一半，而又不大于 5 年时，可认为投资是合理的。

②相对投资回收期。遇到需要在两个项目中选择较佳方案时，要计算相对回收期。

③投资节能率。表示年节约能源的数量与投资的关系，它反映了单位投资的节能效果。在方案比较时，节能率越大越好。

④节能投资率。节能投资率反映节约每单位能源所需要的投资。在项目比较时，节能投资率越小越好。

3. 节能项目环境影响评价

对项目进行环境影响评价是项目法人必须履行的法律义务。

（1）符合国家环境保护法律、法规和产业政策要求。

（2）坚持污染物排放总量控制和达标排放的要求。

（3）坚持“三同时”原则，即环境治理设施应与项目的主体工程同时设计、同时施工、同时投产使用。

（4）力求环境效益与经济效益相统一，从环境效益、经济效益相统一的角度进行分析论证，力求环境保护治理方案技术可行和经济合理。

（5）注重资源综合利用，对环境治理过程中项目产生的废气、废水、固体废弃物，应提出回水处理和再利用方案。

4. 节能项目节能评估

为了从项目建设源头把好节能准入关，促进能源资源合理利用，遏制高耗能和产能过剩行业盲目发展和过快增长，转变经济发展方式，实现产业结构优化升级，国家对节能评估工作做了明确规定。《节约能源法》第十五条规定："国家实行固定资产投资项目节能评估和审查制度。"

项目的节能评估和审查应遵循以下原则：

符合国家节能法律、法规和产业政策要求，符合地方区域经济发展要求；

坚持合理利用能源和提高能源利用效率；

坚持项目用能的合法性；

坚持项目节能评估和审查的独立性和前置性；

节能评估和审查应遵循公正、公平、合理、独立的原则；

应加强项目节能评估后的评价。

5. 节能项目的社会效益分析

（1）节能项目社会效益的特点和意义。

社会效益评价在评价内容中居于最高层面，不但要考察项目近期的社会效果，更要考虑项目对社会长期的影响。进行项目社会效益分析，有利于提高公众的参与程度，减少或避免决策失误所带来的损失；有利于全面提高项目决策的科学性和项目民主性；有利于同国际社会接轨，吸引外资，深化改革和开放。

（2）节能项目社会效益评价的主要方面。

1）节能项目运行使空气、水质等自然环境发生的变化。

2）节能项目运行缓解能源压力，增强国家能源安全。

3）节能项目运行节省国内资源并提高能源利用效率，保障电网安全稳定运行。

4）节能项目运行使居住条件得到改善。

5）节能项目运行所带动的产业结构和产品结构的调整，高耗能产业的减少，就业机会的增加，相关产业的发展等。

6. 节能项目融资

（1）节能项目优惠的财税政策。

2007 年 8 月，财政部和国家发展改革委联合印发了《节能技术改造财政奖励资金管理暂行办法》，采取"以奖代补"方式，按照规定标准对技术改造完成后实际取得的节能量给予奖励。

2008 年 1 月，《企业所得税法》开始施行，该法规定从事符合条件的环境保护、节能节水项目可免征、减征企业所得税。企业购置用于环境保护、节能节水、安全生产等专用设备的投资额，可以按一定比例实行税额抵免。

2008 年 1 月，财政部、国家发展改革委联合发布《高效照明产品推广财政补贴资金管理暂行办法》规定，大宗用户每只高效照明产品，中央财政按中标协议供货价格的 30% 给予补贴；城乡居民用户每只高效照明产品，中央财政按中标协议供货价格的 50% 给予补贴。

“十二五”期间国家将继续加大对节能项目优惠的财税政策。

（2）项目资本金的来源渠道。

1）股东直接投资。

股东直接投资包括政府授权投资机构入股的资金、国内外用能单位入股的资金、社会团体和个人入股的资金及基金投资公司入股的资金，它们分别构成国家资本金、法人资本金、个人资本金和外商资本金。

2）股票融资。

无论是既有法人融资项目还是新设法人融资项目，凡符合规定条件的，均可以通过发行股票在资本市场募集股本资金。

3）政府投资。

政府投资资金，包括各级政府的财政预算内资金、国家批准的各种专项建设基金、统借国外贷款、土地批租收入、地方政府按规定收取的各种费用及其他预算外资金等。

4）合同能源管理融资。

节能服务公司向用户提供节能项目投资或融资服务。

（3）节能项目债务资金筹措。

1）商业银行贷款。

商业银行贷款是我国建设项目获得短期、中长期贷款的重要渠道。国内商业银行贷款手续简单、成本较低，适用于有偿债能力的建设项目。

2）外国政府贷款。

外国政府贷款是一国政府向另一国政府提供的具有一定的援助或部分赠与性的低息优惠贷款。

3）国际金融组织贷款。

国际金融组织贷款是国际金融组织按照章程向其成员国提供的各种贷款。

4）融资租赁。

现代租赁已成为解决用能单位资金来源的一种重要筹资方式。用能单位资产的租赁有经营租赁和融资租赁两种。

7.3 重点用能单位能源管理特点

重点用能单位从《节约能源法》的界定来看是指年综合能耗在5 000～10 000tce，以至能耗量更多的企业，这种企业亦称之为能源消费大户，它们在管理节能方面有一定特点，其主要特点有三个：

1. 消耗能源品种多元、数量大，节能机构健全、专业化管理

重点耗能企业，使用的能源品种及工质比较多，转换过程复杂且难度难度大；要配置完善的节能机构，配备懂专业、素质水平高的能源管理师，从而使组织机构健全，节能管理活动范围开展的深入、广泛。在专业能源管理师的指导下，有效开展能源的监测、统计与计量工作。如我国某特大型钾肥企业，从国外引进了先进的技术设备，可谓世界一流，但是节能机构不健全，无懂专业的能源管理师，统计、计量专业装备率不达标。将引进的燃气热风炉安装位置海拔过高，约为3 000m，导致气压偏低，缺氧，燃烧能效偏低，却误认为设备不合格，燃烧不达标。实质问题是海拔过高，设计标准偏低，导致所用燃料标准量过低。经重新核定后由原设计值12Nm^3/T产品烘干，提升到15.6 Nm^3/T产品烘干能耗，符合企业所在地的实际标准。

2. 工艺过程复杂——选用先进工艺装备

重点耗能企业工艺多且繁杂，应在国家节能减排法律、法规政策的指导下，尽可能调整产业结构，运用先进工艺装备，从根本上提高能效，使我们的能效水平进入世界先进水平行列。例如：火力发电行业是能耗大户。20万～30万kw机组，发电煤耗的水平，均在340g/kwh左右；而600MW亚临界机组发电煤耗可提高到310 g/kwh；能耗水平提高了8.8%；而采用更先进工艺600MW超临界机组的工艺水平，可使发电能耗降低到278 g/kwh，比亚临界机组降低煤耗32g/kwh，降低能耗比率达到10.32%。由此可见，不同级别工艺装备的节能量大不相同。1 000MW超超临界火电机组发电煤耗可降低到265g/kwh，比超临界机组降低比率达4.7%。火电行业就应如国家发展改革委所规定："要上大压小。"淘汰落后产能，使我国火力发电的能耗水平尽快接近和达到国际先进水平，为缓解能源供求矛盾、应对气候变化做出新贡献。

3. 设备繁多——全方位管理

重点耗能企业耗能工艺繁杂，耗能设备必然复杂多样，为此，管理节能必须是全方位、多系统开展。不能仅局限于一个小的局部或子系统，这样会使管理节能酿成面小、深度不够、节能的效果不显著。如其抗生素化工企业从美国引进技术，由于菌种培育复杂，采用和改进了从发酵工艺的温度、三维复合搅拌、吹入洁净空气、蒸汽的梯级利用以及干燥过程中温度的提升、换热面积的扩大等几十种管理措施，使吨抗生素产品的综合能耗从一期1998年刚引进时的13.2tce/T产品，提升到2008年1.586 8 tce/T产品，综合节能量

高达 11.613 2 tce/T 产品，比率高达 88%。虽然煤炭价格在此期间上升达 9 倍，由 60 元/吨到 600 元/吨，仍有较大利润空间和较强市场竞争力。此现状就连美国方面的专家也深感吃惊和震撼。

7.4 重点用能工艺与设备的管控*

7.4.1 设备管控*

1. 概述

（1）用能设备的概念。

用能设备指所有转化、传输和利用能源，从而实现其自身功能的设备的总称。例如工业锅炉、风机、水泵、空气压缩机等，不胜枚举。为了提高用能设备的能源利用效率，达到节能降耗的目的，必须加强用能设备的全面管理。

（2）用能设备的分类。

1）按利用能源的种类分为用电设备、用热设备（包括用煤设备、用蒸汽设备、用油设备、用天然气设备等）、水能设备、风能设备、太阳能设备、沼气发酵设备、农村生物质燃气设备等。

2）按设备的用途分为供配电设备、电拖动设备、电解电镀设备、电加热设备、供热设备、火焰加热设备、蒸煮设备等。

2. 用能设备的管理制度

（1）用能设备实行制度化管理的必要性。

1）加强用能设备的制度管理是保证用能单位生产正常进行的需要。

用能设备管理应适应用能单位的生产特点，建立健全设备性能、状态监控反馈系统，对用能设备的故障做到预控预修，维持用能单位正常生产，提高用能设备使用效率。

2）加强用能设备的制度管理是用能单位发展的有效措施。

用能设备管理是用能单位管理的重要组成部分，不断探索用能设备管理的新形式、新方法，使用先进的管理经验，结合用能单位实际情况，因地制宜，多手段、全方位进行用能设备管理，是用能单位发展的有效措施。

3）加强用能设备的制度管理是实施用能设备监理的重要保障。

根据国家有关法规规章、技术标准的要求，对用能设备实行全过程的监理，包括用能设备设计监理、用能设备采购监理、用能设备制造监理、用能设备安装监理和用能设备调试监理。加强用能设备的制度管理，是对用能设备的整个生命周期监理的重要保障。

（2）用能设备实行制度管理的依据。

1）法律法规、规范性文件。

2）相关设备标准及规范。

（3）用能设备几种通用的管理制度。

1）建立完善的用能设备质量控制体系。

用能设备质量的好坏，不仅会影响用能设备的事故率和维修率，更重要的是会影响用能单位生产正常进行，所以必须建立完善的用能设备质量控制体系。该体系的主要内容包括组织保障体系和制度体系及约束机制。

2）用能设备的使用和维护保养制度。

包括用能设备使用规程、用能设备维护规程和规程的贯彻执行三部分内容。用能设备使用规程主要包括用能设备的操作规程、用能设备技术状况的管理、用能设备润滑管理及用能设备运行动态管理等；用能设备维护规程主要包括用能设备的维修与保养规程、用能设备缺陷的处理等；规程的贯彻执行是指利用一系列相应的制度，监督、督促用能设备按用能规程和维护规程执行，切实贯彻规章及操作规程经济运行。

3）用能设备档案管理制度。

包括用能设备技术资料的收集、记录、填写、积累、整理、鉴定、归档、统计、提供利用等。

4）用能设备点检和巡检管理制度。

点检是指为了持续用能设备原有的性能，通过人的感官或简单的工具以及精密检测仪器，对用能设备的规定部位（点）按预先设定的周期和技术标准，周密施行全过程有无异状的、动态的检查。

通过对用能设备进行检查、诊断，以尽早发现故障隐患，判断并确定故障隐患的范围和内容，编制检修计划、备品备件供应计划等，确保企业生产安全高效地运行。

5）用能设备节能监测制度。

用能设备的运行过程中必须进行节能监测，以掌握该用能设备的性能、运行状况、技术指标等，为用能设备的管理和技术改造提供科学依据。节能监测制度在后面另有详细叙述。

6）用能设备经济运行评价制度。

按照用能设备能效限（定）值和能效等级，针对用能设备运行的各自特点，制定出相应的经济运行标准，定期评价用能设备经济运行状况。

7）用能设备经济运行管理制度。

在安全运行的前提下，通过科学管理、技术改造、遵守规程和提高操作人员素质等方法，实现用能设备运行的各项技术经济指标，包括设备的基础管理、工艺操作管理、节能改造管理、节能监测管理以及能效管理等。

3. 主要通用耗能设备的经济运行

（1）工业锅炉经济运行。

1）运行要求。

①锅炉使用单位应当使用符合安全技术、环境保护、节约能源等相关规范要求的锅

炉。辅机应选用符合最新国家标准或行业标准要求的高效节能产品，原有锅炉配套的辅机，如属国家公布的淘汰产品，应及时更换为高效节能产品。

②做好锅炉水质处理。水处理设施符合《工业锅炉水处理设施运行效果与监测》(GB/T 16811—2005）的规定，给水和锅水水质应符合《工业锅炉水质》（GB/T 1576—2008）的要求。

③锅炉及其附属设备和热力管道的保温符合《设备及管道绝热技术通则》（GB/T 4272—2008）的要求。

④及时调整燃烧工况，压力、温度、水位保持相对稳定，燃用设计燃料或与设计燃料相接近的燃料。

⑤燃煤锅炉的运行负荷不宜经常或长时间低于额定负荷的80%，燃油、气锅炉的运行负荷不宜经常或长时间低于额定负荷的60%，锅炉不得超负荷运行。

⑥受热面烟气侧定时清灰，保持清洁。受热面汽水侧定期检查腐蚀及结垢情况，并定期防腐除垢。使用清灰剂、防腐剂、除垢剂等化学药剂时，要保证安全、环保和有效性。

⑦经常对锅炉燃料供给系统、烟风系统、汽水系统、仪表、阀门及保温、结垢等方面进行检查，确保其严密、完好无损，工况良好。

⑧锅炉配备的燃料计量装置，汽或水流量计、压力表、温度计等能显示锅炉经济运行状态的仪器、仪表，应按规定定期校准或检验。

⑨锅炉操作人员应分别经过安全、经济运行培训考核，持证上岗。容量达到10t/h或7MW以上的锅炉房，应配备专职专业技术人员。

2）经济运行的指标。

参照《工业锅炉经济运行》（GB/T 17954—2007）。

（2）热电联产机组经济运行。

1）要求。

①机组及辅机应是节能型新产品，而非国家明令淘汰的产品。

②计量仪器、仪表配置齐全达标，运行记录连续、完整，能够满足考核指标的要求。

③汽轮机与锅炉及发电机必须匹配合理。

④运行操作人员应分别经安全、经济运行培训考核，持证上岗。

⑤凝汽式和抽汽凝汽式汽轮机的真空度和热耗率以及背压式汽轮发电机组负荷率必须达到规定的要求。

⑥定期对热电联产机组的主汽温度、再热汽温度、给水温度、主汽压力、汽轮机真空系统严密性、凝汽器端差等运行指标进行检测，并计算热电联产机组负荷率以及背压式汽轮机的单位供热量、发电量等考核指标。

2）经济运行指标。

热电联产机组经济运行按照热效率和热电比分为一级、二级、三级三个等级，见标准《热电联产电厂热力产品》（DL/ T 891—2004）。

（3）三相异步电动机经济运行。

1）要求。

①建立健全三相异步电动机（简称电动机）的检查、维护和检修制度，完善电动机设备档案，大于160kW的电动机应有完善的原始资料和运行记录。

②选型对应，选用符合能效标准的电动机，不得选用国家明令淘汰的落后能效产品。

③选型前应充分了解被拖动机械的负载特性，该负载对起动、制动、调速无特殊要求时，应选用笼型电动机。

④电动机额定功率选择应满足负载的功率要求，同时考虑负载特性与运行方式。

⑤电动机的工作电压与供电电压相适应，额定容量大于200kW的电动机优先选用高压电动机。

⑥需要调速的负载应根据调速范围、效率、对转矩的影响以及长期经济效益等因素，选择合理的调速方式和电动机。

⑦对于55kW及以上的电动机配备电流、电压、有功功率测量表，还应配备电能表和功率因数表。

⑧根据电动机容量大小与运行方式合理实施功率因数的就地补偿，补偿后功率因数不低于0.9。

⑨对多台并联或串联运行的系统，应按照系统效率最高的原则分配电动机的负荷或安排机组的启停，一般原则是使综合效率较高的机组处于经常稳定和满负荷运行状态。

⑩电动机处于非经济运行状态，采用更换或改造措施，必须满足负载的要求，使电动机运行的负载率接近综合经济负载率。电动机更换或改造应使用寿命周期成本分析方法进行经济性检验。

2）经济运行指标。

电动机综合效率大于或等于额定综合效率，表明电动机对电能利用时是经济的、合理的；电动机综合效率小于额定综合效率，但大于额定综合效率的60%，表明电动机对电能利用是基本合理的；电动机综合效率小于额定综合效率的60%，表明电动机对电能利用是不经济的。具体内容参照《三相异步电动机经济运行》（GB/T 12497—2006）。

（4）风机经济运行。

1）要求。

①风机选型应满足系统的使用风压和风量，设计运行工况点应在通风机规定的经济工作区内，同时应符合能效标准的规定。在满足工艺条件下，选用适于负载特性的叶轮类型风机。

②风机配套的交流电动机应符合电动机能效标准的规定。

③风机宜采用直连方式，若采用皮带轮变速时，宜采用节能型平带或带齿的毛边V型带，以降低传动损失。

④采用风机多台联合运行时，在满足工艺、安全及可靠运行的基础上，应使输送单位

容积介质电耗最低。

⑤当流量变化幅度在20%以内，对离心风机应采用进口导叶调节方式，对轴流风机应采用改变动、静叶片安装角的调节方式。

⑥当流量变化幅度小于20%或年运行时间小于4 000h，宜采用旁路分流、节流等流量调节方法。负荷变化较大或运行时间较长的系统，应根据通风机特性、系统结构特点及工艺运行要求等因素采用相应的调速方式。

⑦系统管网应在优化生产工艺的条件下，确定合理配置方案和输送半径。

⑧应减少风管泄漏率，一般鼓、引、通风系统风管泄漏率应控制在10%以内，特殊场合应符合特殊规定的要求。

⑨计算系统额定工况点时，绘制出管网总阻力特性曲线与通风机性能曲线，使通风机运行在经济工作区内。系统正常运行工况的通风机运行效率应不小于额定效率的70%。

⑩在技术及经济条件允许的情况下，宜采用仿真模拟计算对系统进行设计和提出节能优化方案。

⑪在技术及经济条件允许的情况下，应在线监测系统进口及出口压力、温度、流量、电量和调节装置的状态等。

⑫应建立运行管理、维护、检修等规章制度，加强管理人员和操作人员的节能培训。

2）经济运行指标。

实测风机机组运行效率与机组额定效率比值大于0.85，则机组运行经济；比值在0.70～0.85之间，则机组运行合理；比值小于0.70，则机组运行不经济。具体内容参照《交流电气传动风机（泵类、空气压缩机）系统经济运行通则》（GB/T 13466—2006）和《通风机系统经济运行》（GB/T 13470—2008）。

（5）水泵经济运行。

1）要求。

①应建立运行管理、维护、检修等规章制度，管理和操作人员要经过节能培训，经考核合格后持证上岗。

②应选用适于负载特性的水泵。水泵的性能曲线应与负载特性合理匹配，使其在高效区内运行。

③在装配多台机组时，应采用高效泵类承担基本符合。采用泵类多台联合运行时，应使单位容积工质的耗电量最低。

④对于变工况运行机组，应采用合理的调节控制设备，以实现机组的高效运行。

⑤管网系统设计与安装时，减少管网的沿程阻力和局部阻力损失。

⑥系统运行时，水泵特性应与管网总阻力特性相匹配，使水泵运行工况点在规定的经济运行范围内。

⑦对电动机容量大、压力和流量变化幅度大、年运行时间长的系统，应按要求对其运行工况进行测量。

⑧泵类正常工况的运行效率应不低于其额定效率的80%。

⑨水泵配套电动机应符合能效标准要求。

⑩定期监测主要部位的压力、流量和温度等参数。流量和压力监测仪器仪表应该安装在泵类系统的相关部位。

⑪当流量变化幅度大于20%和年运行时间大于或等于4 000h，不宜采用旁路分流、截流等方法。对压力、流量变化幅度较大或年运行总时间较长的系统，在技术经济允许的条件下，采用调速装置和微机控制，使其满足经济运行的要求。

2）经济运行指标。

实测水泵机组运行效率与机组额定效率比值大于0.85，则机组运行经济；比值在0.70~0.85之间，则机组运行合理；比值小于0.70，则机组运行不经济，具体内容参照《交流电气传动风机（泵类、空气压缩机）系统经济运行通则》（GB/T 13466—2006）和《离心泵、混流泵、轴流泵与旋涡泵系统经济运行》（GB/T 13469—2008）。

（6）空气压缩机系统经济运行。

1）要求。

①建立运行管理、维护、检修等规章制度，管理和操作人员要经过节能培训，经考核合格后持证上岗。

②空压站中的压缩空气流速不大于5m/s，空压站后的主分配管路的压缩空气流速不大于10m/s，主分配管路到使用点的压缩空气流速不大于15 m/s。从空压机出口到主分配管路最远点的压降不大于空压机排气压力的10%。

③减少系统泄漏，泄漏率不大于10%。

④对只有一台空压机的系统，应配备自动控制装置，使机组适应负载变化。不应采取限制空压机入口流速、开启排气阀调节方式。对有多台空压机的系统，低负荷运行的空压机不应超过两台。

⑤系统配套的三相异步电动机应符合能效标准要求。

⑥负荷变化幅度较大或变化频繁的系统，应采用适当的管理和技术措施。在满足工艺要求的情况下，应首先合理安排负荷；无法安排负荷时，应采用机组联控等措施调节运行方式；当改变运行方式不能满足负荷要求时，宜采用变频、变容等技术措施。

⑦应按照标准要求进行监测，采用巡视与定期检测相结合的方式。在技术及经济条件允许的情况下，应在线监测系统进出口压力、压缩空气流量、电量和调节装置的状态等。

2）经济运行指标。

压力和流量满负荷的条件下，实测比功率小于或等于《容积式空气压缩机能效限定值及能效等级》（CB 19153—2009）规定的节能评价值，则机组运行经济；实测比功率小于或等于 CB 19153—2009 规定的能效限定值，则机组运行合理；实测比功率大于GB 19153—2009规定的能效限定值，则机组运行不经济。具体内容参照《交流电气传动风机（泵类、空气压缩机）系统经济运行通则》（GB/T 13466—2006）。

（7）电力变压器经济运行。

1）经济运行方式。

①一用一备变压器的经济运行方式。对于重要的负载，供电可靠性要求较高，不允许停电，因此往往采用两台变压器供电，即一台变压器运行而另一台变压器备用。在选择时，应对两台变压器的技术优劣进行判定，选择技术特性优的变压器运行，技术特性劣的变压器做备用。

②并列运行变压器间的经济运行方式。在多台变压器并列运行时，有多种运行方式，可按并列运行变压器短路阻抗相近和短路阻抗相差较大两种情况进行分析计算变压器的经济运行方式。

③变压器经济运行区。由于变压器的经济负载系数仅是变压器负载功率曲线上的一点，这对负载在一定范围内波动时，校验变压器的经济运行条件来说是很困难的。因此，《电力变压器经济运行》（GB/T 13462—2008）提出了变压器经济运行区的概念，并给出了按综合功率确定变压器经济运行区的方法。该标准在变压器经济运行区内又提出变压器经济运行区的优选运行段（即最佳经济区），并给出了最佳经济运行区的确定方法，同时也为判定变压器“大马拉小车”提供了科学依据。

2）要求。

①制定严格的变压器经济运行规章制度和操作规程，建立健全变压器经济运行技术管理档案和记录。

②容量在315kVA以上的变压器，电源侧应装置有功电度表、无功电度表和功率因数表；容量在50～315 kVA的变压器，负荷侧应装置有功电度表和无功电度表。

③根据变压器的技术参数和负载变化情况，确定变压器经济运行方案，并经常进行变压器经济分析。当用电负载、用电量等发生较大变化，或变压器容量、台数等发生变化时，必须重新确定经济运行方案。

④确定变压器经济运行方案时，决不允许变压器过载，并充分考虑其他安全因素，确保运行安全、可靠；当非经济运行方式连续时间不超过3h时，为减少因操作频繁而引起的不安全因素，可不予调整。

⑤淘汰国家明令淘汰的变压器。更新变压器时，选用节能型变压器。

⑥更换（新）变压器或增设小容量变压器的投资回收年限控制在5年以内，调整变压器时的综合经济效益系数必须大于零。

⑦变压器电源侧选择与供电系统电压变动范围相适应的无励磁调压或有载调压装置，使负载侧的电压偏移符合允许偏移值。

⑧容量大、间断使用的电气设备，应避开变压器高峰负载时间运行。

⑨加强或改善变配电所（室）内部通风降温措施，降低变压器运行温度。

⑩安装有调试功能的无功补偿设备，合理提高负载功率因数。

3）经济运行指标。

变压器空载损耗和负载损耗达到《三相配电变压器能效限定值及节能评价值》（GB 20052—2006）、《电力变压器能效限定值及能效等级》（GB 24790—2009）规定的节能评价值，且运行在最佳经济运行区，经济运行管理符合要求，则变压器运行经济；变压器空载损耗和负载损耗达到 GB 20052—2006 规定的能效限定值，且运行在经济运行区，经济运行管理符合要求，则变压器运行合理；变压器空载损耗和负载损耗未能达到 GB 20052—2006 规定的能效限定值或运行在非经济区，则变压器运行不经济。具体内容参照《电力变压器经济运行》（GB/T 13462—2008）。

（8）空气调节系统经济运行。

1）要求。

①室内环境的控制参数是指温度、湿度及新风量范围不超过标准规定。

②对允许提高室内空气流动速度的场所，宜在夏季空调系统运行时，通过适当提高空气流动速度和室内温度设定值，既满足舒适性要求又达到节能目的。

③空调系统用电量单独进行计量，系统中各类设备的用电量分项计量，包括：冷水机组总用电量、冷冻水系统循环泵用电量（如有高低分区则应包括高区板式换热器二次侧冷冻循环泵）、冷却水系统循环泵总用电量、冷却塔风机总用电量、空调箱和新风机组的风机总用电量、采暖循环泵总用电量、送和排风机的总用电量、其他必要的空调系统设备的总用电量（如蓄冷空调系统中的溶液循环泵等）。

④使用燃气、燃油等燃料驱动的吸收式冷水机组，应对冷水机组的耗气（油）量进行计量；使用热水、蒸汽等驱动的吸收式冷水机组，应对冷水机组的耗热量进行计量。

⑤对冷热站的总供热量、供冷量分别进行计量。采用外部冷热源的单体建筑，应对建筑消耗的冷热量分别进行计量；对空调系统补水量进行计量。

⑥对空调系统用能数据定期进行统计分析，指导空调系统经济运行。

⑦间歇运行的冷热源设备，应根据实际需要选择合理的运行时间，宜在供冷或供热前 0.5 ~ 2h 开启，供冷或供热结束前 0.5 ~ 2h 关闭。在有条件时，宜采用错峰运行措施，充分利用低谷电价。

⑧冷热源设备的优化运行。

A. 在非高温高温的室外工况下，适当提高冷冻水供水温度；

B. 在满足空调负荷需求的情况下，优先选择效率高、经济性好的冷热源设备运行；

C. 根据负荷变化实行合理的群控措施，使每台冷热源设备均在合理的负荷率下运行，避免冷热源设备低负荷、低效率运行；

D. 调整各冷热源设备间的输配介质流量，使其流量与负载相匹配；

E. 有条件的情况下，在过渡季宜采用冷却塔直接供冷措施。

⑨冷水机组蒸发器的蒸发温度与冷冻水出口温度之差、冷凝器的冷凝温度与冷却水出口温度之差应在正常范围内，当超出时应及时检查蒸发器和冷凝器的结垢情况，并采取措

施消除。

⑩冷却塔的优化运行。

A. 综合考虑冷却塔的性能对冷水机组耗能的影响，使冷却塔出水温度接近室外空气湿球温度；

B. 多台冷却塔并联运行时，充分利用冷却塔换热面积，开启全部冷却塔，同时冷却塔风机宜采用变风量调节，保持各冷却塔之间水量均匀分配；

C. 多台冷却塔并联运行并采用风机台数启停控制时，关闭不工作冷却塔的冷却水管路的水阀，防止冷却水通过不开风机的冷却塔旁通；

D. 保持冷却塔周围通风良好。

⑪空调水系统经济运行。

A. 冷冻水泵和冷却水泵的运行台数满足冷水机组的运行需求；

B. 在部分末端不满足环境控制要求时，通过对末端水系统的平衡调节来改善该部分末端的空调效果，而不能盲目地增加循环泵开启台数；

C. 有变频控制的水系统，冷却水的总供回水温差不应小于5℃，冷冻水的总供回水温差不应小于4℃；

D. 当采用二次泵系统时，采取措施，使冷冻水供回水温差不小于4℃；

E. 冬季供暖工况下，热水供水回水温差不小于设计工况的80%；

F. 安装有限流器的水系统，检查有没有使用必要，如没有必要，应予以拆除。

⑫空调风系统经济运行。

A. 间歇运行的空调系统宜在使用前30min启动空气处理机组进行预冷或预热，并关闭新风风阀。预冷或预热结束后开启新风风发阀。在空调房间停止使用前15~30min宜关闭空气处理机组，应避免空调房间停止使用后仍开启空气处理机组。

B. 全空气空调系统的空气处理机组风机宜采用变频调速控制。

C. 人员密度相对较大且变化大的房间，宜采用新风需求控制。

D. 为保持空调运行期间建筑物内部新风和排风的平衡，合理控制新风机组和排风机的运行，关闭外窗，减少无组织新风。防止车库、厨房、楼梯间、吊顶空间等非空调区域与空调区域间的不合理空气流动，避免有换气次数要求的非空调区域从空调区域中大量抽风，导致大量无组织新风进入空调区域，增加空调系统的负荷。

E. 在室外气温适宜的条件下，如春秋季、夏季夜间，充分利用室外空气降温、蓄冷，减少机械制冷设备运行时间。

F. 新、排风热回收装置正常运转。空调系统运行时开启热回收装置，保证新、排风道风阀开关位置正确；过渡季节利用新风降温时，采取旁通运行。

G. 减少风道漏风，保持过滤器、表冷器清洁。

2）经济运行指标。

经济运行指标系统较为复杂，参照《空气调节系统经济运行》（GB/T 17981—2007）。

7.4.2 重点用能工艺设备的管理*

1. 概述

用能工艺的管理主要是淘汰落后工艺与设备。淘汰落后工艺设备是指对严重浪费能源，污染环境，不具备安全、环保条件的落后生产能力、工艺、技术、设备，由国务院主管节能工作部门会同国务院有关部门制定并公布名录和期限，由县级以上人民政府的节能行政主管部门会同有关部门监督各生产者、销售者、进口者和使用者在规定的期限内停止生产、销售、进口和使用的法规制度。

"十一五"期间淘汰落后产能、工艺和设备工作在许多领域取得了明显成效。随着加快高耗能行业和产能过剩行业结构的调整、抑制重复建设、促进节能减排政策的实施，淘汰落后工艺设备对推动节能减排应对气候变化，推进产业和产品结构调整，转变经济发展模式，提高经济效益，实现经济社会可持续发展具有至关重大的意义。

2. 有关规定及完成情况

（1）法律法规、产业政策规定。

1）《节约能源法》；

2）《循环经济促进法》；

3）《安全生产法》；

4）《固体废物环境污染防治法》；

5）《大气污染防治法》；

6）《关于加强节能工作的决定》；

7）《关于发布实施〈促进产业结构调整暂行规定〉的决定》；

8）《淘汰落后产能中央财政奖励资金管理暂行办法》；

9）《高耗能落后机电设备（产品）淘汰目录（第一批）》；

10）《关于进一步加强淘汰落后产能工作的通知》。

（2）近期淘汰落后产能目标任务。

为加快淘汰落后产能和落后工艺设备，转变经济发展模式，按照《国务院关于进一步加强淘汰落后产能工作的通知》等相关规定要求，近期重点行业淘汰落后产能的具体目标任务见表 7－1。

表 7－1　近期淘汰落后产能、工艺设备的目标任务一览表

序号	行业	具体要求
1	电力	2010 年底前淘汰小火电机组 5 000 万 kW 以上
2	煤炭	2010 年底前关闭不具备安全生产条件、不符合产业政策、浪费资源、污染环境的小煤矿 8 000 处，淘汰产能 2 亿 t
3	焦炭	2010 年底前淘汰炭化室高度 4.3m 以下的小机焦（3.2m 及以上捣固焦炉除外）
4	铁合金	2010 年底前淘汰 6 300kVA 以下矿热炉
5	电石	2010 年底前淘汰 6 300kVA 以下矿热炉

续表

序号	行业	具体要求
6	钢铁	2011 年底前，淘汰 $400m^3$ 及以下炼铁高炉，淘汰 30t 及以下炼钢转炉、电炉
7	有色	2011 年底前，淘汰 100kA 及以下电解铝小预焙槽；淘汰密闭鼓风炉、电炉、反射炉炼铜工艺及设备；淘汰采用烧结锅、烧结盘、简易高炉等落后方式炼铅工艺及设备，淘汰未配套建设制酸及尾气吸收系统的烧结机炼铅工艺；淘汰采用马弗炉、马槽炉、横罐、小竖罐（单日单罐产量 8t 以下）等进行焙烧、采用简易冷凝设施进行收尘等落后方式炼锌或生产氧化锌制品的生产工艺及设备
8	轻工	2011 年底前，淘汰年产 3.4 万 t 以下草浆生产装置、年产 1.7 万 t 以下化学制浆生产线，淘汰以废纸为原料、年产 1 万 t 以下的造纸生产线；淘汰落后酒精生产工艺及年产 3 万 t 以下的酒精生产企业（废糖蜜制酒精除外）；淘汰年产 3 万 t 以下味精生产装置；淘汰环保不达标的柠檬酸生产装置；淘汰年加工 3 万标张以下的制革生产线
9	纺织	2011 年底前，淘汰 74 型染整生产线、使用年限超过 15 年的前处理设备、浴比大于 1:10 的间歇式染色设备，淘汰落后型号的印花机、热熔染色机、热风布铗拉幅机、定形机，淘汰高能耗、高水耗的落后生产工艺设备；淘汰 R531 型酸牲老式粘胶纺丝机、年产 2 万 t 以下粘胶生产线、湿法及 DMF 溶剂法氨纶生产工艺、DMF 溶剂法腈纶生产工艺、涤纶长丝锭轴长 900mm 以下的半自动卷绕设备、间歇法聚酯设备等落后化纤产能
10	石油和化工	国务院 2009 年 10 月出台的《石油和化工产业结构调整指导意见》以及《石油和化工产业振兴支撑技术指导意见》指出，石油和化工大部分初级原料型产品存在产能过剩问题，加快淘汰落后产能势在必行。因此，要严格控制烧碱、纯碱、氮肥、磷肥、硫酸、电石、电石法聚氯乙烯、甲醇、轮胎、染料等产能过剩行业的项目建设，未来 3~5 年内原则上不再新增产能，依托现有企业择点建设炼油、乙烯项目。对炼油行业采取区域等量替代方式，到 2011 年，淘汰 100 万 t 及以下低效低质落后炼油装置，积极引导 100 万~200 万 t 炼油装置关停并转，防止以沥青、重油加工等名义新建炼油项目
11	建材	2012 年底前，淘汰窑径 3.0m 以下水泥机械化立窑生产线、窑径 2.5m 以下水泥干法中空窑（生产高铝水泥的除外）、水泥湿法窑生产线（主要用于处理污泥、电石渣等的除外）、直径 3.0m 以下的水泥磨机（生产特种水泥的除外）以及水泥土窑、普通立窑等落后水泥产能；淘汰平拉工艺平板玻璃生产线（含格法）等落后平板玻璃产能

3. 实施工作的原则、措施、程序

（1）工作原则。

1）坚持科学发展的原则。

淘汰落后工作必须全面贯彻党的十七大精神，以邓小平理论和“三个代表”的重要思想为指导，深入贯彻落实科学发展观，按照保增长、扩内需、调结构的要求实施。

2）坚持可持续发展原则。

要正确处理当前与长远、局部与整体的关系。通过执行淘汰落后制度，转变经济发展模式，促进节约发展、清洁发展、安全发展和可持续发展。

3）坚持扶优与劣汰相结合原则。

根据不同行业、不同地区、不同企业的具体情况，分类指导，有保有压。坚持扶优与劣汰结合，升级与淘汰落后结合，兼并重组与关闭破产结合，发挥市场机制，努力营造有利于落后产能退出的市场环境。

4）坚持依法推进原则。

淘汰落后工艺技术装备是一项政策性很强的工作，必须以国家有关法律、法规为依据，严格依法办事。要坚持依法行政，充分发挥法律、法规的约束和技术标准的门槛作用，依法淘汰落后产能。同时，要落实目标责任，充分发挥各级、各有关职能部门的作用，发挥舆论的监督与导向作用，发挥典型的引导作用，形成工作合力，共同推动工作的开展。

5）坚持统筹考虑原则。

坚持增量发展与存量发展相结合，统筹考虑淘汰落后、产业升级、职工就业、企业转产、债务化解和经济发展等一系列问题，促进社会和谐稳定。

6）坚持综合治理原则。

必须采取强有力的措施，综合运用法律、法规、经济、税收及必要的行政手段，加快淘汰落后产能及工艺设备工作。

（2）工作措施。

1）严格市场准入。

加强投资项目审核管理，强化安全、环保、能耗、质量等指标的约束作用，严禁向落后产能建设项目供应土地。

2）强化市场机制。

充分发挥差别电价、资源性产品价格改革等价格机制的作用，提高落后产能企业和项目使用能源、资源、环境、土地的成本。采取综合性调控措施，抑制高消耗、高排放产品市场需求。

3）加大处罚力度。

加强节能监察，依法淘汰落后用能设备、产品和生产工艺；加强环保监测和执法检查，对未按期完成淘汰落后产能任务的地区，严格控制投资项目，暂停项目环评、核准和审批；对未按规定期限淘汰落后产能的企业，吊销排污许可证，撤回生产许可证和安全生产许可证，直至依法吊销工商营业执照。

4）完善激励机制。

中央财政统筹支持各地区淘汰落后产能工作，对经济欠发达地区加大支持和奖励力度，重点支持相关职工安置和企业转产。对任务较重且完成较好的地区和企业，在安排技术改造和节能减排资金、土地开发利用、融资支持等方面给予倾斜。

5）加强监督核查。

定期向社会公告淘汰落后产能企业名单、落后设备和淘汰时限，加强舆论和社会监督。目标完成情况纳入地方政府绩效考核体系，实行问责制。

6）妥善安置职工。

认真落实和完善企业职工安置政策，依法依规妥善安置职工。

（3）工作程序。

国务院有关部委根据经济发展形势以及国务院确定的淘汰落后产能阶段性目标任务，结合产业升级要求及各地区实际，提出分行业的淘汰落后产能年度目标任务和实施方案，并将年度目标任务分解落实到各省、自治区、直辖市。

各省、自治区、直辖市人民政府根据国务院有关部委下达的淘汰落后目标任务，认真制定实施方案，分解到市、县级人民政府，落实到具体企业，及时将计划淘汰落后产能企业名单报国务院有关部委。

企业要切实承担起淘汰落后产能的主体责任，严格遵守安全、环保、节能、质量等法律、法规，认真贯彻国家产业政策，积极履行社会责任，主动淘汰落后产能。

淘汰落后产能工艺设备完成后进行现场验收。

地方人民政府对关停并转企业的职工进行妥善安置。

自学指导

学习的重点：管理体系的建立与实施过程；对重点耗能设备经济运行的方式、方法和要求；对落后产能及设备的淘汰的实施原则及措施。

学习的难点：能源管理体系的能源标准化与节能的标准；重点耗能设备经济运行方式、方法和要求。

复习思考题

一、单项选择题（在备选答案中选择1个最佳答案，并把它的标号写在括号内）

1. 国家标准《能源管理体系　要求》GB/T 23331—2009 于（　　）颁布。

A. 2009. 4　　B. 2009. 11. 1　　C. 2008. 4　　D. 2009. 10

2. 能源管理体系的模式为（　　）。

A. P. D. AC　　B. PDCA　　C. DPCA　　D. P. D. C. A

3. 节能措施共分（　　）类。

A. 2 类　　B. 3 类　　C. 5 类

D. 4 类　　E. 6 类

4. 锅炉及附属设备和热力普通保温应符合（　　）要求。

A. GB/T 4272—2008　　B. GB/T 2589—2008

C. GB/T 1576—2008　　D. GB/T 17954—2007

5. 如下数个国家标准，（　　）为国家强制性标准；

A. GB/T 2589—2008　　B. GB/T 24790—2009

C. GB/T 23331—2009　　　　D. GB/T 13462—2008

二、多项选择题（在备选答案中 2 ~5 个是正确的，将其全部选出并把它们的标号写在括号内，错选或漏选均不给分）

1. 国家标准《能源管理体系　要求》GB/T 23331—2009 的模式为英文缩写（　　）。

A. D　　B. C　　C. A

D. P　　E. F

2. 能源管理体系的模式中文表示为（　　）。

A. 策划　　B. 改进　　C. 实施

D. 纠正　　E. 评审

3. 制定能源目标、指标的主要方式有（　　）。

A. 自下而上　　B. 自上而下　　C. 自东向西

D. 自高向低　　E. 自低向高

4. 能源管理体系的组织机构和职责的基本内容是（　　）。

A. 分工合理　　B. 责任明确　　C. 协作配合

D. 考核奖惩　　E. 赋予权限

5. 我国能源管理的主要内容有（　　）。

A. 计量管理　　B. 统计管理

C. 协会定额管理　　D. 能源标准和节能标准

E. 合同能源管理

三、简答题

1. 试简述我国能源存在的五大特点。
2. 试述清洁煤技术的基本定义。
3. 试简述能源煤炭高位发热值与低位发热值的区别。
4. 简述能源计量的范围包括哪些方面。

四、论述题

试论述淘汰落后产能及设备的意义及作用。

五、计算题

企业新购入一台新型导热油炉，用于干燥湿物料。其型号为 YLL—4200M，额定功率 4 200KW，油炉有效率为 65%，若年满负荷工作 300 天，请问该油炉年产热量有多少 GJ？需要消耗多少吨标煤？可折算多少吨热值为 5 000Kcal 的原煤？

附录一

蒸汽热焓表（饱和蒸汽和过热蒸汽）

1. 饱和蒸汽压力—焓表（按压力排列）

压力（MPa）	温度（℃）	焓（KJ／kg）	压力（MPa）	温度（℃）	焓（KJ／kg）
0.001	6.98	2 513.8	1.00	179.88	2 777.0
0.002	17.51	2 533.2	1.10	184.06	2 780.4
0.003	24.10	2 545.2	1.20	187.96	2 783.4
0.004	28.98	2 554.1	1.30	191.6	2 786.0
0.005	32.90	2 561.2	1.40	195.04	2 788.4
0.006	36.18	2 567.1	1.50	198.28	2 790.4
0.007	39.02	2 572.2	1.60	201.37	2 792.2
0.008	41.53	2 576.7	1.70	204.3	2 793.8
0.009	43.79	2 580.8	1.80	207.1	2 795.1
0.010	45.83	2 584.4	1.90	209.79	2 796.4
0.015	54.00	2 598.9	2.00	212.37	2 797.4
0.020	60.09	2 609.6	2.20	217.24	2 799.1
0.025	64.99	2 618.1	2.40	221.78	2 800.4
0.030	69.12	2 625.3	2.60	226.03	2 801.2
0.040	75.89	2 636.8	2.80	230.04	2 801.7
0.050	81.35	2 645.0	3.00	233.84	2 801.9
0.060	85.95	2 653.6	3.50	242.54	2 801.3
0.070	89.96	2 660.2	4.00	250.33	2 799.4
0.080	93.51	2 666.0	5.00	263.92	2 792.8
0.090	96.71	2 671.1	6.00	275.56	2 783.3
0.10	99.63	2 675.7	7.00	285.8	2 771.4
0.12	104.81	2 683.8	8.00	294.98	2 757.5
0.14	109.32	2 690.8	9.00	303.31	2 741.8
0.16	113.32	2 696.8	10.0	310.96	2 724.4
0.18	116.93	2 702.1	11.0	318.04	2 705.4
0.20	120.23	2 706.9	12.0	324.64	2 684.8
0.25	127.43	2 717.2	13.0	330.81	2 662.4
0.30	133.54	2 725.5	14.0	336.63	2 638.3
0.35	138.88	2 732.5	15.0	342.12	2 611.6
0.40	143.62	2 738.5	16.0	347.32	2 582.7
0.45	147.92	2 743.8	17.0	352.26	2 550.8
0.50	151.85	2 748.5	18.0	356.96	2 514.4
0.60	158.84	2 756.4	19.0	361.44	2 470.1
0.70	164.96	2 762.9	20.0	365.71	2 413.9
0.80	170.42	2 768.4	21.0	369.79	2 340.2
0.90	175.36	2 773.0	22.0	373.68	2 192.5

2. 饱和蒸汽温度—焓表（按温度排列）

温度（℃）	压力（MPa）	焓（KJ / kg）	温度（℃）	压力（MPa）	焓（KJ / kg）
0	0. 000 611	2 501. 0	80	0. 047 359	2 643. 8
0. 01	0. 000 611	2 501. 0	85	0. 057 803	2 652. 1
1	0. 000 657	2 502. 8	90	0. 070 108	2 660. 3
2	0. 000 705	2 504. 7	95	0. 084 525	2 668. 4
3	0. 000 758	2 506. 5	100	0. 101 325	2 676. 3
4	0. 000 813	2 508. 3	110	0. 143 26	2 691. 8
5	0. 000 872	2 510. 2	120	0. 198 54	2 706. 6
6	0. 000 935	2 512. 0	130	0. 270 12	2 720. 7
7	0. 001 001	2 513. 9	140	0. 361 36	2 734
8	0. 001 072	2 515. 7	150	0. 475 97	2 746. 3
9	0. 001 147	2 517. 5	160	0. 618 04	2 757. 7
10	0. 001 227	2 519. 4	170	0. 792 02	2 768
11	0. 001 312	2 521. 2	180	1. 002 7	2 777. 1
12	0. 001 402	2 523. 0	190	1. 255 2	2 784. 9
13	0. 001 497	2 524. 9	200	1. 555 1	2 791. 4
14	0. 001 597	2 526. 7	210	1. 907 9	2 796. 4
15	0. 001 704	2 528. 6	220	2. 320 1	2 799. 9
16	0. 001 817	2 530. 4	20	2. 797 9	2 801. 7
17	0. 001 936	2 532. 2	240	3. 348	2 801. 6
18	0. 002 063	2 534. 0	250	3. 977 6	2 799. 5
19	0. 002 196	2 535. 9	260	4. 694	2 795. 2
20	0. 002 337	2 537. 7	270	5. 505 1	2 788. 3
22	0. 002 642	2 541. 4	280	6. 419 1	2 778. 6
24	0. 002 982	2 545. 0	290	7. 444 8	2 765. 4
26	0. 003 36	2 543. 6	300	8. 591 7	2 748. 4
28	0. 003 779	2 552. 3	310	9. 869 7	2 726. 8
30	0. 004 242	2 555. 9	320	11. 29	2 699. 6
35	0. 005 622	2 565. 0	330	12. 865	2 665. 5
40	0. 007 375	2 574. 0	340	14. 608	2 622. 3
45	0. 009 582	2 582. 9	350	16. 537	2 566. 1
50	0. 012 335	2 591. 8	360	18. 674	2 485. 7
55	0. 015 74	2 600. 7	370	21. 053	2 335. 7
60	0. 019 919	2 609. 5	371	21. 306	2 310. 7
65	0. 025 008	2 618. 2	372	21. 562	2 280. 1
70	0. 031 161	2 626. 8	373	21. 821	2 238. 3
75	0. 038 548	2 635. 3	374	22. 084	2 150. 7

3. 过热蒸汽温度、压力—焓表（一）

T（℃）	MPa					
	0.01	0.1	0.5	1	3	5
0	0	0.1	0.5	1	3	5
10	42	42.1	42.5	43	44.9	46.9
20	83.9	84	84.3	84.8	86.7	88.6
40	167.4	167.5	167.9	168.3	170.1	171.9
60	2 611.3	251.2	251.2	251.9	253.6	255.3
80	2 649.3	335	335.3	335.7	337.3	338.8
100	2 687.3	2 676.5	419.4	419.7	421.2	422.7
120	2 725.4	2 716.8	503.9	504.3	505.7	507.1
140	2 763.6	2 756.6	589.2	589.5	590.8	592.1
160	2 802	2 796.2	2 767.3	675.7	676.9	678
180	2 840.6	2 835.7	2 812.1	2 777.3	764.1	765.2
200	2 879.3	2 875.2	2 855.5	2 827.5	853	853.8
220	2 918.3	2 914.7	2 898	2 874.9	943.9	944.4
240	2 957.4	2 954.3	2 939.9	2 920.5	2 823	1 037.8
260	2 996.8	2 994.1	2 981.5	2 964.8	2 885.5	1 135
280	3 036.5	3 034	3 022.9	3 008.3	2 941.8	2 857
300	3 076.3	3 074.1	3 064.2	3 051.3	2 994.2	2 925.4
350	3 177	3 175.3	3 167.6	3 157.7	3 115.7	3 069.2
400	3 279.4	3 278	3 217.8	3 264	3 231.6	3 196.9
420	3 320.96	3 319.68	3 313.8	3 306.6	3 276.9	3 245.4
440	3 362.52	3 361.36	3 355.9	3 349.3	3 321.9	3 293.2
450	3 383.3	3 382.2	3 377.1	3 370.7	3 344.4	3 316.8
460	3 404.42	3 403.34	3 398.3	3 392.1	3 366.8	3 340.4
480	3 446.66	3 445.62	3 440.9	3 435.1	3 411.6	3 387.2
500	3 488.9	3 487.9	3 483.7	3 478.3	3 456.4	3 433.8
520	3 531.82	3 530.9	3 526.9	3 521.86	3 501.28	3 480.12
540	3 574.74	3 573.9	3 570.1	3 565.42	3 546.16	3 526.44
550	3 593.2	3 595.4	3 591.7	3 587.2	3 568.6	3 549.6
560	3 618	3 617.22	3 613.64	3 609.24	3 591.18	3 572.76
580	3 661.6	3 660.86	3 657.52	3 653.32	3 636.34	3 619.08
600	3 705.2	3 704.5	3 701.4	3 697.4	3 681.5	3 665.4

4. 过热蒸汽温度、压力—焓表（二）

T（℃）	MPa					
	7.00	10	14	20	25	30
0	7.10	10.1	14.1	20.1	25.1	30
10	48.80	51.7	55.6	61.3	66.1	70.8
20	90.40	93.2	97	102.5	107.1	111.7
40	173.60	176.3	179.8	185.1	189.4	193.8
60	256.90	259.4	262.8	267.8	272	276.1
80	340.40	342.8	346	350.8	354.8	358.7
100	424.20	426.5	429.5	434	437.8	441.6
120	508.50	510.6	513.5	517.7	521.3	524.9
140	593.40	595.4	598	602	605.4	603.1
160	679.20	681	683.4	687.1	690.2	693.3
180	766.20	767.8	769.9	773.1	775.9	778.7
200	854.63	855.9	857.7	860.4	862.8	856.2
220	945.00	946	947.2	949.3	951.2	953.1
240	1 038.00	1 038.4	1 039.1	1 040.3	1 041.5	1 024.8
260	1 134.70	1 134.3	1 134.1	1 134	1 134.3	1 134.8
280	1 236.70	1 235.2	1 233.5	1 231.6	1 230.5	1 229.9
300	2 839.20	1 343.7	1 339.5	1 334.6	1 331.5	1 329
350	3 017.00	2 924.2	2 753.5	1 648.4	1 626.4	1 611.3
400	3 159.70	3 098.5	3 004	2 820.1	2 583.2	2 159.1
420	3 211.02	3 155.98	3 072.72	2 917.02	2 730.76	2 424.7
440	3 262.34	3 213.46	3 141.44	3 013.94	2 878.32	2 690.3
450	3 288.00	3 242.2	3 175.8	3 062.4	2 952.1	2 823.1
460	3 312.44	3 268.58	3 205.24	3 097.96	2 994.68	2 875.26
480	3 361.32	3 321.34	3 264.12	3 169.08	3 079.84	2 979.58
500	3 410.20	3 374.1	3 323	3 240.2	3 165	3 083.9
520	3 458.60	3 425.1	3 378.4	3 303.7	3 237	3 166.1
540	3 506.40	3 475.4	3 432.5	3 364.6	3 304.7	3 241.7
550	3 530.20	3 500.4	3 459.2	3 394.3	3 337.3	3 277.7
560	3 554.10	3 525.4	3 485.8	3 423.6	3 369.2	3 312.6
580	3 601.60	3 574.9	3 538.2	3 480.9	3 431.2	3 379.8
600	3 649.00	3 624	3 589.8	3 536.9	3 491.2	3 444.2

国外能源管理师评价制度介绍

建立能源管理师职业水平评价制度

日本推行能源管理师制度的经验，为我们提供了重要的借鉴。日本《节约能源法》要求，年能源消耗折合原油 3000 千升或耗电 1200 万千瓦时以上的单位必须配备能源管理师，能源管理师主要职责：一是维护用能设备；二是现场监督和改进用能方法；三是编写企业能源利用报告书；四是编制企业中长期用能计划；五是组织和监督与节能有关的所有业务。能源管理师通过对指定工厂的日常节能管理和推进节能计划，有力保障并促进了企业的节能工作。

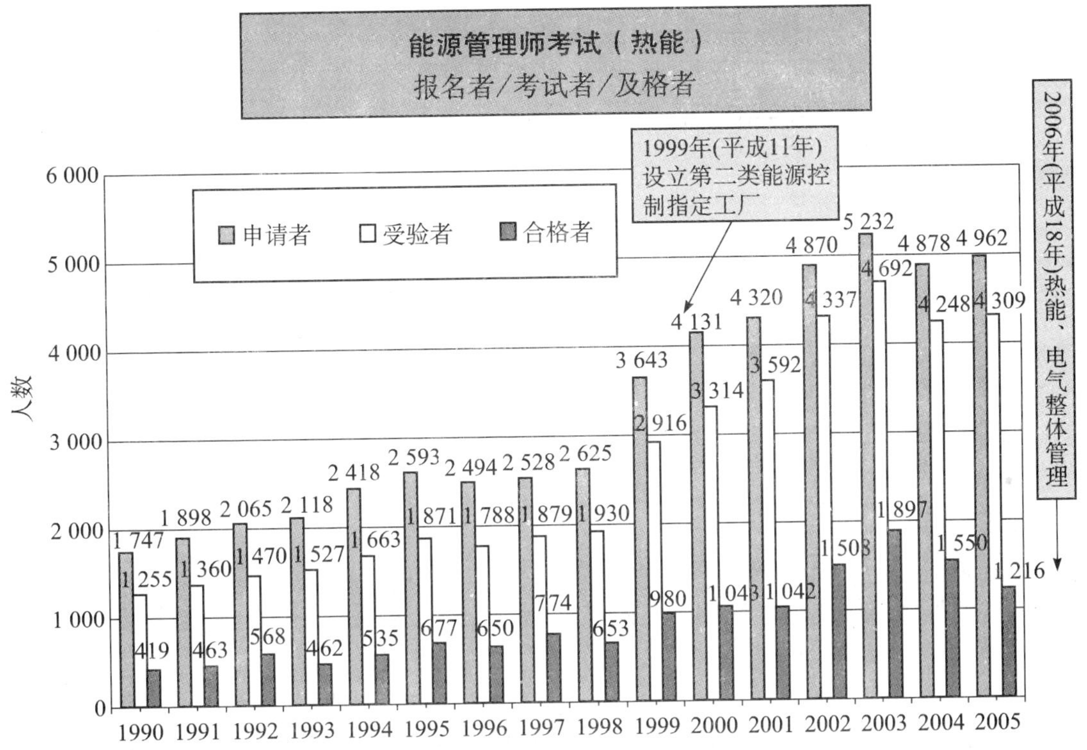

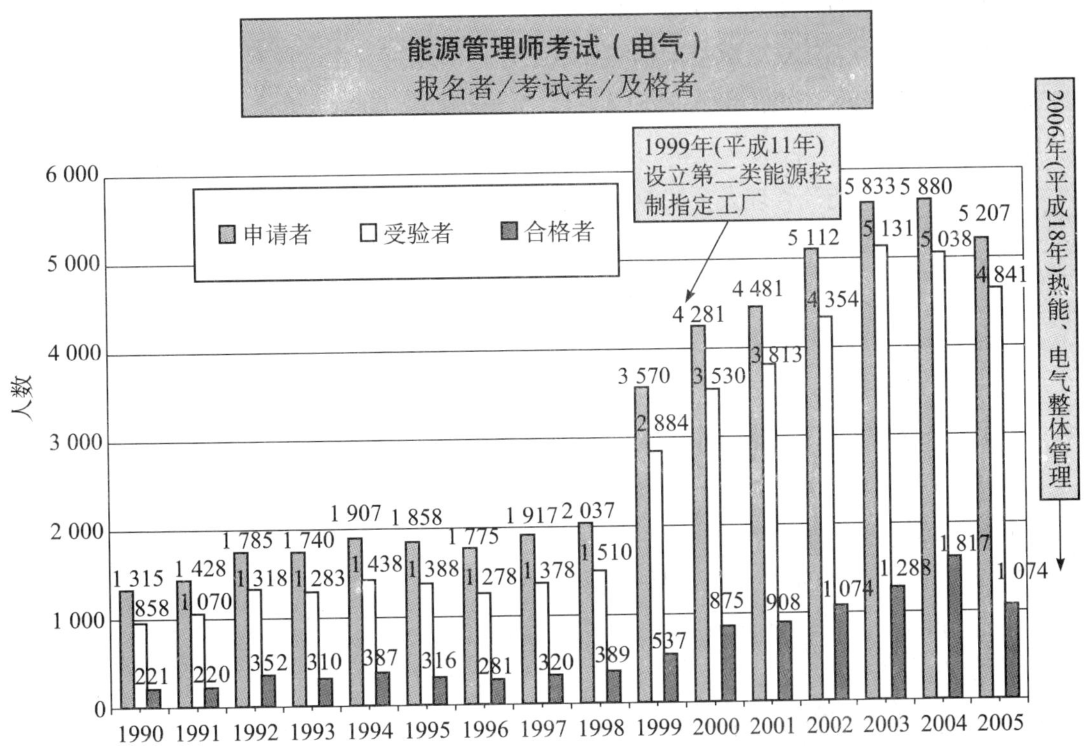

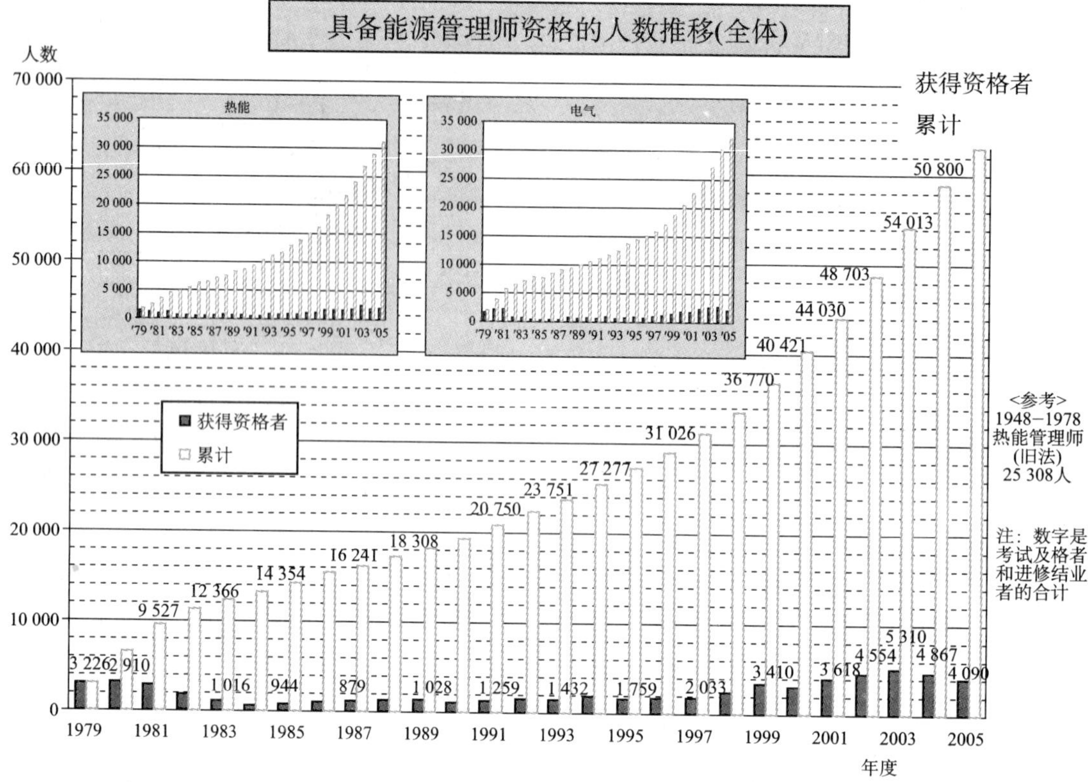

——在重点用能单位设立能源管理师是日本、韩国节能管理的重要措施。建立专业化的节能管理人才队伍，是企业开展节能管理的基础。

——我国应当先建立能源管理师职业水平评价制度。引导重点用能单位优先聘用具有能源管理师职业水平证书的能源管理人员。逐步实行重点用能单位设立能源管理师岗位制度。

——积极推行能源管理人员职业水平评价试点。

工厂的节能活动

节能诊断/ 进入现场检查

1. 本公司研究开发

（在本公司实施/ 在外部公司活用）改造、近代化—诊断

（包含 ESCO）小集团活动—诊断

日常/ 定期管理

2. 政府补助/ ECCJ —免费诊断—大楼、工厂

（工艺设备、生产设备除外）

3. 法令

定期报告书—不完善—进入现场检查

指导—处罚条款

总检察—抽样检查—进入现场检查

标准类的整备

遵守法令（规章制度）测量纪录

检察执行情况维修检察

新建项目措施

指导—处罚条款

日本企业实现节能的主要因素

1. 企业的自助努力/ 确保国际竞争力

（1）制造成本的降低（能源成本的降低）

（2）研究开发、提高技术能力、革新等

TQM / TPM 小组活动

节能活动（能源管理）

2. 政府的对策

（1）法令/ 节能法合作关系

进入现场检查

（2）支援政策/ 补助金、低息贷款、减税

强制政策

支援政策

（3）政策、宣传其他

表彰制度

节能活动（设备、机器、个人）

免费诊断

人才培养/ 教育训练、交流会等

宣传、出版、展示会等

政府/企业：共同认识树立合作关系

达成共同目的—节能

能源管理者制度和能源管理者的作用：

*在消耗能源的工厂/楼宇的现场，为成功开展可持续性节能活动而配置的核心员工

经营者/厂长

（经济产业省）

向经济产业大臣提出

● 定期报告书（耗能量、单位能耗）

- 中长期改善计划书

《节能法》

建议：

节能（设备操作）改善计划

管理者

管理企画推进者

2010 年

申报义务

组建和运营节能推进组织

—制订定期报告书

耗能设备的维持管理

〈候补能源管理者〉

* 能源技术人员、设备保全技术人员、生产线技术人员等

* 培训方式通常有公司内部培训及在职培训等

能源管理者

- 向工作人员提出推动节能所需的指示
- 技术性建议、对作业方法和设备运转方法的改善建议

—节能诊断的实施

亦可有效利用 ECCJ 的培训课程

- 对小集团改善活动进行指导

各种能源折标准煤参考系数

各种能源折标准煤参考系数

<table>
<tr><th colspan="2">能源名称</th><th>平均低位发热量</th><th>折标准煤系数</th></tr>
<tr><td colspan="2">原煤</td><td>20 908 kJ/kg（5 000 kcal/kg）</td><td>0. 714 3 kgce/kg</td></tr>
<tr><td colspan="2">洗精煤</td><td>26 344 kJ/kg（6 300 kcal/kg）</td><td>0. 900 0 kgce/kg</td></tr>
<tr><td rowspan="2">其他洗煤</td><td>洗中煤</td><td>8 363 kJ/kg（2 000 kcal/kg）</td><td>0. 285 7 kgce/kg</td></tr>
<tr><td>煤泥</td><td>8 363 kJ/kg ~ 12 545 kJ/kg
（2 000 kcal/kg ~ 3 000 kcal/kg）</td><td>0. 285 7 kgce/kg ~
0. 428 6 kgce/kg</td></tr>
<tr><td colspan="2">焦炭</td><td>28 435 kJ/kg（6 800 kcal/kg）</td><td>0. 971 4 kgce/kg</td></tr>
<tr><td colspan="2">原油</td><td>41 816 kJ/kg（10 000 kcal/kg）</td><td>1. 428 6 kgce/kg</td></tr>
<tr><td colspan="2">燃料油</td><td>41 816 kJ/kg（10 000 kcal/kg）</td><td>1. 428 6 kgce/kg</td></tr>
<tr><td colspan="2">汽油</td><td>43 070 kJ/kg（10 300 kcal/kg）</td><td>1. 471 4 kgce/kg</td></tr>
<tr><td colspan="2">煤油</td><td>43 070 kJ/kg（10 300 kcal/kg）</td><td>1. 471 4 kgce/kg</td></tr>
</table>

续表

能源名称	平均低位发热量	折标准煤系数
柴油	42 652 kJ/kg（10 200 kcal/kg）	1.457 1 kgce/kg
煤焦油	33 453 kJ/kg（8 000 kcal/kg）	1.142 9 kgce/kg
渣油	41 816 kJ/kg（10 000 kcal/kg）	1.428 6 kgce/kg
液化石油气	50 179 kJ/kg（12 000 kcal/kg）	1.714 3 kgce/kg
炼厂干气	46 055 kJ/kg（11 000 kcal/kg）	1.571 4 kgce/kg
油田天然气	38 931 kJ/m^3（9 310 kcal/m^3）	1.330 0 kgce/m^3
气田天然气	35 544 kJ/m^3（8 500 kcal/m^3）	1.214 3 kgce/m^3
煤矿瓦斯气	14 636 kJ/m^3 ~ 16 726 kJ/m^3 （3 500 kcal/m^3 ~ 4 000 kcal/m^3）	0.500 0 kgce/m^3 ~ 0.571 4 kgce/m^3
焦炉煤气	16 726 kJ/m^3 ~ 17 981 kJ/m^3 （4 000 kcal/m^3 ~ 4 300 kcal/m^3）	0.571 4 kgce/m^3 ~ 0.614 3 kgce/m^3
高炉煤气	3 763 kJ/m^3	0.128 6 kgce/m^3
其他煤气 a）发生炉煤气	5 227 kJ/kg（1 250 kcal/ m^3）	0.178 6 kgce/ m^3
其他煤气 b）重油催化裂解煤气	19 235 kJ/kg（4 600 kcal/ m^3）	0.657 1 kgce/ m^3
其他煤气 c）重油热裂解煤气	35 544 kJ/kg（8 500 kcal/ m^3）	1.214 3 kgce/ m^3
其他煤气 d）焦炭制气	16 308 kJ/kg（3 900 kcal/ m^3）	0.557 1 kgce/ m^3
其他煤气 e）压力气化煤气	15 054 kJ/kg（3 600 kcal/ m^3）	0.514 3 kgce/ m^3
其他煤气 f）水煤气	10 454 kJ/kg（2 500 kcal/ m^3）	0.357 1 kgce/ m^3
粗苯	41 816 kJ/kg（10 000 kcal/kg）	1.428 6 kgce/kg
热力（当量值）	—	0.034 12 kgce/MJ
电力（当量值）	3 600 kJ/（kW·h） [860 kcal/（kW·h）]	0.122 9 kgce/（kW·h）
电力（等价值）	按当年火电发电标准煤耗计算	
蒸汽（低压）	3 763 MJ/t（900 Mcal/t）	0.128 6 kgce/kg

能耗工质能源等价值

品种	单位耗能工质耗能量	折标准煤系数
新水	2.51 MJ/t（600 kcal/t）	0.085 7 kgce/t
软水	14.23 MJ/t（3 400 kcal/t）	0.485 7 kgce/t
除氧水	28.45 MJ/t（6 800 kcal/t）	0.971 4 kgce/t
压缩空气	1.17 MJ/m^3（280 kcal/m^3）	0.040 0 kgce/m^3
鼓风	0.88 MJ/m^3（210 kcal/m^3）	0.030 0 kgce/m^3
氧气	11.72 MJ/m^3（2 800 kcal/m^3）	0.400 0 kgce/m^3
氮气（做副产品时）	11.72 MJ/m^3（2 800 kcal/m^3）	0.400 0 kgce/m^3
氮气（做主产品时）	19.66 MJ/m^3（4 700 kcal/m^3）	0.671 4 kgce/m^3
二氧化碳气	6.28 MJ/m^3（1 500 kcal/t）	0.214 3 kgce/m^3
乙炔	243.67 MJ/m^3	8.314 3 kgce/m^3
电石	60.92 MJ/kg	2.078 6 kgce/kg

附图为某水泥添加剂企业的能量平衡表、能源网络图、能流图。

能量平衡表

		购入储存			加工转换	输送分配	最终使用		
		实物量	等价值	当量值			主要生产	辅助生产	合计
		1	2	3	4	5	6	8	9
供入能量	煤炭(t)	21104	10575	10575	10363	8798	8749	49	8798
	电力万(kwh)	2663.9	10762	3274	3274	3266	3111	31	3142
	柴、汽油(t)	706	1029	1029	1029	1029	1029		1029
	合计		22366	14878	14666	13093	12889	80	12969
有效能量	煤炭(t)			10363	8798	8798	6299	27	6326
	电力万(kwh)			3274	3266	3142	1711	17	1728
	柴、汽油(t)			1029	1029	1029	1029		1029
	合计			14666	13093	12969	9039	44	9083
回收利用									
损失能量				212	1573	124	3850	36	3886
合计				14878	14666	13093	12889	80	12969
能量利用率				99	89	99	70	55	70

企业能源利用率(%)＝61% 企业能量利用率(%)＝40.6%

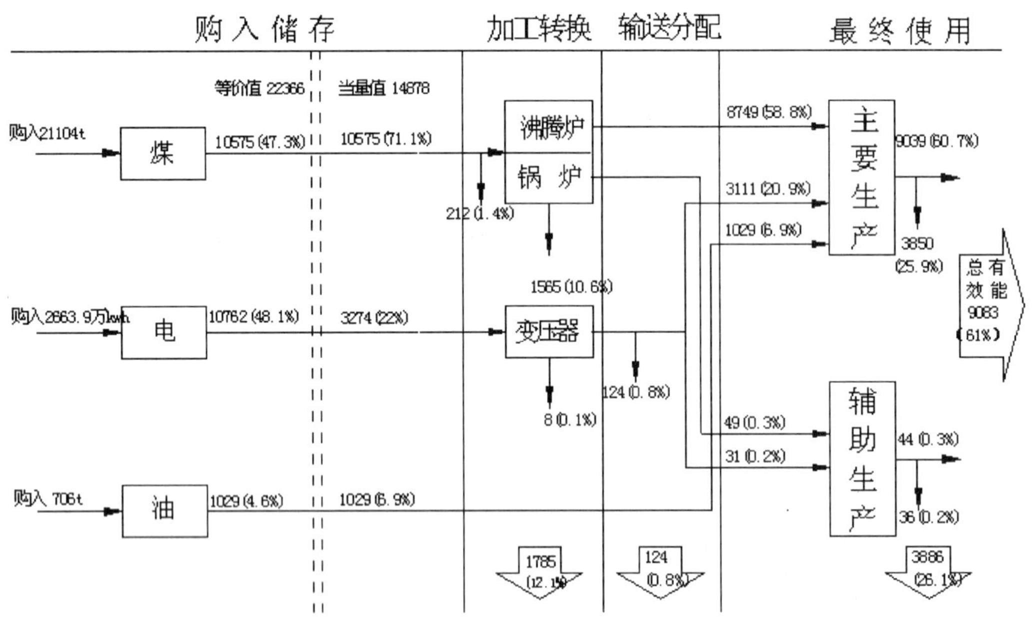

能源网络图

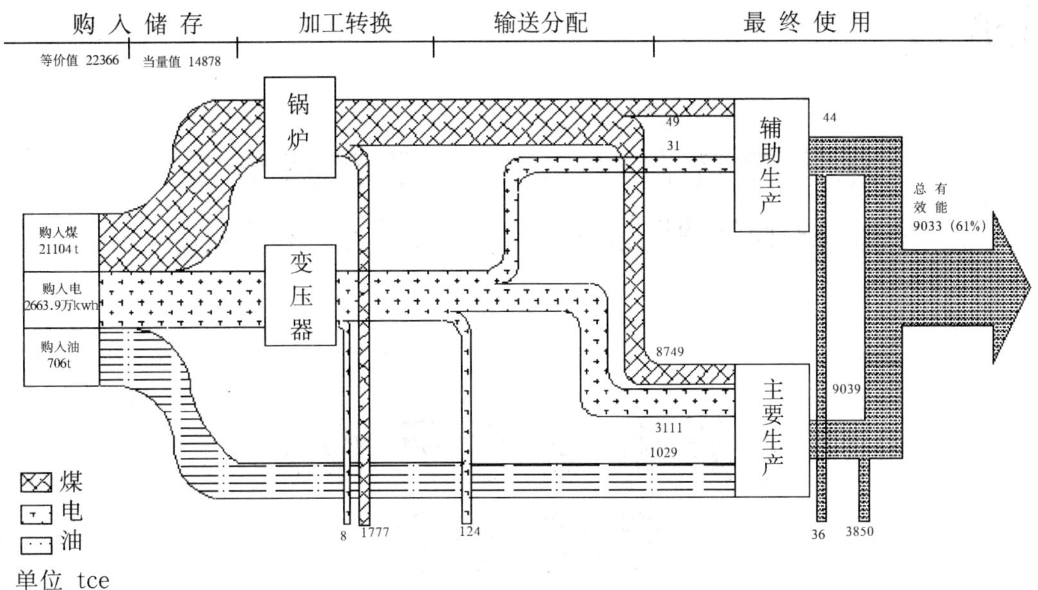

购入储存
加工转换
输送分配
最终使用
等价值 22366
当量值 14878
锅炉
变压器
辅助生产
主要生产
购入煤 21104 t
购入电 2663.9万kwh
购入油 706t
49
31
44
总有效能 9033 (61%)
8749
9039
3111
1029
8
1777
124
36
3850
煤
电
油
单位 tce

能流图

附录二

高等教育自学考试能源管理专业
能源管理师职业能力水平证书考试

《能源管理概论》
考试大纲

高等教育自学考试能源管理专业
能源管理师职业能力水平证书考试 系列教材编委会　制定

目　录

Ⅰ. 能力考核要求 …… 266
Ⅱ. 能力目标与实施要求 …… 267
Ⅲ. 考试内容与考核标准 …… 268
　第 1 章　能源管理面临的形势与特点 …… 268
　第 2 章　能源管理基础知识 …… 269
　第 3 章　企业能量平衡 …… 269
　第 4 章　节能考核 …… 270
　第 5 章　能源管理主要方法 …… 270
　第 6 章　能源管理其他机制 …… 271
　第 7 章　能源管理体系与特点 …… 271
Ⅳ. 题型示例 …… 272

Ⅰ. 能力考核要求

一、课程性质

《能源管理概论》课程是高等教育自学考试能源管理专业（专科、独立本科段）和能源管理师职业能力水平证书考试的专业核心课程之一，该课程与其他课程密切相关，在整个课程体系中处于重要的地位。

本课程介绍了目前能源开发、生产、消费的严峻形势，能源供需关系的矛盾，以及人们对能源管理问题的探索和追求。还介绍了能源管理的基本定义、特点、基本理论及基本技能、方法等能源管理的一系列内容及实施方法。

全书共分为三个部分，第一部分包括第 1 ~2 章，主要介绍了能源管理特点；第二部分包括第 3 ~5 章，主要介绍了能源管理的基本理论和基本内容；第三部分包括第 6 ~7 章及附件，主要介绍了能源管理其他机制和能源管理体系的产生、特点及作用。能源管理分宏观与微观两大部分，我们主要学习宏观指导下的微观能源管理。

本课程的重点、难点在考核中有具体规定。

二、课程目标

通过对本课程的学习，可以帮助考生掌握能源管理的理论、特点、作用及主要内容，使学员能够运用能源管理的知识、技能解决节能减排的实际问题，同时为深入学习其他专业课程打下坚实基础。学习本课程之后，考生应该深入了解能源管理的基本范畴、基本理论和应用知识，掌握能源管理领域的基本理论、基础知识、应用的方法。并将上述内容与能源管理领域最新实践密切联系起来，为国家节能减排科学持续发展，从事能源管理工作和学习其他课程打下坚实基础。

Ⅱ. 能力目标与实施要求

一、课程能力目标

本课程的三项考核目标为：

（1）识记：指对具体知识和抽象知识的辨认，表现为回忆、识别、列表、定义、陈述、概括等能力。

（2）领会：指对知识的初步理解，表现为具有将所学的知识能够转换、解释、区分、推理、判断等能力。

（3）应用（综合）：指恰当地应用理论知识、技能等解决实际问题，表现为论述、判断、举例说明、计算、描述、分析、解释现象等能力。

下表为三项考核目标的权重：

考核目标		
识记	领会	应用
30%	40%	30%

二、课程的考核形式

考试要求：本课程考试采用闭卷考试方式，考试时间为150分钟，试卷总分为100分，60分为及格，考试时可以携带无存储功能的计算器。

考试范围：本大纲考试内容所规定的知识点及知识点下的知识细目。

考试题型：课程考试命题的主要题型一般有：单项选择题（四选一）、多项选择题（五选多）、简答题、论述题、计算题、讨论分析题等。在命题工作中必须按照本课程大纲中规定的题型命题，考试试卷使用的题型不能超出大纲规定的范围。

三、课程学习安排

本课程按照七个章节安排课程学习内容。专科为 5 学分，建议总自学时间为 80 学时；独立本科段为 6 学分，建议总自学时间为 106 学时。具体各章节学时分配见下表：

章　节	名　称	自学时间（学时）	
		专科	独立本科段
第 1 章	能源管理面临的形势与特点	8	12
第 2 章	能源管理基础知识	10	14
第 3 章	企业能量平衡	10	16
第 4 章	节能考核	8	12
第 5 章	能源管理主要方法	10	12
第 6 章	能源管理其他机制	20	24
第 7 章	能源管理体系与特点	14	16
合　　计		80	106

Ⅲ. 考试内容与考核标准

课程考核内容中标“★”的部分为独立本科段（二级证书）增加的考核内容，未标“★”的部分为专科（一级证书）和本科段（二级证书）共同的考核内容。

第 1 章　能源管理面临的形势与特点

所在节	考核标准		适用范围
	要　求	内　容	
1.1 我国能源形势	识记	我国能源状况，能源结构不太合理，矛盾突出	
		能源产业的现状，面临的主要问题	
	领会	能源管理体制改革任重道远	
1.2 我国能源与环境	领会	环境的概念，使用石化燃料对环境的影响	★
	应用	使用能源对环境造成破坏的主要排放物元素	★

续表

所在节	考核标准		适用范围
	要　求	内　容	
1.3 节约能源主要途径	识记	结构调整，技术节能，管理节能	
	应用	产业、能源结构调整节能，技术节能，重点是管理节能	★
1.4 能源管理的意义与作用	识记	能源管理概念的产生，包含宏观、微观两部分	
	掌握应用	宏观部分和微观部分的主要内容、作用	

第2章　能源管理基础知识

所在节	考核标准		适用范围
	要　求	内　容	
2.1 能源分类与特点	识记	能源的分类及优缺点，形态特征、品质、品位特点	
	应用	能源工质的性质、定义、折标系数	
2.2 能源加工、转换与效率	识记	加工转换的环节，转换的效率	★
	应用掌握	常见的转换形式，炼油、炼焦、清洁煤技术，火力发电、供热	★
2.3 能源计量单位与换算	识记	能源的法定单位，高、低发热值	
	应用掌握	不同计量单位的使用，换算关系	
2.4 能源计量管理	识记	计量的概念、计量器具的分类、配置要求	
	理解领会	能源管理体系	
	应用	不同种能源、热值	
2.5 能源统计方法与报表	识记	能源统计的方法和报告表（国家规定11种）	★
	领会	能源统计中图形的运用，节能监察及内容、程序	★
	应用	11种报表的填报；高能耗产品统计数据分析管理	

第3章　企业能量平衡

所在节	考核标准		适用范围
	要　求	内　容	
3.1 企业能源平衡模式	识记	平衡的模式、方法，平衡计算	
	掌握应用	电力平衡、用能设备的能量平衡	★

续表

所在节	考核标准		适用范围
	要　　求	内　　容	
3.2 企业能量平衡表 3.3 企业能源网络图 3.4 企业能流图	识记	能量平衡表	
	领会	企业能量平衡表、能源网络图、能流图使用、能源管理分析	
	掌握应用	能量平衡计算、平衡表、能源网络图、能流图绘制	★

第4章　节能考核

所在节	考核标准		适用范围
	要　　求	内　　容	
4.1 节能量计算与审核	识记	节能量计算、审核的依据、方法、内容、性质、目的程序；主要设备节能监测、重点工序能耗监测内容、方法、合格目标等	
	掌握应用	燃煤锅炉、加热设备、风机、泵类、空压机、供气系统、监测方法	★
4.2 节能技术经济评价	识记	节能技术经济评价的概念	
	应用	财务单利、复利的计算方法	
4.3 奖励办法与激励机制	识记	节能考核与奖惩制度，节能目标责任制考评对象及内容	★
	理解	考核的方法、具体程序	
	应用	用能单位自检报告的内容	★

第5章　能源管理主要方法

所在节	考核标准		适用范围
	要　　求	内　　容	
5.1 投资项目节能评估	识记	节能评估的原则及特点，进行评估的依据	★
	掌握应用	节能评估报告的内容及深度要求、评估结论	★
5.2 企业能源审计	识记	能源审计的目的、原则、程序、方法和内容	
	掌握应用	审计报告编撰，主要用能设备、能耗成本分析，节能潜力所在，节能方案	★

续表

所在节	考核标准		适用范围
	要　　求	内　　容	
5.3 节能技术管理	识记	节能技术、部分节能技术介绍	
	掌握应用	节能技术的划分，煤、电、油、气、洁净煤、磁流体发电	★
5.4 节约能源与环境保护	识记	节能与环境的保护系统，节能是保护环境的有效手段，缓解供求压力、应对气候变化	

第 6 章　能源管理其他机制

所在节	考核标准		适用范围
	要　　求	内　　容	
6.1 节能产品认证	识记	认证的概念、特点及标志，认证条件及流程	
	应用	认证的现状及主要成就	
6.2 能效标识	识记	能效标识，概念、特点和意义	
6.3 合同能源管理	识记	合同能源管理的定义、类型、特点和意义	
	理解	基本要求，业务内容、流程、标准合同；EMC 在我国发展状况，国家推广和激励措施	
	应用	节能量的计算方法及节能量的审核	★
6.4 清洁生产审核	理解	清洁生产审核的概念、审核的程序（7 个步骤）	
6.5 电力需求侧管理	识记	基本概念、管理的方法、技术方法、项目的规划与实施	
	应用	风险评估、效果评估	★

第 7 章　能源管理体系与特点

所在节	考核标准		适用范围
	要　　求	内　　容	
7.1 能源管理体系	识记	基本概念，体系创立、实施、检查、改进、循环开展	
7.2 能源管理内容	识记	计量、统计管理，消耗定额管理，能源标准化、节能标准化，节能规划和项目的节能管理，培训管理	

续表

所在节	考核标准		适用范围
	要　求	内　容	
7.3 重点用能单位能源管理特点	识记	主要通用设备的经济运行（工业锅炉、热电联产机组、三相异步电机、风机、水泵、空压系统、输变压器、空调系统、冷却塔等），用能设备分类、管理依据、节能监测	
7.4 重点用能工艺与设备的管控	识记	用能设备分类、管理依据、节能监测，重点用能工艺设备的管理，淘汰落后工艺设备，产能目标，开展工作的原则、措施、程序及注意事项	★

Ⅳ. 题型示例

第一部分：题型示例

一、单项选择题（在每个小题给出的四个选项中，只有一项符合题目的要求，将所选项的字母填在括号内。）

1. 下列能源中（　　）属于二次能源。

A. 煤　　B. 焦炭　　C. 原油　　D. 页岩

2. 把（　　）放在首位是我国能源发展战略。

A. 开发　　B. 增效　　C. 降耗　　D. 节约

二、多项选择题（在备选答案中有 2～5 个是正确的，将其全部选出并将它们的标号写在括号内，错选、漏选和不选均不给分。）

1. 节能的主要途径有（　　）。

A. 技术节能　　B. 综合节能　　C. 管理节能

D. 结构调整　　E. 自愿节能

2. 煤炭燃烧产生（　　）排放气体对环境危害较大。

A. CO　　B. CO_2　　C. SO_2

D. NO_X　　E. 灰尘

三、简答题

1. 试述我国能源发展过程面临的主要问题。

2. 试述企业使用能源的主要流程。

四、论述题

论述能源消费与经济社会发展存在的关系。

五、计算题

某先进型号的角管锅炉，每小时循环水 998 吨，出水口水温 130℃，进水口温度 70℃，试求该锅炉热功率是多少 MW？如果按照每平米热负荷 60W，不计损耗，理论上能供暖多大面积小区？

提示：水比热 4. 1868MJ/T. ℃

4. 1868MJ/T. ℃ ×998T/h × （130℃ －70℃）

第二部分：评分参考

一、单项选择题

答案：1. B　　　　2. D

二、多项选择题

答案：1. ACD　　　　2. ABCD

三、简答题

1. 答：能源消费与经济社会发展存在五个方面关系。

（1）供需矛盾突出；

（2）技术落后，能效较低；

（3）结构不合理，能源环境、安全生产形势严峻；

（4）储备体系不健全，安全不能保障；

（5）能源管理体制改革任重道远，法律法规需完善。

2. 答：企业使用能源的主要流程分四个：购入仓储；加工转换；输运分配；最终使用。

四、论述题

答：能源消费与经济增长成正比例关系，不过发达国家的经济增长趋缓慢，而发展中国家经济增长较快。

五、讨论分析题

计算结果：锅炉热功率 69. 64MJ/s≈70MW，可供热 116 万 m^2。

参考文献

[1] 钟理，伍钦，曾朝霞．化工原理［M］．北京：化学工业出版社，2008.

[2] 姜子刚．节能技术（上、下册）［M］．北京：中国标准出版社，2010.

[3] 周小群．简明电工实用手册［M］．合肥：安徽科学技术出版社，2007.

[4] 贾振航，姚伟，高红．企业节能技术［M］．北京：化学工业出版社，2009.

[5] 李为民，王龙耀，许娟．现代能源化工技术［M］．北京：化学工业出版社，2011.

[6] 国家节能中心．节能法制与能源管理基础［M］．北京：中国发展出版社，201.

后 记

能源管理师职业能力水平证书（CNEM）系列教材终于和广大考生见面了，它凝结着专家团队每位成员多年的心血，承担着培养成千上万能源管理专业人才的重任。

回忆这两年多的历程感慨万千！那是2009年的夏天，我和40年前就相识但又分别多年的故友偶然相遇，谈起这些年各自的境遇，问及我在中国交通运输协会职业教育考试服务中心工作，并与教育部考试中心合作高等教育自学考试物流管理专业和采购与供应管理专业两个双证书（学历证书+职业资格证书）项目，深受考生青睐，培训规模达到20多万人时，故友兴趣盎然，介绍自己在国家发展和改革委员会做培训工作，现正在全国很多省市开办能源管理方面的培训班，十分火暴，原因是近几年能源管理专业人才需求量越来越大，而这方面的人才十分短缺，培训市场前景很好。基于上述原因，我们达成共识，并比照物流和采购两个项目的模式，申请开考能源管理专业和能源管理师证书项目，把学历教育和职业教育相结合，培养能源管理人才，满足社会需求、企业需求。

2009年8月26日，我们在清华大学召开了首次专家论证会，探讨能源管理培训项目的必要性和可行性。大家一致认为：首先，国家高度重视节能减排工作，《中华人民共和国节约能源法》已将资源节约列为基本国策，并作为约束性指标纳入国民经济和社会发展规划，同时作为政府和企业政绩和业绩考核的重要指标，明确要求企业设立能源管理部门和岗位。当前，能源管理专业人才短缺的矛盾十分突出，急需加强这方面的人才培养。其次，现在已经有了一支多年从事能源管理方法研究，又具有实践经验，且长期从事对政府和企业的能源管理负责人及专业人员培训工作的专家团队，在国内有较大影响力。组建由能源管理专家、清华大学教授孟昭利为组长的专家组，建立符合我国国情的高水平能源管理培训体系，是搞好项目的重要保证。最后，中国交通运输协会与国家考试机构强强联合，把高等教育自学考试与职业资格证书有机结合起来的人才培养新模式，已经接受了实践检验，取得了显著的成效，受到广大考生的认可和欢迎，为开考能源管理项目打下了坚实的基础。

2009年12月3日，我们召开全体专家会议具体论证能源管理培训体系的科学性和实用性，正式启动能源管理项目培训教材的编写工作。此后又多次召开专题研讨会不断充实、完善培训体系的构架和细节工作。

我们在与北京自考办进行多次认真协商的基础上，于2010年9月1日正式递交了申请开考能源管理专业及能源管理师职业能力水平证书的报告。2010年10月15日，市自考办组织召开专家论证会，会议一致同意开考能源管理专业。2011 年 6 月 28 日，北京教育考试院、中国交通运输协会联合发布《关于开考高等教育自学考试能源管理专业（专科、独立本科段）和能源管理师职业能力水平证书考试的通知》（京考自考〔2011〕20 号）。

对于此事有人质疑：“你们中国交通运输协会推出能源管理师职业能力水平证书的依据是什么?”我的回答是：“依据《中华人民共和国节约能源法》。《节能法》把工业、建筑、交通运输三大重点领域列为节能减排的重中之重。《节能法》规定：‘国家鼓励行业协会在行业节能规划、节能标准的制定和实施、节能技术推广、能源消费统计、节能宣传培训和信息咨询等方面发挥作用。’国务院 2011 年 8 月 31 日通过的〈‘十二五’节能减排综合性工作方案〉再次明确规定，‘动员全社会参与节能减排。把节能减排纳入社会主义核心价值观宣传教育体系以及基础教育、高等教育、职业教育体系’。节能减排作为基本国策是全社会的责任，也是协会的重要任务。”

关于证书的权威性问题。我认为，能源管理师职业能力水平证书的权威性取决于它的实用性和适用性。据调查了解，目前，我国尚未建立统一的能源管理人才专业培训体系和标准，特别是把能源管理职业资格证书与学历证书有机结合在一起纳入高等教育体系，在国内尚属首次。该证书体系的特点：一是专家队伍具有很高的权威性。我们组建了一个由多年从事能源管理方面研究，富有实践经验，且长期从事对政府和企业的能源管理负责人及专业人员的培训工作，并在国内有较大影响力的专家教授组成的专家小组，负责制定能源管理培训体系，负责编写教材、考试大纲及命题工作。二是培训体系的系统性。专家组在总结近几年国内能源管理培训经验的基础上，吸收欧美和日本等能源管理先进国家的能源管理师培训体系的先进经验，结合中国国情和能源管理相关标准设立的一套认证培训体系，该体系设置的七门证书课程涵盖了能源管理的核心要素，是目前我国唯一比较全面、系统的认证培训体系。三是培训体系的实用性。该体系的设计注重从企业的实际出发，认真总结多年来企业在能源管理方法的经验和教训，纠正了一些在能源管理中多年沿用的传统计算方法中存在的问题，提出了适合现代企业能源管理特点、在企业实际应用中被证明是行之有效的新方法。该体系从理论到实践（案例）进行充分论证，突出实践性，既能满足专业人士工作的需要，也适合在校生学习，有效地解决理论脱离实际的问题。四是培训体系的持久性。加强能源管理，推进节能减排是一项长期的战略任务。在能源管理培训上不能急功近利，急于求成，必须注重实际效果。对推动节能减排工作有实质性的帮助，经得起实践的检验，从而保证能源管理培训体系的持久性。目前国内推出的能源管理师的培训多是以短期培训为主，而我们开展的能源管理学习、培训体系其特点是，学历证书 + 职业资格证书的双证模式，能够保证学员进行系统学习和实践，且还要经过国家正式考试，从而能够确保学习质量和实践能力，从根本上弥补了短期培训中存在的局限性。

能源管理专业及能源管理师职业能力水平证书学习、培训项目具有良好的发展前景。一是煤炭、石油等不可再生能源消费的持续增长与资源短缺的矛盾越来越尖锐。二是我国经济社会快速发展已经成为世界能源消费大国，因此必须坚定不移地把加强能源管理、推进节能减排作为一项基本国策来抓。三是《节能法》明确规定政府和企业要设立能源管理部门及节能职责岗位。据专家调查分析，目前我国能源管理人才的需求量在数十万人，能源管理专业人才紧缺的矛盾十分突出。同时，由于能源管理涉及各个行业，重点是工业、建筑、交通运输等领域，能源管理方面的人才不仅企业需要，政府管理机构需要，节能减排服务的第三方机构如节能服务公司、节能量审核机构、工程咨询公司等机构急需这方面的人才，这样就为能源管理专业学员提供了施展专业才能的广阔舞台。

能源管理师职业能力水平证书系列教材出版发行得到了国家能源局、国家发展和改革委员会能源研究所、人力资源和社会保障部、中国交通运输协会等有关单位领导的关心与支持。同时，中国市场出版社的领导和编校人员为本系列教材的出版给予了很大的帮助，付出了辛勤的劳动，在此一并表示衷心的感谢！

由于能源管理专业和能源管理师的培训在我国刚刚起步，尚处在探索阶段，需在实践中不断地加以改进和完善。我们热忱欢迎各行各业的专家及业内人士给予指导、帮助和指正。

中国交通运输协会职业教育考试服务中心副主任

高军

2012 年 1 月于北京